哈罗德·布鲁姆

HAROLD BLOOM

文学批评集

THE EPIC

史诗

[美国] 哈罗德·布鲁姆 著

翁海贞 译

译林出版社

图书在版编目(CIP)数据

史诗 / （美）布鲁姆（Bloom, H.）著；翁海贞译. —南京：译林出版社，2016.4（2017.2 重印）
（名家文学讲坛. 哈罗德·布鲁姆文学批评集）
书名原文：The Epic
ISBN 978-7-5447-5548-1

Ⅰ. ①史… Ⅱ. ①布… ②翁… Ⅲ. ①世界文学–文学评论 Ⅳ. ①I106

中国版本图书馆CIP数据核字（2015）第146252号

书 名	史 诗
作 者	［美国］哈罗德·布鲁姆
译 者	翁海贞
责任编辑	马爱新
特约编辑	熊 钰
原文出版	Chelsea House Publishers, 2005
出版发行	凤凰出版传媒股份有限公司 译林出版社
出版社地址	南京市湖南路1号A楼，邮编：210009
电子邮箱	yilin@yilin.com
出版社网址	http://www.yilin.com
经 销	凤凰出版传媒股份有限公司
印 刷	江苏苏中印刷有限公司
开 本	880毫米 × 1230毫米 1/32
印 张	12.5
插 页	4
字 数	250千
版 次	2016年4月第1版 2017年2月第2次印刷
书 号	ISBN 978-7-5447-5548-1
定 价	59.00元

译林版图书若有印装错误可向出版社调换
（电话：025-83658316）

主编的话

周 宪

自有了人，就有了文学。自有了文学，就有了关于文学的言说。自有了这些言说，人类文明的家园便多了一扇窗户。透过它，我们瞥见了大千世界。

口传文化时代，人们口口相传谈论文学；印刷文化时代，人们记录下自己的文学感言，付梓出版；今天的电子媒介文化时代，尽管文学这一古老的形式面临严峻挑战，但文学的话语仍作为不可多得的生存智慧，不断激发人们对自然的爱，对社会的关切，对人自身的洞察。

基于这一判断，我们策划了“名家文学讲坛”书系。

在一个实用主义和实利关怀甚嚣尘上的时期，被冷落了的文学涵养及其精神熏陶反倒变得异常重要了。此书系意在收罗国外知名思想家和学者的精彩篇什，展现文学思想的博大精深，由此开启一个通向人类精神家园的门径。此一讲坛吁请天下文学爱好者们齐聚那里，聆听各路方家坐而论道，发表有关文学的奇思妙想。

我想，此“讲坛”意义毋庸赘言。

作为主编，我诚邀各位读者带着自己的知识行囊上路，在绵延不绝的文字旅程中，去分享那妙不可言的文之悦！

2008 年岁末于古城南京

目　录

前　言

1984年初，我开始为切尔西出版社编辑文学批评文集，但首部文集《埃德加·爱伦·坡：种种现代批评观念》（*Edgar Allan Poe: Modern Critical Views*）直至1985年1月才出版，因此眼下这套丛书实是这桩堂吉诃德式冒险的二十周年纪念。倘若有人问及，在这一过程中，究竟出版了多少种单行本，我记不得确切的数字，在这漫长过程中，很多书已绝版，甚至整个丛书已不再继续。我估算足有上千种单行文集，单独一个批评家汇集、推介如此庞大的一整套批评观念，确实可说是疯狂。

有些书出现在极不可能的地方：博洛尼亚、瓦伦西亚、科英布拉、奥斯陆的旅馆客房，法兰克福和尼斯的旧书摊，我旅行所到之处的作家书架。我应马其顿一所大学的要求给它的图书馆寄去一批，也应要求捐了数册给美国监狱服无期徒刑的囚犯。这些年来，这千种书籍触及很多地域、很多人。我今年七十四岁，回顾过去二十年间这一殊为奇怪的努力，尤其在跨越两个世纪之后，叫我颇有些惶惑。

我在编辑手记中已明述，我并不赞同每一篇重印的批评文章所阐发的观点。但这些文章须适度地反映现行的批评模式和教育风气，对于所有这些观念，我自然不是都有兴趣。不过，我是一只恐龙，欢乐地自称“布鲁姆·崇拜莎士比亚·雷龙”（Bloom Brontosaurus

Bardolator)。关于想象性文学的伟大这一问题，我只认可三大标准：审美光芒、认知力量、智慧。随着我们的社会（迟缓地）改变偏见和不
ix 公，如今所谓的“相关性”，不出一个世代，便会被弃掷在垃圾桶。文学与批评界的时尚人士总会衰退过时。结实的老家具尚可作为古董流传，而糟糕的文学作品和意识形态的劝诫不会有这样的命运。

时间腐蚀我们、摧毁我们，而时间更残酷地抹灭庸劣的小说、诗歌、戏剧、故事，不论这些作品道德上如何高洁。走进一座图书馆，看看三十年前的杰作：在被遗忘的书籍当中，仅有寥寥数部仍有价值，而邪恶的湮灭使大多数畅销书成为时间报复的对象。日前，一位曾是我的学生的朋友告诉我，20世纪美国第一位桂冠诗人是约瑟夫·奥斯兰德。我的记忆力仍相当顽健，却记不得这位诗人的任何诗行。现今一些女性主义浪漫主义学者研究、传授费利西亚·希曼斯夫人的诗歌。这位勇敢的女性赋诗支持她的同性，对于她的诗歌，我只记得《卡萨维安卡》首句，但也是因为马克·吐温略作了添饰，化作一个对句：

> 男孩站在灼热的甲板上
> **一粒一粒啄食花生米**

我虽称赏奥斯卡·王尔德的壮美宣言：“所有艺术皆无用处”，但并不想印证文学于社会无用这一主张。莎士比亚可以代表最高文学造诣的最良善效用：倘若真正地理解了，它是能够治愈每个社会所固有的一些暴力。在我看来，美洲迄今所蕴育的作家当中——不论是北美、中美、南美、加勒比海，也不论是用英语、西班牙语、葡萄牙语、

法语、意第绪语以及其他语言写作——沃尔特·惠特曼仍是最主要的诗人。惠特曼是医师、诗人—先知，内战时期在华盛顿特区的医院做志愿者，为伤兵包扎伤口、做护士之时，发现了他于社会有用的职业。阅读惠特曼，真正地理解惠特曼，能够使你学会自助，学会治愈你的意识创伤。

在迟暮之年，我将文学批评的功能多半看作鉴赏，在沃尔特·佩特意义上的鉴赏，融合分析与评估。佩特说“为艺术而艺术”之时，言下之意还包含 D. H. 劳伦斯所说的“为人生而艺术”。在惠特曼之后的生机论者当中，劳伦斯是最具挑衅性的，如今被彻底驱逐出英语国家的高等教育。女性主义者指控他憎恶女人，将他禁压，说他要求 x
女性禁欲。学生从而不再阅读 20 世纪的一位大作家，一个独特的小说家、讲故事的人、诗人、批评家、先知。

切尔西出版社文学批评系列这项事业如此庞大，无疑也将编者的缺陷与好处历然彰显。在编辑过程中，我的目标始终是力求赅备，并且通常试图撇开个人意见。眼见市场上停售一部重要著作，叫我痛心，尽管我也从我的偶像塞缪尔·约翰逊博士的《诗人列传》里寻得解慰。书商（在当时兼出版与销售）遴择诗人，而约翰逊仍能径直讲出真心话。如今谁还记得这些诗人：耶登、斯普拉特、罗斯康芒、斯特普内？倘若我指出酷似这些诗人的当代人，便要招人怨尤，虽则这样的名字数不胜数。

在这项追求赅备的求索中，我受到更为充分的教益，学会如何为更广大的读者写作。文学批评是个人的行动，也是与公众接触的行动。文学批评产生了许多巨擘，诸如约翰逊、柯勒律治、莱辛、歌德、哈兹里特、圣伯夫、佩特、库尔齐乌斯、瓦雷里、弗莱、燕卜荪、肯尼斯·伯克。但我再版的批评家大多没有这般声望：我不过是将能找到的所有材料堆砌起来罢了。终生的阅读和教授，使我得以从无数人那里学习无数东西，这样的智识负债是不可计数的。我重印过数以百计的批评家的文章，却不可能结识这些人，而他们的思想给我启
xi 迪，使我学会如何从他人的思想中学习。

导言

倘若遵照荷马、维吉尔、弥尔顿创作的史诗的标准，我们现今已没有可称为“史诗”的体裁。我在作为批评家的漫长生涯里，写过关于很多“英雄诗歌”的评论文章，大多不曾收进这本文集。在那些诗歌当中，有雪莱的《解放了的普罗米修斯》、济慈的《海伯利昂的陨落》两个残篇、丁尼生的《国王牧歌》，以及威廉·布莱克三部预言式的“短史诗”：《四天神》、《弥尔顿》、《耶路撒冷》。

在我自己看来，这本文集虽似散漫，却有一个内在的结构：第一部是雅威作者或J作者最伟大的希伯来散文史诗，我们知道这部作品现今被称为《创世记》、《出埃及记》和《民数记》，它们是羊皮卷上最早写上的一层文字。接着安排的是五部全景式散文史诗——《白鲸》、《战争与和平》、《追忆似水年华》、《魔山》和《尤利西斯》。这五部巨著之后，安排的是两部美国现代短史诗：《荒原》和《桥》。

至于较早的时代，这里收录了风格迥殊的著作：《贝奥武夫》、《源氏物语》、《神曲》、《坎特伯雷故事集》、《仙后》、《序曲》、《老水手行》、《我自己的歌》。这本文集共收录十九部“史诗”，从J作者到哈特·克莱恩，上下纵横三千年。那么，尤其是从思考这些作品的批评家的实践角度来说，这里面能否找到什么共同特征？

从我的诠释看来，雅威作者——她（或他）——是这些史诗作家当中最精湛的反讽大家。这句话或许有些惊人，鉴于我在这本书里也讨论乔叟、托马斯·曼，何况还有紫式部、马塞尔·普鲁斯特。然而，无论如何宽泛地理解“史诗”这一术语，乍看之下，我在这里诉诸反讽似乎颇为怪异。难道英雄诗歌和传奇字面上讲一件事，却总是另
xiii 有所指？哈姆雷特是人类意识的英雄，而不是史诗英雄，他几乎从不说出自己的真正意思，说出口的话却极少表达真心。雅各——后来更名为以色列——也是反讽的大家，即便是英勇地整夜搏斗，拖住死亡天使，以求赢取更长生命的赐福，进入无涯的时间，也不失反讽精神。

在我看来，史诗——无论古老或现代的史诗——所具备的定义性特征是英雄精神，这股精神凌越反讽。朝圣者但丁、《失乐园》四段祈祷文中的弥尔顿、美国求索者亚哈和沃尔特·惠特曼的英雄精神，都可以定义为不懈。或可称之为不懈的视野，在这样的视野里，所见的一切都因为一种精神气质而变得更加强烈。我从来不能理解竟有那么多人认为亚哈船长——似普罗米修斯一般蔑视自然的专制——是麦克白式的反面人物，虽然他确实像麦克白。史诗英雄是反自然的（contra naturam），他们的追求是对抗性的：譬如雅各，以阿喀琉斯一般的暴力拒绝死亡，而阿喀琉斯杀人，是因为自己并非不朽；或者如朝圣者哈特·克莱恩，将诗歌谱写为火焰之桥，用来表达自己对于美国未能实现沃尔特·惠特曼的预言的蔑视。

作为创造者，普鲁斯特和乔伊斯都比自己笔下的主人公更英雄，托尔斯泰也是如此，及至晚年在一部短篇小说里创造了车臣人哈吉·穆拉特这位终极英雄。在我看来，他是英雄传统的巅峰。纵然

是紫式部笔下的迷惘的、无道德感的源氏，他的不懈渴望也是英雄
的。渴望创造不衰的想象，也许就是伟大史诗的真正标志。 xiv

《创世记》和《出埃及记》

一

就我所知，哈佛大学宗教史学家乔治·福特·摩尔是将公元2世纪之时诸拉比的宗教称作“正统犹太教”（normative Judaism）的第一人。容我简明些，直接聚焦于诸拉比之中的一位，并且不愧为最恢奇的一位：正统犹太教乃是阿基巴（Akiba）的宗教。那位学者、爱国者、殉道者，其气恢弘廓然，未尝不可被视作轨范，以衡量其他犹太教人物。你的信仰和践行若与阿基巴略为相通，那么你也是正统犹太教的一位代表人物。倘若无相通之处，那你恐怕便不是。有个传说颇为佳妙，说是摩西去听阿基巴的宣讲，听完之后，这位圣贤所诠释的摩西，叫摩西自己满心惑然！然而就我读来，这个传说最深刻的言外之意是，摩西的困惑丝毫不能损抑阿基巴对摩西的强大误读。

融入正统犹太教的文学和口头传统的伟大本原，是一位学界甚为胜绝地称之为“J”的作者，鉴于卡夫卡是那个对抗性的J的其中一面的最正统传人（托尔斯泰、受柯勒律治影响之前的早期华兹华斯是J另一面的最可靠传人），我以为不妨袭用“自J到K”这个套语，借以描述J的叙事中玄秘或对抗性的元素。这位J作者，大可也是《哈吉·穆拉特》或《玛格丽特的故事》的作者，实则是最终衍传为正统犹太教的这一流派的源泉。然而在所有作家当中，最早、最强大并且仍然最具犹太特色的作家也写得出《猎人格拉胡斯》，甚或《女歌手约瑟芬，或耗子民族》。他所写下的故事，其玄秘远胜于卡夫卡之所能。这些故事如何得以见容于，甚而通达于P作者或《申命记》的作者，以斯拉学院（Academy of Ezra）或法利赛教徒，尚且
1 不提阿基巴及其侪列，仍然是一个谜，我尝试借由发展我所谓的“实是性”（facticity）[①] 这个重要概念来寻绎其中的涵义。这个概念是一种蛮暴的偶然性，作者的力量借此而令迟来的读者传统深受昧蔽和拘制。不过，我在这里主要想描述J著作的玄秘，尽我所能，以求突破实是性。

所谓“玄秘”（the uncanny），我指的是弗洛伊德的概念，因为这概念是曾被称作崇高（Sublime）的概念的权威现代版本。弗洛伊德将“玄秘”状态定义为“在现实之中没有新鲜或外来的东西，有的是心灵之中熟悉的、成俗的东西，这种东西只通过压抑过程而使自己被疏离”。由于我自己——作为批评家——醉心于崇高或弗洛伊德所谓的“玄秘”，自以为对于任何崇高的著作或片段的解读，向来是要倚赖一种疏离，在疏离之中，被压抑的东西回归我身，以终结那一疏离，但那也只是暂时的。雅威作者（the Yahwist）[②] 的玄秘凌越余下所有作家，因为在他那里，疏离的同那回归的，一并臻至伟大力量。

① 此词有种种译法，诸如实际性、散朴性、器物性、受蔽成存性、人为性、实是性。（本书脚注若无特别说明，均为译注）

② 希伯来文本中上帝之名可能读作Yahweh，而非通常习称的Jehovah（耶和华）。RSV英译本用大写的the LORD来代替Yahweh。

诚然，J本人被视为虚构，学者们将之称作一个学派、一种传统、一卷文献、一个假设。呵，恐怕荷马也是个虚构。眼下这批评风尚的奴隶们，不厌其烦地宣告作者之死，抑或起码也要将每位作者贬降到尼采式虚构的地位。然而务实地说，J位居诸作家之首，其权威和原创性构成一种差异，而这差异已然创下卓荦的效果。雅各、约瑟、摩西、《出埃及记》这些故事的讲述者，比莎士比亚更难规避，在我们的意识之中蔓延之广，赛过弗洛伊德。在文化上，堪与J相颉颃的唯有荷马和柏拉图这个绝不可能的结合。在我看来，柏拉图角抵荷马这一事实，揭示了古希腊人与希伯来人之间一大最深远的差异。在耶路撒冷，决计看不到类似雅典人这样的竞争，因而雅威作者依然是耶路撒冷的心灵，不论耶路撒冷碰巧出现在何处。

我以为J不是虚构，而J确实令我殊为苦恼，因为他的玄秘质疑我所抱持的信念，也即每一位作家都生得太迟，从而永远是中间诗人（inter-poet）这一信念。J自迟来之中所得的自由，可堪俦匹莎士比亚，也就是说，J的原创性与莎士比亚的同样强烈。然J的写作，早于莎士比亚二千五百年，这个时间跨度让两者难以比较。我要略述J的可能境况和意图，以期斗胆尝试描述J的语气，或者他作为作家这一玄秘的姿态。我的概述绝不是轻觑盛行的研究，但鉴于现下的《圣经》研究甚至拿捏不准哪些文本是J所著，或是他人
改削自J文本，因此我必定要逾越《圣经》研究的现状。我尝试越 2
出学者研究的领域，纯粹只是由于一个文学批评家最终只能倚赖自己对于文本的感觉，或者我所谓的误读的必要。一个批评家，迂腐也罢，怀疑主义也罢，皆不能规避支配文本的尼采式权力意志，因为诠释终究只是这一点事，再无别的。哪怕是清晨写出的文本，诗人

当午拿给批评家看，这文本就早已遗失在时间里，渺渺若雅威作者。时间说“曾是”，而真正的批评——如尼采所示——必定弥漫着向时间的“曾是”宣言复仇的意志。任何诠释者都只能在片时之间悬搁主宰关联性知识的意志，因为所有叙述、所有诗歌也都是诠释，所有写作呈现同样一种意志。

在J文本之中，所罗门固然不曾见于言表，却是主宰威势的当世力量。作为虔诚的史蒂文斯追随者，我要更进一步地说，所罗门是J使用隐喻的动机。所罗门的纪元终结于公元前922年，J的写作时期极可能在所罗门在位末年，或者更可能是——依我看来——之后不久。我们甚或可以说，所罗门之于J，一如伊丽莎白之于莎士比亚，乃是一种秩序观念的体现，这种观念在J的耶路撒冷与莎士比亚的伦敦悉是至关紧要。虽然J的重负是以大卫王为代表的英勇竞争的往昔，但王朝主题是他的反面之歌，同时，鉴于他也暗示一种竞争的未来，关于王朝，他所暗示的判断至多只能说是持怀疑态度。J之于竞争的识见，使得其玄秘的姿态有所寄归，也澄清其罕见的反讽模式。

我们无从得知究竟有多少真正的J文本遗失在修订者的替换策略之下，然而《圣经》研究尚不能叫我相信，那些所谓的埃洛希姆派，或祭司修订者，提供了全然一致的版本，也许教会的《创世记》首章是个例外，其中的叙述与J关于我们人类如何开始的叙述相去悬绝，使人愕然。且容我根据我们自以为拥有的版本，勾勒J叙述的梗概。在太初料峭春寒的犹太地，第一场雨落之前，雅威开始创造。水从大地泛涌而出，雅威拿红泥捏出亚当，往这泥人的鼻孔吹入一息神圣的生命。继而是我们自以为熟悉的故事：夏娃、蛇、该隐、亚伯、塞特、诺亚和洪水、巴别塔，以及迥然一新的亚伯拉罕。从亚伯拉罕开始，主要的故事线索也来自J：圣约、以实玛利、雅威在幔利以及去往所多玛途中，罗得、以撒与捆绑献祭、利百加、以扫与雅各、雅各的传说、他玛、约瑟与诸兄弟的故事，接着是摩西的故事。尽我所见，摩西之于J的意义，远逊于他之于正统修订者的意义，并且在《出埃及记》和《民数记》之中，J的痕迹比先前更稀疏。 3

在J的《出埃及记》之中，我们看见犹太人受压迫、摩西出世、逃亡米甸、火焰之中的荆棘与宣命、雅威意欲谋杀摩西的古怪攻击、朝觐法老、灾祸、出埃及地、脱离埃及人之手、过海。以色列人在旷野、西奈山圣约，以及接下来的离析、《民数记》的战争，事实愈发稀疏。J终于在巴勒和巴兰这段严肃又诙谐的故事中焕然熠耀，但是纵使在我们所有的文本当中，此处也并非J著作的终结。在《申命记》第31章和34章，其作者生动地保留了J所描述的摩西之死。在此，我将次第引用我们所闻见的J的雅威高声扬言的起讫，先是对亚当说，最后对摩西说："园中各样树上的果子，你可以随意吃；只是分别善恶树上的果子，你不可吃，因为你吃的日子必定死。""这就是我向亚伯拉罕、以撒、雅各起誓说'我必将赐给你的后裔'的应许之地。现在我使你眼睛看见了，你却不得过到那里去。"从修辞上说，这两处话用的同是残忍的权力范式："看那就在这里了；是你的了，却又不是你的。"J对比雅威最初和最后的话，类似地，他也对比雅威最初和最后的行动："雅威以泥尘抟人。""雅威将他埋葬，将摩西埋葬在摩押地，伯毗珥对面的谷中，只是到今日没有人知道他的坟墓。"从亚当到摩西是从泥土到泥土；雅威从泥里将我们搓出，又将我们埋在泥里，他亲自做这两件事。他待亚当和摩西是如此，他待大卫和所罗门，以及那些所罗门的后人和后人的后人，也是如此。J 是作家之中最峻刻、最惕厉人心的，他的雅威是玄秘的神，他夺走的，不少于他所给予的，他凌越所有轨范。然而关于 J，我所说的这些甚至算不上是部分的实情。将这些孤立起来看，则根本不算是真的，因为 J 是称扬人类的作家，他与上帝之间的关系尤为稀罕。高尔基曾说，托尔斯泰与上帝的关系叫他想起一句俄罗斯谚语：“一窝两熊。”（Two bears in one den.）J 与他那玄秘的雅威之间的关系时常叫我想起我爱的意第绪语格言：“快点睡，我们要用枕头。”（Sleep faster, we need the pillows.）J 勉强跟上雅威，J 的雅各几乎能跟上，而 J 的摩西则根本跟不上。鉴于 J 著作之中最繁难的是雅威，我以为我们要更加细致地看待 J 的雅威，功夫要用得深过整个正统的现代学者传统肯做或能做的。荷马、但丁、莎士比亚、弥尔顿，都丝毫不乏言说也许不能言说之物的锐气，而 J 为上帝虚构言辞和
4 行动之时，其磅礴遒劲、锐敏甚过任何作家。J 叫我们信服，唯独他知道雅威如何以及何时开口说话；在 J 这里，以赛亚相形见绌，至于写作《失乐园》第三卷的弥尔顿，大约只勉强算是 J 的不自觉的模仿者。

我因感极而发问：对于雅威，J 抱持何种姿态？这问题是正统的传统——不论犹太教、基督教，甚或世俗——皆无力询问的。我要以罗列所有不吻合的回答开始：创造雅威之时，J 原初的情感不包括踧然敬畏、恐惧、惊异、惊喜，甚或鞠爱。**J 听来**颇平铺直叙，但这也正是 J 独特的反讽模式。转过来说，J 对待雅威是知赏的姿态，讪谑地知赏，兴趣无似，尤其重要的是矜矜小心。对于雅威，J 可能有些兢惕；J 随时**准备受震惊**。J 所知道的是，雅威是崇高的，抑或

玄秘的，无可比拟，却又颇好争强斗胜，兼爱好奇，生趣沛然，诙谐又暴躁，并且能陡然发狠。不过，J 的雅威也颇隐秘，明智地避免在近东溽热之时外出，喜欢在傍晚的凉气里散步，喜欢坐在幔利橡树下噍啖烤牛犊和乳酪。J 准会笑话那些正统性传统的后人——所有基督教的、犹太教的、世俗的、做学问的后人——他们不知应当将他对雅各的表征形容为“神格化”（theomorphic），却孜孜地将他对雅威的表征形容为“人格化”（anthropomorphic）。

“人格化”这个概念向来会误导，并且可能唯独这个概念，最是深广地迁染了对于 J 的漫长的修订历史，使它最终衍化为正统犹太教。但凡现代学者，犹太人或非犹太人，似乎俱不能接受“斐洛（Philo）之前并无犹太教神学”这一事实。因此，且不提其自斐洛至罗森茨维格之间的漫长历史，“犹太教神学”一词实是自相矛盾的说法，特别是应用于《圣经》文本之时，尤其是应用于 J 文本之时。J 的雅威赋有玄秘的个性，根本不是一个概念。雅威的举止，时或**貌似**与我们相仿，然而由于雅威与他所捏之物——亚当——是不可比附的，这里纯粹只是貌似。在某种范围之内，我们的举止有时恍若雅威，并且也并不见得这是因为我们有意如此行事。确实，约翰·加尔文可说是 J 的强大读者，正如更明显地他是约伯的强大读者。新教徒的雅威吊诡地展现这其中的道理，拿这个不可能的双重诫谕戏耍他的信徒：“要像我，但不可妄想太像我！”在 J 文本之中，这一吊诡仅是潜滋暗长，直待西奈山显灵才臻极。直到西奈山上，J 的雅威仅向寥寥数人开口说话，他的妙选：亚当、诺亚、亚伯拉罕、雅各、约瑟，以及借由深远的言外之意所暗示的大卫。然而我们会看到，在西奈山上，我们遭遇 J 著作的难关。 5

亚当、诺亚、亚伯拉罕、雅各、约瑟是如何神格化的？我以为这问题宜当换一个问法：他们如何地大卫化？就约瑟而言，一切悉为大卫式，我确实将J的约瑟读作大卫的虚构形象，颇似维吉尔的神子代表奥古斯都，只是J以壮观的规模创造约瑟，将一种原本可能是古老的传奇模式发挥得尽善尽美。

我曾称J设譬取喻的初衷是所罗门，但这个说法呼应尼采所说的所有比喻的动机：意欲不同，意欲在别处。对J来说，那不同与别处是大卫。J这种好竞争的精英主义，争取福祉，表现在亚伯拉罕，尤其表现在雅各、他玛。然而受神之祐的是大卫，并且我曾斗胆臆测J的约瑟是大卫的一个肖像。这个臆测是我自出心裁，我以为J的人文主义的旨归是大卫这个隐含的形象，当然这并不是我的原创。它是格哈德·冯·拉德（Gerhard von Rad）学派的基本假设，汉斯·沃尔特·沃尔夫和沃尔特·布鲁格曼这样的神学家就此有过探颐索隐。沃尔夫所谓“雅威作者的传道”（The Kerygma of the Yahwist）这种说法，叫人心下慊然，因为J不是神学家，正如他更谈不上是牧师或先知。弗洛伊德与圣保罗一样，都是有话要传的，而J与莎士比亚一样，并无话要传。J是文学，不是“自白”，他的修订者固然并非如此。这些修订者是在前往阿基巴的途中，然而J并不是求索者，他始终凌迈于正统之外。

在J文本之中，我寻不出丝毫膜拜的痕迹。在《创世记》12：3中，雅威对亚伯兰说道：地上的万族都要因你得福。令我困惑的是，把这句话读作传道的人竟昭昭之多。在J这里，得福的意义绝非修订者与后来的正统性传统所使用的意义。在J这里，得福，尤其是见于亚伯拉罕的福，乃是跻身精英的竞争，立于这竞争之巅是那位好战的人物——大卫。得福意味着某人的名字不会零落，永志不忘的名字活在无止境的时间里。这福从而是时间性的，而不是空间性的——如同荷马及其后的希腊人。荷马喜令其英雄在空间里争居首席，而时间性的福，如同莎士比亚的王国，在世代变迁之中渐见其症结。

雅各是J的中心人物，他的成就（在受到宠爱的约瑟身上被延迟了，因为专注于犹大），在J书写大卫的胜利之前才到来。就想象力而言，我以为布鲁格曼的假设言之确凿。这个假设以为，对于J来说，大卫代表一个新人，几乎是全新的亚当，是雅威决定信任的人（《撒母耳记下》第7章）。斟酌之时，我们无疑也不可排除从J和《撒母耳记下》的作者这两位并世的伟大作家之中摭拾出弥赛亚 6
传统——包括正统犹太教和正统基督教的弥赛亚传统。然而J对大卫并无这般的弥赛亚想法。恰好相反：我们可以揣度，对J来说，大卫曾是并且是妙选精英的形象，并不是未来更伟大异象的兆相，而是一个完全之人，穷尽了人类所有可能性的全部境界和生命力。一如布鲁格曼的推想，设若J的流离比喻（《创世记》3：24，4：12，11：8）附托了所罗门时代的真实境况，那么依我看来，J关于大卫的首要比喻便体现于雅各回到迦南地一事，此事以那场持续整晚的全力搏斗为标志，这场搏斗将雅各的名字永远定为以色列。从而，大卫的荣光在雅各的神格化胜利之中得到最强烈的表现，衬托着他永恒的瘸拐，尤为尖锐："日头刚出来的时候，雅各经过毗努伊勒，他的大腿就瘸了。"

如果雅各是作为父亲的以色列，那么大卫——以约瑟为喻体——是雅各或者以色列的真正的儿子。那么，J的雅各有何似大卫之处？我喜爱前人斯派泽的推想，认为J熟识这位伟大的同辈，也就是《撒母耳记下》之中为我们撰述大卫及其继位者历史的作者。在我读来，J的约瑟颇似深情地以反讽笔调模仿这位史官笔下的大卫。至于大卫，就那个叙述模式所呈现的大卫而言，最重要的并不是他非凡的统率魅力，而是雅威的爱（hesed）这份无上赏赐，赐予这位众宠儿之中最英雄者的选召之爱（Election-love）。在《撒母耳记下》7：12—16，雅威借拿单之口对大卫说话，言辞如此不合逻辑，在J文本之中再无第二处：

> 你寿数满足，与你列祖同睡的时候，我必使你的后裔接续你的位，我也必坚定他的国。他必为我的名建造殿宇，我必坚定他的国位，直到永远。我要作他的父，他要作我的子，他若犯了罪，我必用人的杖责打他，用人的鞭责罚他。但我的慈爱仍不离开他，像离开在你面前所废弃的扫罗一样。你的家和你的国，必在你面前永远坚立；你的国位也必坚定，直到永远。

正如我在别处提及，在J这里，福祉始终是竞争的，而雅各是J笔下的最大争竞者。不过，J单为约瑟破例，显然读者所瞩目的便是大卫。自母亲的子宫到雅博渡口，雅各是争竞者，但在毗努伊勒
7 之夜以前，雅各绝非赋有英雄气概的争竞者。如前所述，他的竞争是要争得时间性的福，在无止境的时间里流传。因而此福从来不若荷马或雅典人争逐首席的竞赛，一种位相或空间的福。在J这里，所争的是生命的玄秘礼物，是为雅威那将红泥（adamah）化为亚当的吹息而争斗。诚然，大卫奋斗、受苦，但是J的约瑟意气自若地徙

过所有变迁，好似 J 在暗示大卫的竞争是一种全新的竞争，在其中，责任要由圣约的雅威这方全然自愿地担负。作为父亲的雅各毕生在搏斗，在与那位无名的埃洛希姆（Elohim）扭打到极致的搏斗之后，永远瘸腿，我将那无名的埃洛希姆诠释为受挫的死亡天使，恍悟以色列会活着，并且永远活着。作为儿子的约瑟使现实看得欢喜，正如大卫似乎使雅威看得欢喜。

然而，依我看来，雅各是 J 的落款，而大卫式的约瑟肖像则彰显 J 的惆怅，关于雅各的描述，未尝不可看作 J 作为以色列伟大作家的自我写照。我先前的问题从而变作：J 本人有何大卫之处？也许不是作为个人，但诚可作为作者而言。我的第一个观点只能是这个明显的悖论：迥异于后世的所有窜改者和诠释者，J 绝不是宗教作家，大卫虽已演变为犹太教与基督教所有弥赛亚思想的典范，但也绝不是宗教人物。在这里，我述附冯·拉德及其学派，添加这个关键的布鲁姆式偏离：J 和大卫不是宗教的，正如弗洛伊德虽肆力于反宗教论战，归根到底无非还是宗教的。弗洛伊德所谓意义的多元决定，强调原初压抑或对表现的逃离——确实，在有可表现的东西出现之前逃离——这些思想将他定位为正统的犹太教徒，且不论他情愿与否。反复翻阅，因为一切皆在其中，圣贤本·巴葛—巴葛（ben Bag-Bag）如此形容"摩西五经"（Torah），弗洛伊德也如此形容心灵（psyche）。一切若皆有意义，那么将要发生的一切早已发生，于是现实已在过去，再不能有任何新事。弗洛伊德看待心灵历史的姿态，正是正统性传统的拉比看待犹太教历史的姿态，倘若阿基巴是宗教信仰的模范，那么弗洛伊德虽声称是科学的，实则赋有等同于阿基巴的宗教虔诚，倘若我们说的是犹太人的宗教。然而，就迟来的正统性传统的意义而言，J 与撰述《撒母耳记下》的大卫王史官一样，都是犹太人，却全无宗教信仰。 就玄秘的 J 而言，就开拓的大卫而言，关键的一切是恒新的。

这样的话也可应用于 J 的雅各，还有亚伯拉罕，甚或以撒，固然也要包括他玛。所有这些人，活在生命边缘，亟欲急急前奔，从不静止，永远处于 J 的雅威的动力论之中。在有些段落里，雅威这种永
8 不止息的时间性，几乎在每一个句子当中生成焦虑的期待。这又是 J 的卡夫卡特征，虽然 J 那种对于人类自由的强烈意识，那种超越荷马的类似意识的东西，会将这种特征抵消。在 J 的修改者及至弥尔顿手里变成神正论的东西，在 J 看来根本不是困惑。因为 J 不是把雅威看作概念，更是意识到雅威的诡激偏谲，雅威干预原初家庭的历史，并不触犯其精英人物的个人自由。我们从而得以看见雅威和亚伯拉罕走在去往所多玛的途中那段生动有趣而森肃的争辩。亚伯拉罕缠磨雅威，直搅得雅威发急。我确信，亚伯拉罕这种机变的勇气和仁义，在“捆绑以撒”（Akedah）一节里更有淋漓的发挥，而修订者索性将 J 文本近乎尽然剔除。我阅读希伯来文本之时，发觉埃洛希姆派的语言与此故事的崇高创作之间有一个非同寻常的漏洞，不能自圆其说。为了儿子的性命，J 的亚伯拉罕定当更加紧逼不放地与雅威争辩，其激烈必定远胜过替平原城里罪愆深重的居民辩护，而在这里，修订者可能将我们欺蒙，令我们不能看到 J 至上的玄秘冲邈。

然而，试看正统性传统给我们**留下**多少他们无力同化的东西！我以为澄清这一点的最佳方式莫过于并置比较法利赛派的《禧年书》（the Pharisaic Book of Jubilees）——也古怪地被称为《小创世

记》（the Little Genesis），尽管这个说法烦言饰辞，实在叫人腻烦。《禧年书》的写作时期大约是公元前一百年，以正统性传统拙劣地模仿《创世记》，其曲解比其他文本更深重，譬如甚于正统性传统将上下两卷《撒母耳记》削剔成为《历代志》。然而《禧年书》作者的文笔虽枯燥，但使人粲然受启的是他将J的文本尽然拔除。他若蓄意要在“摩西五经”之中剔清J所有的独特癖性，这事办得是好得不能再好。雅威以红泥抟亚当，再往自己的形象之中吹气这则J的创世故事荡然无存。雅威在幔利的故事也没有了，而今换作天使对亚伯拉罕和撒拉现身，也没有去往所多玛半途之中的争辩。诸天使中撒旦式的王子莫斯提马（Mastema）撺唆雅威，在捆绑以撒一节审判亚伯拉罕。雅各和以扫不曾在子宫里扭打，亚伯拉罕偏爱雅各，虽然纵使《禧年书》的作家也终究没有否认以撒更爱以扫。咳，毗努伊勒之夜的搏斗这段J的崇高创造被尽然剔去。约瑟也是全无淘气劲，只是乖觉讨喜，而雅各的苦闷以及随后重逢的壮美，通通殒灭。最具惕厉意义的是J文本之中最玄秘的时刻，摩西去往埃及的半道上，雅威企图将他谋杀，而这个行为而今换作莫斯提马行使。J文本中最奥渺的景象，西奈山显灵一节全然缺失，取而代之的是将J这个精力过于充沛的雅威迁回高天去，安顿在那稳当的处所。 9

J的原创性因过于激进而无法被吸纳，然而即使在现今仍然作为雅威的原创性而存留，这个雅威不会降格为犹太教徒、基督教徒、穆斯林的正统上帝。因为J关切性格，更甚于道德，并且完全不关心宗教崇拜，他的绪业是令人不安的，正如布莱克所说，从诗歌传说之中择拣崇拜的形式。J不是神学家，更不是传奇或史诗创作者，并且也不是史家，甚至不是讲故事的人。我们没有适宜于J的描述，正如我们关于上帝的全部思想，都不足蕴含 J 那不可抑制的雅威。我欲详勘 J 所叙述的西奈山显灵来考验这些评断。在这里，J 的雅威错综复杂，超过了学者甘愿去领会的程度。

尽管 J 所叙述的西奈山显灵经过削剔，很可能被毁得面目全非，但这残剩下来的文本，足够让这一段成为他的著作的决定性时刻或交叉点。在这里，他的雅威初次显得极为自相矛盾，而不是善于辩难、讥讽，甚至刁钻狡黠。这个决定性时刻始于雅威与以色列民众的遭遇。他允许自己被他们亲眼看见？他的自我呈现究竟有多直接？猝然之间，幔利和去往所多玛的路似乎变得别扭，好像从来不曾有过。这并不是说雅威在这里没有被表现得那么人格化，而是 J 的摩西（更不说他所带领的那些人）犹不若 J 的亚伯拉罕和 J 的雅各那般神格化或大卫化，并且势必远不及 J 的约瑟那般神格化或大卫化。遭逢自亚伯拉罕至其所暗示的大卫这一路争强好胜且神格化的精英人物之时，雅威是又狡黠又玄秘的。然而摩西既不神格化，也不争强好胜。J 的西奈山显灵标志福祉从精英转移到以色列全民的时刻，值此转移之际，J 的著作里初次显露一种真正的表现焦虑。

就《出埃及记》第 19 章和第 24 章显然出自 J 之手的段落而言，我大体附从马丁 · 诺特的看法，只是其中一些片段，他认为仅仅可信或至少有可能出自 J，在我听来却极可能是真的。兹录《出埃及记》19：9—15，18，20—25，逐字转译如下：

> 雅威对摩西说，我要在密云中临到你那里，叫百姓在我与你说话的时候可以听见，也可以永远信你了。于是摩西将百姓

> 的话奏告雅威。雅威又对摩西说，你往百姓那里去，叫他们今
> 天明天自洁，又叫他们洗衣服。到第三天要预备好了，因为第
> 三天雅威要在众百姓眼前降临在西奈山上。你要在山的四围
> 给百姓定界限，说，你们当谨慎，不可上山去，也不可摸山的边 10
> 界，凡摸这山的，必要治死他。不可用手摸他，否则必用石头打
> 死，或用箭射透，无论是人，是牲畜，都不得活。到角声拖长的
> 时候，他们才可到山根来。摩西下山往百姓那里去，叫他们自
> 洁，他们就洗衣服。他对百姓说，到第三天要预备好了，不可亲近
> 女人。

雅威先是在密云中来，好使人们听见他，大约却是看不见的；虽然如此，在第三天，他要“在众百姓眼前降临”西奈山。西奈山会变成禁忌，但这只是禁忌触摸？试看雅威的话，待会怎样？我疑心这里有介入的省略，纯属J的修辞力量的典型特征，第16节和17节，以及第19节，又都是典型地出自《出埃及记》的修订者之手，但在第18节，我们清晰地看见J的磅礴气势：

> 西奈全山冒烟，因为雅威在火中降于山上，山的烟气上腾，如烧窑一般。遍山大大的震动。

在这一神性内在力量的壮丽比喻之下，震动发颤的究竟是百姓还是山峰并不重要。我们知道雅威既不是火，也不在火中，因为这里的终极比喻是 makom：雅威是世界的处所，而并非世界是他的处所，因此雅威也是那火的处所，而并非那火是他的处所。J从而触及

其崇高的顶巅，只是先前没有的表现焦虑而今也出现，折磨着他，这是一种触摸的焦虑，也初度呈露为视觉的焦虑：

> 雅威降临在西奈山顶上，雅威召摩西上山顶，摩西就上
> 去，雅威对摩西说：你下去嘱咐百姓，不可闯过来到我面前观
> 看，恐怕他们有多人死亡；又叫亲近我的祭司自洁，恐怕我忽然
> 出来击杀他们。摩西对雅威说：百姓不能上西奈山，因为你已
> 经嘱咐我们说：要在山的四围定界限，叫山成圣。雅威对他说：
> 11 下去吧，你要和亚伦一同上来；只是祭司和百姓不可闯过来上
> 到我面前，恐怕我忽然出来击杀他们。于是摩西下到百姓那里
> 告诉他们。

任凭我们竭力地习惯了J的叙述，却不曾料想他会这样出击唬我们。雅威先前恪守圣约，从来不是既作潜在的福祉，同时又作潜在的灾难。然而，这中间的差异自然是从精英人物到整个民族的转移。依我揣度，J若将那个务实的圣约看作大卫式或人道或神格化的圣约，那么这里最突兀的诗歌蕴意是当世的，且先不论是所罗门之世还是之后未几。真正的圣约没有表现的焦虑或难题，它与竞争有关：与亚伯拉罕、与雅各、与约瑟、与大卫竞争，但不是与摩西或所罗门竞争，从而不论在西奈山，还是在J写作的时期，从来都不是与众百姓竞争。J与莎士比亚，或者与弗洛伊德一样，都是精英主义者；这三位作家俱不是左派。在J的想象里，雅威推恩和恫吓的对象是众百姓，而不是他召选的个人，在这种焦灼的期许里，雅威危险地乱了方寸，变得昏惑。摩西提醒雅威，西奈山已是四围定了界限，而雅

威显然过于心不在焉，摩西对他说的话，他都没有在意，听而不闻，仅将警告重复一遍，说他自己有可能管不住自己。

在我们现有的文本里，接下来的段落出自修订者之手，即颁布十诫。我揣测在J的原文里，十诫——尚且不论具体的措辞——安排在《出埃及记》第24章中，仍在J的残章之后：

> 雅威对摩西说，你和亚伦、拿答、亚比户，并以色列长老中的七十人，都要上到我这里来，远远的下拜。唯独摩西可以亲近雅威。他们却不可亲近，百姓也不可和你一同上来。
>
> 摩西、亚伦、拿答、亚比户，并以色列长老中的七十人，都上了山。他们看见以色列的神，他脚下仿佛有平铺的蓝宝石，如同天色明净。他的手不加害在以色列的尊者身上。他们观看神，他们又吃又喝。

这里又是J最玄秘的时候，这是实实在在的西方的崇高，对于
似我这样迟来的朗吉努斯传统的批评家来说，从而也是实实在在的
挑战。在某种意义上，我们似又在幔利，如见埃洛希姆和雅威在幔 12
利吃喝，凑集（勉强地）为精英的七十四人也是又吃又喝，只是在这
里雅威玄秘地观看，并且（绝妙地）被观看。在这里，J又是意气轩
轩的，显露了自相矛盾，甚或可能用论证法，鉴于他的反讽超乎我的
诠释能力，而他的雅威自相矛盾得令人怫郁，我实在不知该从何处
着手解读这个差异的诸阶段。然而与其走进那座迷宫——关于谁
人可能或可能没有看见雅威，或者如何看，或者何时看——我倒要
拿这神乎其神的视觉细节考验第二诫。可惜这里显然也不是J的

文辞，但文理之中自有一种遒劲力量，也许得自J原文的沾溉之泽：

> 你不可为自己雕刻偶像，也不可作什么天上、地上和地下水中的百物的雕像或相似物。

我们自宜记得J的雅威从红泥（adamah）抟出了亚当（adam），往这团泥抟的形象的鼻孔之中吹入生命气息。我们不被准许制作上帝的真正形象（zelem），以作为我们的创造。但是至少及至此刻，难道连J也是被禁止的？纵在此时，J岂不正是给他自己——从而也给我们——创造了上天的形象？这里又吃又喝的七十四人，亲眼看见以色列的神，并且也看见另一形象："他脚下仿佛有平铺的蓝宝石，如同天色明净。"这位众作家之中最伟大的作家，给予我们无数听觉、动态、过动症的富赡形象，却鲜少给予我们视觉的形象，那么究竟为何要用这个视觉形象？在描述任何对象之时，主要不是告诉我们对象在观者眼里的模样，而是告诉我们它是如何被**制作**，被奇妙可畏地制作。在我看来，开启这个超凡描述法的并不是希伯来语言，而是J。然而J在这里描述被看见的，并不是看见雅威的全部或部分，而是我们可能称为雅威所选姿态的东西。

在写作之中，姿态也是气韵，而这一段的气势至为重要，但或许也超乎我们的胆略。作为驰辩的修辞家，马丁·布伯在其著作《摩西》之中以极生动的文辞描绘这段文本，可惜沾带了过多诠释自信。这位对话式人格主义的理论家将七十四位以色列代表人物个人化：

> 侵晓时分，他们大抵在烟霭冥濛之中转徙，攀上顶巅之

> 际，摇缀的冥夜撕碎而泮涣（如我曾亲眼目睹的一般），仅剩一
> 片云，东方未晞，霞光溶溶，渲染得这片云明而未融。仿佛蓝 13
> 宝石的天色，尼罗河三角洲的老牧人看得骇窒。他们从来不曾
> 见过，全然不晓山巅晨光辉映的景象。在得了自由的部族的代
> 表人物眼里，而这个景象就成了铺展在坐于宝座的王（Melek）
> 的脚下。

布伯一向高妙，在这里更是别开生面地是自然主义，却疏忽了他时或能够辨识的东西：J的玄秘。如他自己所说，布伯的初衷是对抗关于《圣经》显灵的两种相反又同样简化的观念：这两种观念或认为显灵是超自然的奇迹，或是壮丽的幻想。然而J若要我们相信这七十四位以色列长者看见的仅是自然的光芒，所写下的文字必定截然不同。布雷瓦德·蔡尔兹的注释确可信据："这文本如此直接贸然，实在不同寻常：'他们看见以色列的神。'"蔡尔兹补充道，从七十士译本到迈蒙尼德（Maimonides）这一路的修订者不停地削弱这个陈述的直接性。诚然，如使我们记得在《希伯来圣经》里，仅有这么一次，雅威现身而绝不开口说话，我们就能更深刻地体识到，这份直接性显得更为锲锐。J所强调的十分明显：七十四位长者在西奈山上，在雅威面前吃喝，他们瞠目看他之时，料想他也瞠目看回来。然而令我们为难的是J提供的这个视觉细节："他脚下仿佛有平铺的蓝宝石，如同天色明净。"J给我们一个非凡的比喻，然而对于这个比喻，自古迄今的研究皆以字面诠释而做出薄弱的误读，J本自是对传统的强大误读者，从而要求强大的误读，那么我在这里斗胆提议一种。我们且先委弃诸如此类的观念：雅威立得何其巍峨，

犹如站在天上；或者这些老人从不曾在山顶看过晨光。J 一贯是意在言外，而这种文风对于他的修辞姿态极为重要。他太谲诡，你若敬畏地坐在那里，一边吃喝，一边拿眼看雅威，他是断不肯明白地说出你所看见的。确实，我们须设想雅威也是坐着，但文中根本没有提及宝座，并且 J 毕竟不是以赛亚，或音拉的儿子米该雅（Micaiah ben Imlah），或以西结，或约翰·弥尔顿。如同在幔利，雅威虽坐在地上，天空却犹如在他脚下。这个视角的剧烈颠倒岂不也可能是表现七十四位长者的眩晕的视觉？看见以色列的神，就好似看见世界天地翻覆颠倒。与布伯的见识截然相反，我们可以从 J 的训导得知雅威确实被看见：“他的手不加害在以色列的尊者身上。他们观看神，他们又吃又喝。”与这份崇高持衡的并不是所有学者肃然宣称
14 的圣约大餐，而是西奈山上的野餐。

这玄秘的会饮与雅威先时的警诫多相扞格，这并不是由于 J 的头脑混乱，也不是由于修订者之过，而是因为雅威的福佑若要从遴选的个人推及整个民族，J 的雅威必须展露这个戏剧化的混乱。我们不能说，不可比拟的雅威因此而触及极限，然而在寥寥数笔属于 J 的描写里，雅威已然不若先前那般沛然。正如 J 所暗示，雅威的心思不在摩西，而在即将到来的大卫。临近文章煞尾，我也试说一句，J 的心思也不在摩西，甚至不在大卫的替身约瑟，也未必真在雅威，而是在雅博渡口的雅各身上。在那里，他刚愎不逊地临对死亡，赋形为那执着于时间的、从埃洛希姆中来的无名者。英勇地角斗，以赢得一个时间性的福祉——一个新名字，以色列——这正是 J 本人独有的竞争。

二

马丁·诺特所谓的圣约大餐——我称之为西奈山上的野餐——非独是西奈山故事之中最原创的成分，而且也指出在E版本之中，那些与摩西一道出现的默然旁观者，似乎是摩西的争竞者，因为他们代表的是众百姓，而不是精英人物。然而这样一来，就引出了关系到J之于正统性传统的关系的最大反讽。纳胡·M.撒那（Nahum M. Sarna）强调以色列人的创新性，也即西奈山圣约的标志："神与整个民族成为圣约的两方"这一思想在近东古代史上未有先例。此言十分确凿。倘若我对J的解读在想象上苟能准确，那么J本人其实是反对其族人的自况视野的。我以为这便将我们带回"J为何创造摩西"这个谜团，摩西显然不是大卫式的，也不是神格化的，全然不若J的亚伯拉罕、雅各、约瑟这一路壮观人物。

在我看来，虽然J不是神学家，但我赞同诺特所强调的一点，他认为"J的神学全然倚重于其叙述的开端"。再无作家如J这般嘉重本原（origins），并宜当如此。在他这里，讲述人类如何而来，就是讲述他们是什么，以及将会是什么。J的摩西是迟来者，这个事实颇显古怪，而J所暗示的大卫，在约瑟这里，回到神格化源头。我以为这正解释了在J的叙述里，对于摩西而言，埃及法老何以如此凛然可畏，而在后来的传统中，他只是雄猜的暴君，最后迫于无奈方才让步。在其《出埃及记》注释之中，布雷瓦德·蔡尔兹精敏地评点J更赋想象力的差异之处： 15

> 然而J所描摹的法老别有形象，他狡黠地与摩西争执，深

> 刻地检讨过错，而一旦没有了压力，便以同样的迅捷穷追不舍。他会发狠（10：28），会奚落人（10：10），并且几乎在争辩之中占了上风（10：11）。他竟似也懂犹太法！一切无可挽回之际，法老的形象也不是悲惨的绝望，而是如同刁钻狡猾的狐狸，欲尽可能从残局之中谋取好处（12：32）。

J将法老夸大（并且是逗人地夸大），殆因为J将摩西特意描绘得非常缺乏威慑力。设若我们能够还原那个简陋的摩西，会有什么样的后果。这个后果非独指我们如何阅读现今所谓的《出埃及记》，也指我们如何看待现今所谓的犹太教？在我看来，J对亚伯拉罕、雅各、约瑟（借约瑟而暗示大卫）的雅威大有兴趣，而对摩西的雅威，则颇有些冷漠。我们若追踪J，后果会怎样？询问这样的问题并不是贬抑《出埃及记》，甚或委弃摩西。实际这个问题所涉及的是，我们当代犹太知识分子回归雅威作家的精英主义关怀的那种自由。撇开祭铎作者和《申命记》作者笔下的摩西，专注于雅威的形象，这样的回归道路有无可能？那个摩西冲腾而起，成为公元2世纪正统性传统圣贤眼里的摩西。我们有望看见的真正的犹太教，难道只能是他们的犹太教？

真正的犹太信仰之中最本质的东西须是《希伯来圣经》本身，但是这部《圣经》究竟是什么？在我看来，出自J作者的是《创世记》、《出埃及记》、《民数记》，而不是修订者所敲定的合成文本。依我看来，其他文本的脉络是无效的，不仅因其偏颇，也因其作者，殊异于J，根本不是足够强大的作家，不是我所谓（慕效尼采）“强力诗人”。袭用理查德·罗蒂的后哲学与实用主义的说法，他们试图借超越对于J的依赖而逮及普遍性，然而J，如同莎士比亚和荷马，俱是诗人当中最强大的，因认知偶然性而成就了自我。J借由创造自己的语言而创造了自己的思想，而修订者既不可能也不会仿效他们这个伟大的源头—— J。

无奈我们孜孜地眷念正统性传统，实难将J当作J来阅读。我们倘能察知J的力量，那么积渐积微，辄可以认识正统犹太教乃是对《希伯来圣经》的极端而强大的误读，是为了顺应罗马人占领之下的巴勒斯坦犹太人的需要，此事在十八个世纪之前便已办妥。这
是否会以正版圣约之名而将我们永世拘辖？ 16

越是深入阅读J，我就越发体会阅读莎士比亚的经验，也即领悟这种偏激的原创性。J的后世修改者的历史，乃是与J背道而驰的漫长征途，并且走得实在太远，从而与J的雅威遥远得没有止境。雅威作者的雅威不是正统犹太教、历史上的基督教或伊斯兰教的上帝，这实是一个晦暗的悖论。这也是西方文化之中最大的反讽，尤其在我们这个即将进入公元2000年的晚近年代，我们仍需光复上帝的形象，而那个形象在玄秘的J作者——我们的源头——笔下栩
栩可见。 17

荷　马

（约公元前 8 世纪）

一、《伊利亚特》

1

赫克托尔对他的力量
非常得意，很是疯狂，他依赖宙斯，
不尊重别的凡人和天神；他大发脾气。
他祈求神圣的曙光女神赶快露面；
他威胁要砍掉我们高立在船尾的尖顶，
放出大火烧毁船只。在上面杀死
我们这些被烟熏糊涂的阿开奥斯人。
这就是我的心里非常害怕的事情，
担心众神实现威胁，我们注定
死在特洛亚，远离养马的阿尔戈斯。
奋发吧，要是你想在最后时刻从特洛亚人的
叫嚣中拯救阿开奥斯人的受难的儿子们。
你日后会感到非常苦恼，祸害造成，

> 找不到挽救的方法。[①]
>
> （《伊利亚特》,第九卷,第237—250行）

> 在流便的溪水旁有心中定大志的。
> 你为何坐在羊圈内,听群中吹笛的声音呢?
> 在流便的溪水旁有心中设大谋的。
> 基列人安居在约旦河外:但人为何等在船上?
> 亚设人在海口静坐,在港口安居。
> 西布伦人是拼命敢死的,拿弗他利人在田野的高处, 18
> 也是如此。
>
> （《士师记》5:15—18）

西蒙娜·韦伊素爱《伊利亚特》和四部福音书,并且别扭地两相比附,好似耶稣是希腊人,而非犹太人:

> 四部福音书是希腊天才的最后奇观,正如《伊利亚特》是最初的奇观……与《希伯来书》一样,灾厄是罪愆的确凿征象,从而合乎情理地成为招人鄙贱的对象。在这里,上帝也痛恨被制伏的敌人,宣判抵偿所有种种罪愆——正是这样一种观念容许残暴,诚可说使残暴必不可少。在《旧约》里,除《约伯记》一些片段之外,无一处文本殆可埒美希腊史诗的意蕴。基督教上下二千载间,无论在行止或文字之间,《罗马书》和《希伯来

① 《伊利亚特》,罗念生、王焕生译,人民文学出版社,1994年版,第222—223页。布鲁姆在原书中引用的是菲茨杰拉德的英译本,下同。

> 书》一贯深得赏识、阅读、仿效。每有人犯下罹法，欲为自己辩白，总能切当地引据这些文本之中的文句。

这番话对于《希伯来圣经》而言虽有些歹毒，但也只是袭履陈腐，犹太人惯有的自憎，甚或基督徒反犹主义，早已拥有数不过来的例子，而这不过是又添上了一桩罢了。然而在这段话之中，别开生面的是韦伊把《伊利亚特》读作“力量的诗歌”这一强大误读，譬如她说道：“其忿恨是唯一合乎情理的忿恨，它的出现是因为人类的灵受制于力量，归根结底，也即受制于物质。”韦伊所谓的“人类的灵”（human spirit）是指什么？她的灵自然是希伯来人的，而根本不是希腊人的，从而与《伊利亚特》文本格格不入。套用荷马的措辞，她的文句原该将合乎情理的忿恨，也即阿喀琉斯和赫克托尔的忿恨，归因于“人类力量受制于诸神和命运的力量”。因为这才是荷马眼里的人类；他们不是幽囚于物质之中的灵，而是活生生的、在觉知、在感觉的力量或冲动。我在这里袭循布鲁诺·斯奈尔在《荷马的人类观》（“Homer’s View of Man”）一文中的著名陈述。在其陈述之中，阿喀琉斯、赫克托尔，以及其他所有英雄，甚至包括奥德修斯，“自视为种种任意力量和玄秘威势交战的疆场”。亚伯拉罕、雅各、约瑟和摩西显然不会自视为任意力量相犯的阵地，大卫及其可能的后裔耶稣自然也不会如此看待自己。《伊利亚特》当然是力量之诗，一如《创世记》、《出埃及记》、《民数记》无疑是雅威的意志之诗，雅威自有其任意武断和玄秘的方面，但他的力量是公正的，而他
19 的威势也是狡猾的。

2

依我看来，在古人之中，《伊利亚特》的诗人唯有一位对手，那就是《创世记》、《出埃及记》、《民数记》大部分文本的原作者，学者称其为雅威作者或J作者。除了二人同样赋有的玄秘崇高之外，荷马与J绝无共通之处，并且二人以截然相异的模式而崇高。在某种深层意义上，他们是争竞者，虽然彼此不曾闻知，或听闻对方的文本。他们在相互竞争中影响着西方国家的意识。在西方文学和生活之中，滋养分裂的感性的首要因素，大约就是此二人之间这场迟迟而起的纷争。因为西方的特色在于其苦恼感，也就是其认知趋向一个方向，而其精神生命趋向另一方向。除希腊的思考方式之外，我们再无别的方式，而我们的道德和宗教——外在和内在——则在《希伯来圣经》之中寻找终极本源。

撒迦利亚（《撒迦利亚书》9：12—13）宣达的上帝的训谕这个负担，预言了我们这场文化内战永远不会歇止：

> 你们被囚而有指望的人，都要转回保障。我今日说明，我必加倍赐福给你们。
>
> 我拿犹大作上弦的弓，我拿以法莲为张弓的箭，锡安哪，我要激发你的众子，攻击希腊的众子，使你如勇士的刀。

与《希伯来圣经》一样，荷马是圣典，也是知识普及书。两者势必依然是主要的教科书，唯独莎士比亚序列第三位，这个第三位最深刻地展现了希腊的认知与希伯来的精神这一分裂。由于荷马的语言及其蕴含的社会经济结构迥异我们时代，再加上其他一些原因，刻下若要不曲解文本，尤其在阅读《伊利亚特》之时，大抵是不太可能。无论我们是非犹太人或犹太人，信徒或怀疑信仰之人，黑格尔主义者或弗洛伊德主义者，真正的差异是在雅威与奥林匹斯山上那些纠葛不清的宙斯及诸神之间，命运与魔性世界（daemonic world）之间。不论是基督徒、穆斯林、犹太人或其驳杂的后裔，我们都是亚伯拉罕的儿女，而不是阿喀琉斯的。在表现人与诸神争战方面，可能荷马是最强大的。雅威作者或 J 为我们描述雅各与一位无名的埃洛希姆摔跤之时，也是同样地强大，但这是独有的例外，并且雅各的搏持，不是要战胜那无名的埃洛希姆，而是要将他拖延。况且雅各不是赫拉克利特；他的搏斗本并不是出自本性，诚可说，是要给我们一个瑰大的修辞，譬喻以色列始终不渝地求索一种无涯的
20 时间。

在雅威作者、但丁、莎士比亚之外，《伊利亚特》是西方迄今产出的最非凡的著作，但倘若试作细想，我们在精神上接纳或者能够接纳的会有多少？阿喀琉斯和赫克托尔固然不是同样的人物，因为我们无法想象阿喀琉斯在城邦里过日常生活，但他们俱同样地颂扬战斗。对我们大多数人来说，抵抗战不再比攻击战更理想，在《伊利亚特》之中，两种战争俱近乎最高的善举，也即胜利。在一个平常生活即是战场的世界里，还能想象怎样的终极价值？确实，讲述者及其人物角色心头始终纠葛和平的比喻，但是诚如詹姆斯·M. 雷德菲德论述，这些比喻的旨意“并不是描绘和平之世，而是生动地烘托战乱之世”。确实，在《伊利亚特》之中，和平之世本质上是人类与自然之间的战争，一如战场上虏获战利品，农人捽取果实谷

粒。这就帮助解释了《伊利亚特》何以无须颂扬战争，因为现实已是不息的争战，在这样的现实里，若要得到任何好东西，便只能掠夺或毁灭他人或他物。

荷马式理想是争逐首席，而这绝非尊让双亲这种《圣经》理想。似雷德菲德及其他一些学者将《伊利亚特》读作“赫克托尔的悲剧”，我以为实难如此解读。临死之际，赫克托尔被剥夺悲剧尊严，可以说几乎被剥夺了全部尊严。颇为反讽的是，这篇史诗实是阿喀琉斯的悲剧，因为他虽挣得了首席，却未能克伏不免一死的忿恨。仅是半神，荷马似乎便是以此将一个英雄定义为悲剧的。然而这不是《圣经》意义上的悲剧，《圣经》的两难境地，也即亚伯拉罕和雅威在去往所多玛的途中争执，或者雅各与死亡天使相搏，实是这样一种需要：好似自己能够支配自己一般地行事，虽然心里明白，与雅威相比，自己绝不能自主。阿喀琉斯既不能自主地行事，也不能相信，纵使能与宙斯相提并论，自己也是束手无策之人。因此，哈姆雷特和莎士比亚的其他英雄的文化先祖是亚伯拉罕和雅各，而不是阿喀琉斯。

若将阿喀琉斯与其相当的人物大卫（在雅威眼里，他显然是亚
伯拉罕子孙之中最出色的一个）相比，那么做“希腊第一英雄”究竟
意味着什么？无疑不是做众人当中最完全之人。一如詹姆斯·乔
伊斯允当地评断，最完全之人非奥德修斯莫属。希腊第一英雄是能
杀掉赫克托尔的人，那么换一个说法，在美国人的英雄背景里，阿喀
琉斯便是西部枪法最快的牛仔。或许大卫也可能是那样的人，而大
卫也会如阿喀琉斯痛悼帕特洛克罗斯一般哭悼约拿单，这里提点我 21
们，大卫和阿喀琉斯皆是诗人。但阿喀琉斯坐在帐篷里发脾气之时，

实是个小孩，瞻前顾后，正如布鲁诺·斯奈尔所展示，这也是不可避免的，因为他的魄力、感知和情绪皆各各分离。而大卫即使还在孩提之时，便已赋有成熟独立的自我（ego），再附以他的人生感、对其他自我的识野、他的情感天性，所有这些融会为一个崭新的人，一个雅威决定不仅要去爱，而且要借他的子嗣使他不朽，永远不会失去雅威的宠爱的英雄。与西蒙娜·韦伊不同的是，耶稣只能是大卫的后裔，而不是阿喀琉斯的后裔。抑或极简略地说，阿喀琉斯是一个女神的儿子，而大卫是上帝的儿子。

3

在“现代”作家当中，唯有托尔斯泰可与《伊利亚特》的诗人和J作者相提并论，不论是《战争与和平》，还是他晚年的杰作，短篇小说《哈吉·穆拉特》，都可以说明这一点。在其文章《论伊利亚特》（允当地得到荷马翻译家罗伯特·菲茨杰拉德的评介，认为此文传写了荷马的技艺是何其渺远、何其典雅精炼）中，雷切尔·贝斯帕洛夫（Rachel Bespaloff）却犯了一个迷谬，误以为由于《圣经》和荷马悉如托尔斯泰，两者必定彼此相似。荷马与托尔斯泰共通之处是他们皆非凡地平衡行动中的人与行动中的群体，唯独这个平衡使史诗得以准确地表现战斗。雅威作家与托尔斯泰共通之处是反讽的玄秘模式，这种模式悖违无可比拟的实体的不协调性，即雅威或普遍历史与人之间惨酷的冲突或并置状态之中的遭遇。但雅威对群体无甚兴趣；在西奈山上，当福祉从精英人物转移到众百姓之时，他略带不屑地避而不看。在荷马那里，诸神与人相犯，或者命运与英雄的冲突始终不是全然不可比拟的力量之间的较量，尽管英雄必须死，或死在诗内，或死在诗外。

撇开二人对于自我的表现，雅威作者与荷马之间的首要差异必然是雅威与宙斯之间不可名状的差异。此二者皆具人性，然而将二者行径并置之时，这个说法便显得荒谬。埃里希·奥尔巴赫比较《奥德赛》的诗人与埃洛希姆作者，也就是雅威作者的修改者，他追溯过那种模仿的差异，它体现在，《奥德赛》强调“前景”，而《圣经》则仰赖潜滋的“背景”权威。这个对比固然有些道理，但我们若从《奥德赛》转到《伊利亚特》，从埃洛希姆作者转到雅威作者，其间的对比差异也渐消退。与雅威作者不同，《伊利亚特》不太需要诠释，但 22
读者若不下一番功夫探索其审美背景，也极难领会这个文本。与雅威作者笔下的人物不同，《伊利亚特》的人与弗洛伊德所谓的“心理学之人”鲜有共通之处。

约瑟可能是雅威作者为大卫所描绘的形象，他与父亲雅各形成后俄狄浦斯的绝妙对照，然而阿喀琉斯似乎从未与父亲珀琉斯有任何关系，他的父亲不过是微贱老人的一种类型，等待老死这样一种不值得的死法。诚然，《伊利亚特》和 J 文本之间的酌然对比，在于普里阿摩斯的哀悼与雅各认定约瑟已死之时的悲痛之间的差异。在荷马这里，老人多半仅配充当哭丧者，而在雅威作者这里，老人象征父辈的智慧和德行。雅威是亚伯拉罕的上帝、以撒的上帝、雅各的上帝，甚至在后世作为摩西的上帝、大卫的上帝、耶稣的上帝。然而宙斯不是任何人的神，或者可以说，阿喀琉斯也大可不必有父亲。

普里阿摩斯哭悼赫克托尔，会同阿喀琉斯哭悼帕特洛克罗斯之时，普里阿摩斯才得以挽回泰半尊严，而年迈的雅各本身就是尊严，一如在他之前的祖父亚伯拉罕。尼采的刻画十分公道。对于一个民族来说，当其理想是角逐首席的竞争之时，必定要在尊奉父母这方面落后，而推崇父系和母系的民族则将竞争转移到时间王国，在时间王国里角逐，就不是为了一时的胜利，而是继承福祉，那福祉承诺在浑无涯涘的时间里更长远的生命。

雅威是那福祉的本源，在J文本之中，雅威虽时常神秘莫测，却从来不是漠然的旁观者。没有哪个希伯来作家能够想象仅作观众的雅威，无论是看得入迷或无动于衷。荷马的神祇是人性的——太人性——尤其是他们能够可恶地旁观苦难，几近当作消遣。阿摩司及其后的众先知口中的雅威，距离荷马的奥林匹斯宙斯遥远得不能再远。

可以说，在审美上，诸神作为旁观者这一手法使荷马踔越于《希伯来圣经》的诸作者。神祇观众无时不在的感觉，既为荷马的人类听众提供妙不可言的相互感应，也确保阿喀琉斯和赫克托尔是在更比自己伟大的崇高观众跟前表演。以诸神作为观众的手法提升并推崇了荷马这些英雄主角。雅威频频藏匿，你哭喊他之时，也不会出来见你，或者他可能冷不防地呼唤你的名字，你就只能应答："我在这里。"宙斯确是反复无常，但终究为命运所拘。雅威会吓唬
23 你，并且他自己一无拘束。他不会做你的观众，好使你得些尊严，纵然如此，他绝非恝然。他拿红泥抟出你来，往你的鼻孔吹入他自己的气息，把你做成活物。你令他伤心或叫他欢喜，然而正如弗洛伊德的主张，他实是你思慕的父亲。宙斯却不是你思慕的任何什么人，即便你是赫拉克利特，他的亲生儿子，他也不会来救你。

4

在荷马这里，你为了做最优秀之人而上战场，掳夺敌人的女人，尽可能活得长久，却不必忍受可鄙的老年。然而这不是你在《希伯来圣经》之中争锋的原因。在那里，你在雅威的战争之中操戈，这震骇了那位苛刻的圣徒西蒙娜·韦伊。在这篇导言的结尾，我想比较两篇浩荡的战斗颂歌，其一是《士师记》第5章的底波拉和拉巴的歌，其二是《伊利亚特》第十八卷的神妙之笔，阿喀琉斯为追回武器、盔甲和帕特罗克洛斯的尸体重新进入战场：

捷足的伊里斯这样说完离开那里，
宙斯宠爱的阿喀琉斯立即从地上站起，
雅典娜把带穗的圆盾罩住他强壮的肩头，
又在他脑袋周围布起一团金雾，
使他的身体燃起一片耀眼的光幕。
犹如烟尘从遥远的海岛城市升起，
高冲云空，敌人正在围攻城市，
居民们白天不停歇地从城市护墙上
同敌人展开激战，但一等太阳下山，
他们便燃起缕缕烟火，炫目的火光
直冲天际，使邻岛的居民都能看见，
好让他们驾驶船舶前来救援。
阿喀琉斯头上的火光也直达天宇。
他来到壁垒前面堑壕边，没有加入

阿开奥斯人的队伍，牢记母亲的规劝。
他站在那里放声大喊，帕拉斯雅典娜
遥遥放声回应，使特洛亚人陷入惶颤。
24 犹如阵阵尖锐的号角声远远传扬，
通告凶残的敌人已经进袭到城下，
埃阿科斯的后裔的呐喊也这样远传。
特洛亚人听到阿喀琉斯的银嗓音，
个个心里发颤，就连那些长鬃马也
立即掉头转向，预感可怕的灾难。
驭手们个个惊恐万状，当他们看见
勇敢的佩琉斯之子阿喀琉斯头上冒着
目光炯炯的雅典娜女神燃起的火光。
伟大的阿喀琉斯三次从堑壕上放声呐喊，
三次使特洛亚人和他们的盟军陷入恐慌，
有十二个杰出的英勇将士被他们自己的
长枪当即刺死在他们自己的战车旁。
阿尔戈斯人兴奋地把帕特罗克洛斯的尸体
抬出战场，放上担架，他的同伴们
泪珠滚滚围着他，捷足的阿喀琉斯
走在他们中间禁不住热泪涌流，
看见忠实的同伴伤残地躺在担架上。
当初他用自己的车马送他去战斗，
却没能见他活着从战场回来迎接他。[①]

① 《伊利亚特》，罗念生、王焕生译，人民文学出版社，1994年版，第483—484页。

烧灼着雅典娜的神圣火焰，矫顾怒步，阿喀琉斯虽徒手上阵，却更比浑身铠胄之时可怖。他的怒吼叫特洛伊人莫不震叠，并且女神的回喊更增添其恐慌，因为他们知道所面对的是超凡的神力。在先知以赛亚和约珥那里，雅威大吼之时，虽也吼得“像战士”，但效果迥异。这里的差异在于荷马的人与女神——阿喀琉斯与雅典娜——凛凛威风地叱咤对喝。由于人神之间的力量悬殊得骇人，以赛亚不可能让王与雅威相互吆喝喊杀，彼此助威，但这一天壤之别不能应用于阿喀琉斯和雅典娜。

在这篇浅说的开端，我并置两段题铭，其一是奥德修斯精敏地规劝阿喀琉斯，若不回战场，赫克托尔烧毁阿开奥斯战船的“那一天”，“会是你日后铭心的痛苦”[1]，其二是《士师记》第 5 章底波拉的战争颂歌。赫克托尔“沉酣于威力”（ecstasy of power）会给阿喀琉斯带来“铭心的痛苦”（remembered pain），因为力量必须以他人的痛苦为代价，而威力之沉酣源自对敌人的重创，造下“**铭心的**”苦难这一胜利。记忆仰赖于痛苦，这是尼采对所有意味深长的记忆采取的疾悍的荷马式分析。然而这不是《希伯来圣经》所推崇的记忆。 25
底波拉略带辛辣的反讽，傲然嘲讪那些不肯攻打西西拉的以色列诸部族，尤其是流便溪水旁的部族，满心顾忌、疑惑、犹豫，“心中设大谋的”。她尤其斥责一如既往地过日子的部族，但族人等在船上，亚设人在海口静坐，在港口安居。她遽尔以犀利的词锋和道德力量，称扬那些恪守与雅威的圣约而拼命的部族，那些克伏了“心中的大志”和“心中的大谋”的部族，发出赞美和胜利的雄伟颂歌：

① 译者为行文方便而使用了自己的译文。

西布伦人和拿弗他利人是拼命敢死的，
在田野的高处也是如此。

高处一词既是描述语，也是赞美之辞。高处是保存圣约的处所。西布伦人和拿弗他利人去战斗，不是为在以色列诸部族之中争得首座，不是为掳获西西拉的女人，而是为履行圣约，显示坚定（emunah），即对雅威的信赖。在荷马这里，人人皆知宙斯不可信。我们必须承认《伊利亚特》卓荦的美学价值。荷马是诗人之中最好的，始终居席尊，而他所缺欠的——甚至在美学上——是信赖，相信神祇记得已经履行的圣约，以及缺乏感动希伯来诗人底波拉的那种崇高希望：

星宿从天上争战，从其轨道攻击西西拉。
基顺古河把敌人冲没。我的灵啊，应当努力前行。

二、《奥德赛》

《奥德赛》显然是《伊利亚特》的续篇，但对于所有读者来说，却是截然不同的诗歌。这两篇史诗若是出自同一个作者，那么从《伊利亚特》到《奥德赛》之间的激变，便如《战争与和平》到《安娜·卡列尼娜》，抑或《失乐园》到《复乐园》之间的变化。这个比拟隐示荷马的识野愈发窅然，亦如托尔斯泰或弥尔顿，但是从《伊利亚特》到《奥德赛》是从悲剧变为喜剧，从史诗变为传奇，从阿喀琉斯的难逃死劫的愤怒到奥德修斯谋求重获妻子、儿子、父亲、家庭、王国之时的审慎。《伊利亚特》与《圣经》激烈竞争，为我们设定崇高的标准，而《奥德赛》却是更丰赡的著作，尤其是在现代文学里。乔伊斯 26
不曾创作题为《阿喀琉斯》的小说，庞德和史蒂文斯也不曾献诗给《伊利亚特》的英雄。正如在他们之前的但丁和丁尼生，皆十分痴迷尤利西斯。然而尤利西斯的归家之途，与但丁摊派给他的作为埃涅阿斯的反面角色，尤其是丁尼生介介然差委给他的角色，形成怪异的反差。

《伊利亚特》与《奥德赛》之间的反差的一个恒常谜团是，《伊利亚特》似乎离我们更远，尽管此诗不似《奥德赛》具有如此众多的离奇或神妙的事。阿喀琉斯是一种遥远的崇高，奥德修斯则是乔伊斯所想象的“完人”（the complete man），应对日常生活。《奥德赛》的传奇套路是写实地描述奇观，并且似乎殊异于阿喀琉斯和赫克托尔竞逐首席的悲剧世界。一个并非古典学者的文学批评家，希腊文也学得一般，在阅读这两篇史诗之时，却仍能从这样一位赅博的诗人（在一个传统之中生得太晚）的庞大意识中深刻地体会到截然不同的构设所具有的压倒性的整体感。塞缪尔·约翰逊——我的批评家偶像——阴沉地评道，荷马之后而来的每一个西方诗人都是迟来者。依我看来，就《伊利亚特》而言，约翰逊说得允当，而我无比深刻地感觉《奥德赛》乃是一部迟来的史诗，歌唱“诀别之事”（things-in-their-farewell）。这实是丰饶的反讽。

我们无法想象阿喀琉斯生活在《奥德赛》的日常世界里，这个世界难容如此死心眼的英雄。你往西去，去亡人岛上看看，就会发现英武的阿喀琉斯或者埃阿斯（Ajax）的委顿的幽灵，注定永远只是第二等。荷马的奥德修斯，超妙地迥异于但丁和丁尼生所谓的埃涅阿斯之反面角色，实是埃涅阿斯的真正原型，而维吉尔笔下那位道学先生，实是不自觉地拙劣地模仿《奥德赛》中的英雄。苦命的埃涅阿斯须背负奥古斯都皇帝，奥德修斯则不受意识形态的拘束，除非渴望收复曾经为你所有之物这样一个欲望，也被视为一种精神的政治。

正如批评家所指出，阿喀琉斯未脱稚气，而奥德修斯须收起孩子气，在一个会把你冻死也会叫你被独眼怪活吞的世界里存活。自制这一品德与阿喀琉斯格格不入，无疑也不是一种诗歌品质，并且当它表现在奥德修斯身上之时，似乎并不属于道德体系。美国人妥当地将荷马这位后期英雄视为第一位实用主义者，对于无关紧要的差异无动于衷。对于必须得精明处事的奥德修斯来说，生存是一道漫长的障碍跑道，把你与家隔阻了整整十年，你踏上归途之时，又迫使你再经历十年的磨炼。你终于回到家，最沉重的苦难适才开始，因为在自己家里杀戮——纵使你是据上风的一方，狡诈地杀人，而不是被杀——实在是可怖的景象，远胜过特洛伊迎风的大平原上最激烈的战斗。

27 乔伊斯的尤利西斯，也即有受虐倾向却良善的波尔迪，乃是所有文学之中最温和的角色，尽管现代批评家拿荒谬的醒世说教指摘他。荷马的奥德修斯是危险的人物，我们敬服他，却不爱他。他是了不起的劫难生还者，全船的人都覆没，独他一人仍然漂浮不沉。你可不想与他在同一艘船上，可你又宁可阅读或聆听这么一个人的故事，因为竞存是所有故事之中最动人的。之所以有故事，是因为故事拖延死亡，奥德修斯是奇崛的死亡规避者，不若可悲的阿喀琉斯，因仅是半神而怒气冲天，然而以实用主义的说法，他实是汲汲于定数。因此，希腊人当中最好的勇士阿喀琉斯的竞争，迥异于奥德修斯的明智的沉酣（the sensible ecstasy)，仅在不得已之时才争战，并且总是为鲜明的目标而战。争夺首席的欲望消退，生存意志焕发其自有的英雄气概。

对于这个须航行归家的岛国之王来说，波塞冬的敌意何其凶猛，压得奥德修斯只有两种选择：英雄的忍耐或者死亡，除非他肯忘记家园，屈从能为他所用的重重诱惑。他不是屈服者，从而成为其后每一个奋斗之人的表率。正如但丁和丁尼生所展示，因这个表率鼓励人们培养欺罔他人这一能耐，从而也是一个危险的表率。然而倘若当风起浪涌的茫茫大海与你作对之时，你又不能待在陆地，那么你必须选择仅剩的自然力量，在火焰之中扯开嗓门，一如但丁的尤利西斯。在《伊利亚特》，火意味着死在战场，在《奥德赛》则譬喻生存，火不再是闪亮的武器和盔甲的光芒，而是家里的炉火，在那里，佩涅洛佩主持城邦，一面拖延求婚者，一面等待那实用主义或迟到的英雄回到她身旁，一刻也未尝忘记他直奔家而来：

> 她这样说，激起奥德修斯无限伤感，
> 他搂住自己忠诚的妻子，泪流不止。
> 犹如海上漂游人望见渴求的陆地，
> 波塞冬把他们的坚固船只击碎海里，
> 被强烈的风景和险恶的巨浪猛烈冲击，
> 只有很少漂流人逃脱灰色的大海，
> 游向陆地，浑身饱浸咸涩的海水，
> 兴奋地终于登上陆岸，逃脱了毁灭；

佩涅洛佩看见丈夫，也这样欢欣，
28 白净的双手从未离开丈夫的脖颈。[①]

① 《奥德赛》，王焕生译，人民出版社，2003年版，第二十三卷，第231—240行。

维吉尔

（约公元前84—前54）

维吉尔遣埃涅阿斯下冥界，遇见迦太基女王狄多，因他的背叛耍赖而卒然丧命；他打叠起一腔柔情与她攀谈，寻诸种借口替自己辩解；但这位夫人不屑一顾，黯然背身去，就像埃阿斯。她似埃阿斯那般背转身去，但绝没有与他相仿的品质，这些品质使他的沉默中自有一份尊严或仪范。她大可似其他受伤的女人一般，逞怒非难，破口大骂，而无损她持身操行的格调。然而维吉尔的想象之中充满了埃阿斯，从而不能说服自己教狄多学会别的怨恨模式。

——塞缪尔·约翰逊，《漫步者》No. 121

一

被西方最伟大的文学批评家在《模仿的诸种危险》（“The Dangers of Imitation”）一文中用作范例的，乃是维吉尔身后忧患重重的名声随世代更迭而经历的变迁中最不堪的遭遇。很多读者竟将太高贵的埃涅阿斯看作道学先生，类似乔治·艾略特的丹尼尔·德龙达（Daniel Deronda）的特洛伊版本，这已是万分不幸。而阅读维吉尔之时，心中念念不忘荷马，无疑是把唯有数位西方作家才可承受的重负压在这位最强大的拉丁语诗人身上。维吉尔不是但丁、莎士比亚、托尔斯泰、乔伊斯。与他最声气相投的是丁尼生，还有其他挽歌诗人，以及马修·阿诺德和 T. S. 艾略特，前者褒扬维吉尔为美妙的“短绌”，后者称赏他为成熟的“命运独特的诗人”，这两种颂扬疑似对立，实则话理类同一辙，也就是皆不切中事实。和阿诺德和艾略特一样，苦命的维吉尔成了教授们的诗人，他们当中很多人有着与约翰逊博士不同的见识，都称赞维吉尔是出色的荷马修正者。

29 其他古典学者给我们的维吉尔更似丁尼生，乃是聪敏的后来者，痴迷于“朦胧的情愫、恍惚的形象、那些可睹之际便消散的鬼魅的未完面晤和冲突”。这句话引自 W. R. 约翰逊的著作《可见的黑暗》，那是我读过最好的维吉尔研究，但我要慌忙地补充，约翰逊是以宏赡的文笔综括其他批评家的评判，而不是敷叙他自己的看法，在我看来，这样的做法更有说服力。W. R. 约翰逊眼里的维吉尔尤其赋有一种“溶溶其不可量的伊壁鸠鲁主义者感受苦痛和苦难的敏感”，而不太关心“战胜，而是关心战败，以及学会如何失败”。这个维吉尔赋有“黑暗的想象力”，并且“发现、勘破了那真正摧毁我们的永恒的状貌”。

在某种意义上，W. R. 约翰逊将维吉尔的朱诺这个妙绝又可怖的形象推崇为这篇史诗的中心人物，这一见地可以纠正先前很多对于维吉尔的诠释。朱诺是维吉尔所塑造的最矛盾的形象，无疑也是当代女性主义批评家素喜称作男性歇斯底里症之投射的东西在西方文学之中的一大典型。我宁愿称维吉尔的朱诺为男性对于“起源与意图竟是同样一个东西”这种事情的惧怕。尼采在《道德的谱系》之中叫我们要警惕之时——念在人生的分上，必须分离起源和意图——我们不会以为他是歇斯底里。撇开他厌恶女性这一备受解构的事实(相比他的导师叔本华,又是何其温和),我们绝不能将尼采发落为女性主义喜称的“父权批评家”(果真有?当真能有?)。正如在他之后的弗洛伊德,尼采建议的是除了父亲这一修辞之外,所有西方形象均是或起源或意图。

令人恐惧的是,在维吉尔笔下,唯一一个既不是起源也不是意图的西方形象被降级为安喀塞斯这个可悲的人物,此人不得不伏在教思不匮的儿子——英雄得沉闷的埃涅阿斯——背上逃出大火之中的特洛伊城。诗中的母亲形象并非埃涅阿斯的母亲维纳斯,而是极难被看作母亲的朱诺,她实实在在是西方文学传统之中诸梦魇形象之一。维吉尔忌惮她,这是再允当不过的,倘若我们读得仔细,也会忌惮她的:

> 啊,可恨的族类,弗利吉亚人的命运和我的命运是不相容的。怎么他们就没有在特洛伊平原上倒下呢?怎么他们就没有被俘而永远当俘虏呢?当火烧特洛伊的时候,他们怎么就没被烧死了呢?他们居然在战阵中,在大火之中,找到了一条生路。我想,也许我的神威扫地了吧,衰微了吧,我恨够了,该休 30
> 息了吧。可是不是,当他们被抛出家园,在海上漂流,我的敌意并未消失,竟会想到要去尾随他们,走遍大海和这些浪亡者作对,昊天沧海的力量都用来反对这些特洛伊人。西尔提斯、斯库拉和张着大口的卡里勃底斯对我又起了什么作用呢?他们现在已经到达了他们渴望到达的第表河口,把大海和我都抛诸脑后。可是战神玛尔斯有能力消灭野蛮的拉匹特族,众神之父

尤比特由于狄阿娜一怒而把古都卡吕东让给了她，拉匹特和卡吕东何罪之有，而遭到这样的厄运？而我，尤比特的伟大的王后，不幸啊，没有一种方法我没有尝试过，却输给了埃涅阿斯。如果我的神威不够大，我会毫不迟疑地到任何地方去求得任何援助的。如果我不能改变天神的意志，我将去发动地狱。我知道我没有办法阻止他统治拉丁姆，我也不能改变命运的规定不让他取拉维尼亚，但是我可以拖缓如此重大事件的实现，拖延其时日，我可以连根拔掉两家的百姓。只有在付出了百姓流血的代价之后，他们才能成为翁婿。公主，特洛亚人和鲁图利亚人的血就是你的陪嫁，女战神贝罗娜就是你的伴娘。不光是赫枯巴梦见怀的胎是火炬因而养出帕里斯，帕里斯娶了海伦引起战火；维纳斯养的儿子也一样，他将成为帕里斯第二，他结婚的火炬同样将变成给重建的特洛伊带来死亡的火炬。[1]

（第七卷，第 295—326 行）

这里确实有种阴暗的意味，可以说，这里的朱诺是维吉尔务实的缪斯，他的诗歌的驱动力。在这段话中，她代表维吉尔之于那位
31 棘手的父亲——荷马——那股受压抑却真确无疑的侵越。朱诺作为一种激烈的竞争态度的灵感，当维吉尔对质《伊利亚特》和《奥德赛》之时，她必然是替他说话：

如果我的神威不够大，我会毫不迟疑地到任何地方去求得任何援助的。如果我不能改变天神的意志，我将去鼓动地狱。

① 《埃涅阿斯纪》，杨周翰译，译林出版社，1999年版。原书引用的是菲茨杰拉德的英译本。

相比起荷马的成就，这难道不就是维吉尔真正的成就？朱诺虽是个梦魇，却是维吉尔自己的梦魇，用弥尔顿的壮丽词语来说，他的黑暗创造了一个“可见的黑暗”，W. R. 约翰逊择取这个词为其《埃涅阿斯纪》研究著作的标题。维吉尔以其雄浑、原创之力所给予我们的东西，我们可以称之为朱诺的生灵（the creatures of Juno）：阿列克托（Allecto）和迪拉[①]（严格地说，迪拉是受了朱庇特的派遣）。维吉尔的创造虽招致塞缪尔·约翰逊博士的诋讪，却标志着一种否定的活力（a negative exuberance），这种品质不可能讨得《拉塞勒斯》作者的欢心，这位作者的积极想象力之中允洽地弥满了荷马，势必害怕他自己的阴暗面。

二

诗人成为一个时代的感受力与意识形态的官方代表，其作品实则是病态的荣耀、模棱两可的病理学，这种情况实属平常。维吉尔

---

① Dira，杨先生译本：“据说在天上有一对瘟神，号称凶神。”请详第十二卷末。兹录英文与拉丁文出处，方便读者检阅：

> dictuntur genimae pestes cognomine Dirae,
> qua et Taraream Nox Intermpesta Megaeram
> uno eodemque tulit partu, paribusque reuinxit
> serpentum spiris ucntosasqque addidit alas.

> The twin creatures are called Dirae, whom stormy Night bore In one and the same birth with Tartarean Megaera, and girded with equal coils of snakes and fixed with wings, swift as the wind.

(12. 845—848)

的双重命运清晰地预示了丁尼生和T. S. 艾略特的命运。沃尔特·惠特曼迟迟才被选纳为我们的国魂，设若他的诗歌在南北战争之后的美国知名当世，那么他也会成为类似的人物。正如哈特·克莱恩若在经济大萧条时期名噪一时，也会遭逢同样的命运。

由于我们时代的感受力患上严重的妄想症，这种现象而今已终结。美国当代最好的作家——约翰·阿什贝利、托马斯·品钦、詹姆斯·梅瑞尔——真正地代表了私人的、审美的感受力与罗纳德·里根总统主宰的公共领域之间令人愕然的深渊。这个深渊如同维吉尔与奥古斯都皇帝之间的距离一般茫然遥远，虽则此二人选择相信事实是其反面，并且据此行事。试想象里根总统为托马斯·品钦捧场这样的情景，也并非全无佳趣。

作为但丁的前辈，维吉尔在西方文学传统之中成为某种典型基督教诗人（proto-Christian poet）。这实在不能推咎于但丁，也许可以说推咎于埃涅阿斯，因为不幸的是，埃涅阿斯时常预示着那种公民理想，便是维多利亚时代基督教徒绅士标准，譬如格莱斯顿（Gladstone）这样的人物，而不是古怪矫激的犹太基督徒迪斯雷利（Disraeli）。纵然如此，埃涅阿斯（虽饱含高贵的情感）却如无赖一
32 般对待狄多，最后如野兽一般对待图尔努斯。埃涅阿斯固然不是阿喀琉斯，但从实用主义角度说，他颇为骇人，并且如同奥古斯都皇帝——他的当世模范——一般亲和。确切地说，马基雅维利承袭的是埃涅阿斯，而不是维吉尔。这部史诗的宏大力量和经久的困惑在于维吉尔与其英雄之间的关系。维吉尔是否与我们一样，在图尔努斯和埃涅阿斯之间，偏爱前者？他创作的不是《图尔努斯纪》，但他是否更乐意如此写作？

图尔努斯的狂躁天性，又是神经质又是动人，就好似何斯佰（Hotspur）的拉丁版本，尽管图尔努斯缺乏何斯佰的离奇的机智。不过，何斯佰的宇宙中心毕竟不是博林布鲁克和哈尔王子，而是福斯塔夫，机智宝座的正统之尊。维吉尔断不是幽默的作家，并且依我揣想，他若钟爱这部史诗之中某个人物，此人恐怕只能是图尔努斯，而不是狄多，更不是埃涅阿斯。图尔努斯之死森然可怖，致使史诗于此中止，在某种意义上，这也是维吉尔之死，或者至少是维吉尔的诗歌之死：

> 图尔努斯怀着羞愧，用哀恳的眼光，伸出祈求的手，对埃
> 涅阿斯说道："这是我应得的下场，我也不求你饶我，你就享受
> 你的幸运吧。倘若一个可怜的父亲所感到的悲痛能够感动你
> （你当初也和我一样有个父亲安奇塞斯），我求你，可怜可怜垂
> 暮之年的道努斯，把我，或者我的被夺去生命的尸体，也许你宁
> 愿把我的尸体，送还给我的亲族。你胜利了，奥索尼亚人也都
> 看到我作为被征服者向你伸出了恳求的双手，你可以娶拉维尼
> 亚做你的妻子了，你不要再恨我了。"埃涅阿斯一身武装，神情
> 严峻，站着不动，他的眼睛却不住地转动，但遏制着自己的手。
> 他本来有些犹疑不决，但图尔努斯那番话愈发起了作用，正在
> 这时，也是图尔努斯的不幸，埃涅阿斯忽然看见图尔努斯肩上
> 高挂着那条腰带和肩带，上面装饰着他熟悉的闪亮的扣子，这
> 些都是年轻的帕拉斯的东西，图尔努斯把他打败，因伤致死，而
> 现在他却把这腰带作为战利品挂在肩上。埃涅阿斯看着这些 33
> 战利品，他又想起了仇恨，心中又重新燃起了可怕的怒火。他

> 对图尔努斯说："你身上带着从我的人那儿夺去的战利品，还想逃脱我的掌握吗？这是帕拉斯在刺伤你，帕拉斯在杀你，是他在用你罪恶的血，给你惩罚。"他说着，满腔热血沸腾，一刀刺进了图尔努斯的胸膛。图尔努斯四肢瘫软，僵冷，在呻吟中，他的生命消失了，忿忿地下到了阴曹。[①]
>
> （第十二卷，第 930—952 行）

图尔努斯之死确实是一桩窘辱，在他或在埃涅阿斯看来，都不算是英雄之事。信然，戮杀图尔努斯的是宙夫，因他能够强迫朱诺接受他的意志，而待她屈服之后，他却变得有些像她。迪拉现身为恶心怪相的鹫鸟，魔缠着可怜的图尔努斯，让他不能动弹，折磨得他失去心志。图尔努斯在噩梦转醒茫然之际，口不能言语，束手而立，徒剩一具躯体，供埃涅阿斯捅入矛头而已。埃涅阿斯狂怒之下攮死早已被迪拉摧毁的人，根本不算是如同阿喀琉斯或罗兰一般的英雄，史诗陡然而止，实是恰到好处。我们能否原谅为这样一种胜利而得意的埃涅阿斯？维吉尔为何以一场如许便宜的杀戮煞尾？他意欲使我们看到深受朱诺移夺的朱庇特？这样的朱庇特分毫不似伊壁鸠鲁主义者所想象的神，倒更似诺斯替造物主的仆人（Archon）[②]。

我们唯能肯定其中一点，那就是维吉尔令我们在被创之时也蓄意自伤。第二卷通篇着力刻画的恐怖，一幅创伤和自毁的异象。我不敢装作理解朱庇特和朱诺复归于好这个场景，朱诺同意平息对特

① 《埃涅阿斯纪》，杨周翰译，译林出版社，1999年版。原书引用的是菲茨杰拉德的英译本。

② 希腊词原意为"主、领袖"，在古希腊后期（late antiquity），诺斯替用"Archon"称谓造物主（Demiurge）的数位仆人。

洛伊人所怀蓄的夙怨。维吉尔自己可能也不理解。他若是虔信的伊壁鸠鲁主义者，那么在最后这个场景，他必是在反对自己的理智，他所想象的宙夫虽不是漠然，却也幸灾乐祸，实际上，倒似朱诺一般施虐。这一结局将魔性力量乔装为神的忿怒，恐怕连最笃至的瓦伦提诺式诺斯替也无法想象更骇然的结局。

每一位读者自然地拿气势凌厉的第六卷比照第十二卷，而第六
卷并不曾企及这部史诗的顶巅。我们宜当牢牢记取，在第五卷末， 34
埃涅阿斯忆及死去的舵手帕里努鲁斯之时这番挽歌般的言辞：

> 咳，帕里努鲁斯呀，你太相信平静的天和平静的海了，因此你就将赤身裸体地倒卧在异乡的沙滩上了。

第六卷末的场景，埃涅阿斯和西比尔自象牙门走出冥界，而第七卷属于朱诺和阿列克托，“心里最爱的是恐怖的战争、失和、鬼蜮伎俩和害人的勾当”[①]。W. R. 约翰逊说，在他眼里，这部史诗的中心是第十二卷第665—669行，图尔努斯重拾心志：

> 图尔努斯听后呆呆地一言不发，情况的变化使他惊愕。他心里思绪汹涌：极度的羞愧夹杂着疯狂和悲痛，爱又被复仇的激情所冲击，他也自知有余勇可贾。待他脑际阴云吹散，光明恢复，他热切而不安地举目瞩望着拉丁姆城，他站在战车上向那伟大的都城眺望。

---

① 原文为：with her lust for war, / For angers, ambushes, and crippling crimes. (VII.444—446)

这一段的确雄浑，不过阅读《埃涅阿斯纪》，每个读者都会各自撷拾其中心文字。我的中心在第六卷第 303—314 行，深得一代又一代读者的推赏：

> 整群的灵魂像潮水一样涌向河滩，有做母亲的，有身强力壮的男子，有壮心未已但已丧失了生命的英雄，有男童，有尚未婚配的少女，还有先父母而死的青年，其数目之多恰似树林里随着秋天的初寒而飘落的树叶，又像岁寒时节的鸟群从远洋飞集到陆地，它们飞渡大海，降落到风和日暖的大地。这些灵魂到了河滩就停了下来，纷纷请求先渡过河；他们痴情地把两臂
> 35 伸向彼岸。

世代如落叶，这是荷马的劈空创造，在这里以创新的想象转化，从此启发了自但丁到斯宾塞、弥尔顿和雪莱，及至惠特曼和华莱士·史蒂文斯。依我看来，在这创新之中，维吉尔所特有的、美妙超绝的地方在于，秋叶和候鸟这两个比喻衍化为“可怜人的灵魂”、“尸骨未得安葬的灵魂”这个可怖的哀调，这些灵魂须在这黑水的此岸仓皇游荡一个世纪。双手渴望地伸向彼岸，而那彼岸是遗忘，这完全是维吉尔的形象，绝不是得自荷马，赋有维吉尔独有的回肠荡气。《埃涅阿斯纪》这部史诗不惮竭蹶，试图罄竭全力以逮及奥古斯都的宏图，然而其中的天才却与奥古斯都不甚相干，最终甚至与埃涅阿斯也没有大关联。在所有伟大的西方诗歌之中，这部史诗最是殷切地伫望彼岸。

三、《埃涅阿斯纪》

维吉尔最敏锐的批评家之一W. R. 约翰逊建议道，《埃涅阿斯纪》的诗人“先以其对自己的赤裸的、纯粹的怜悯”，说服我们相信他的恻隐之心。约翰逊汲汲然提醒我们，无论在性情上，还是在精神和哲学的信念上，维吉尔都是伊壁鸠鲁主义者。伊壁鸠鲁及其罗马弟子——诗人卢克莱修——均以为人类太多瑕疵，从而既不能期许个人的幸福，也不能期许公正的政治秩序。伊壁鸠鲁—卢克莱修式精英主义所传布的观点是，脱离无知这一拯救仅属理性的少数人；帝国不能拯救任何人，因其本质构筑于公民道德这一幻觉之上。自己是伊壁鸠鲁主义通向其唯一重要的真理途径：私己的、个人的、觉醒的、否认超验的。诗歌之中影响维吉尔至深的是荷马和卢克莱修，而其重要的精神影响则全然来自伊壁鸠鲁主义者。关于维吉尔，再无哪种解读能够比基督教解读更谬误的，然而这正是但丁给予我们的永不能磨灭的诠释。维吉尔不怀希望，他唯有的信仰是伊壁鸠鲁主义的无信仰之信仰，顺受人类的苦难，相信除少数有理性之人能够委弃所有幻觉而得救赎，其余的人一概逃不开苦难。

维吉尔所赋有的最伟大的原创性弥补了《埃涅阿斯纪》自身的混乱不清，这个原创性就是他强大的反面想象力。未尝全然禀赋这一想象力的人物是埃涅阿斯，后世很多读者视他为道学先生，或觉得他过于正经迂腐，而他在狄多面前变成浮薄的无赖，或者跟图尔努斯作战变成野蛮人之时，方才有些人味。我们不能说埃涅阿斯也具备其创造者体会苦难和痛苦的敏感，埃涅阿斯这个形象十分忠实于其原型，那就是维吉尔的恩主奥古斯都皇帝，他念念不忘开辟罗

36 马及其宏伟的未来。由于埃涅阿斯绝不是伊壁鸠鲁式英雄(倘或可能有如此怪异的结合),我们阅读《埃涅阿斯纪》之时,心下便会蓄疑,该相信这支歌本身,还是相信那歌唱之人。那歌唱之人虽与奥古斯都有瓜葛,却依然在歌外蕴含了一种浑厚、绝望的意味,迥异于这部史诗昭然的官方意图。究竟谁才是《埃涅阿斯纪》的缪斯?卢克莱修歌颂伊壁鸠鲁式维纳斯,而维吉尔的史诗则被阴险毒辣的天后主宰,怨毒的朱诺意欲摧毁埃涅阿斯——他哪里略似是维纳斯的儿子。朱诺是可怕的噩梦,倾注着维吉尔全部反面想象的勃然气势,无疑也包括他对女人的恐惧。狂暴的愤怒驱使她变成愤恨女神,暗记每一桩可能的嫌隙。可怜的狄多,在被抛弃之时,成为朱诺名副其实的大祭司,尤其是通过自我献祭的行为。

鉴于埃涅阿斯最终得胜,如此推来,朱诺便不曾胜利,而她实则是赢了,因为她与朱庇特的协议,极其微妙地就势殃及朱庇特,在她让步之后,她的黑暗精神也迁染了他。我们该如何理解维吉尔的朱庇特,这个断然不是伊壁鸠鲁主义的神?伊壁鸠鲁和卢克莱修的诸神静穆地疏离,以崇高的冷漠看待人类的命运。维吉尔素来被推崇为能够看清万物的两面,然而朱庇特全然不是那般相反相成的。正是由于朱庇特,这部史诗之中最出色的两个人被惨害,二人因饱含生命力而受惩。狄多和图尔努斯只能做自己,而这是不能见容于朱庇特的。埃涅阿斯这个流亡者是虔敬,虽然比起狄多和图尔努斯来,他显得沉闷乏趣,因而尚能合乎天神的心意并被接纳。这里或者是维吉尔的反讽,或者更可能是这位诗人的伊壁鸠鲁主义对于自己爱国的奥古斯都主义的报复。埃涅阿斯赢了,但也做出了无比的自我牺牲。

维吉尔垂涕，并不是为普遍的天性，而是为须徇从当政者的权
势和旨意的诗歌。五十一岁临终之际，维吉尔具陈请求烧毁《埃涅
阿斯纪》，而不要梓以行世，但奥古斯都驳回了这个请求。据传，维
吉尔提出这颇似狄多的愿望的理由是这部史诗未曾完稿。大渐弥
留之时，维吉尔也许别有所思。他不可能尽然满意这部史诗对于帝
国和秩序的昭然歌颂。正如亚当·帕里（Adam Parry）所展现，挽
歌式语调始终是这部奥古斯都史诗的言外之音。帕里指出，埃涅阿
斯是殊为古怪的英雄，因为他侍奉客观得彻底的力量。最后，《埃涅
阿斯纪》似是最为挽歌式的史诗，但是伊壁鸠鲁不肯赋予人类苦难
以任何意义。倘或我们对埃涅阿斯心存关切，这完全是因为他的哀
伤，他在回忆特洛伊沦陷时不能释怀的痛苦。维吉尔的《埃涅阿斯 37
纪》造诣至大，因为这是一部关于失败的伟大诗歌，也是关于承受
失败的英雄气概（如果是这样的话）的伟大诗歌。由于他最深层的
自我两相分裂，维吉尔可能会怀疑这部诗歌是否值得留存。后世貌
似已为他解开了这样的疑惑。 38

《贝奥武甫》
（约 700—750）

一部诗歌是否能够被称作“基督教的”甚或“宗教的”，这个问题远比我们能认识到的程度更成问题。《贝奥武甫》通常被评为歌颂一位日耳曼英雄的基督教诗歌。而我甚至会拒绝将《失乐园》看作基督教诗歌，因为约翰·弥尔顿是自成一派的新教徒，他的史诗反映了他高度个人化的精神立场。更重要的是，我从不以为神圣的诗歌与世俗的诗歌之间的区别是**诗歌的**区别。你大可将所有强大的诗歌看作宗教的，或者将所有强大诗歌看作世俗的，然而判断一部本真的诗歌比另一部更宗教或更世俗，在我看来，这种看法是社会或政治的问题，而不是审美的判断。

如此说来，为何要询问《贝奥武甫》是否既是英雄史诗，也是“基督教的”诗歌？答案部分是历史的，部分是想象或诗歌的。5 世纪上半叶，盎格鲁族、撒克逊族、朱特族占领罗马人治下的英国。7 世纪末，这些日耳曼人及其统摄之下的凯尔特人大多改信基督教。有些学者将《贝奥武甫》的写作时期界定为 8 世纪上半叶，其佚名作者无疑是基督教徒，至少在名义上。然而设若将《贝奥武甫》视为基督教诗歌，那么我们必须询问，能否有一种无耶稣基督这个形象、无《新约》的基督教？所有学者一致同意，《贝奥武甫》之中每一处《圣经》典故悉出自基督教徒所谓的《旧约》。E. 塔尔博特·多

纳森是出色的中世纪英语文学学者兼批评家，他以自己素有的简练表达了这个古怪的现象： 39

> 诗中未尝引据《新约》，未尝涉及基督及其殉难——此二者乃是基督教（Christianity，就此词的任何清晰意义而言）的真正基础。再者，读者也许会明显感觉到，这部诗歌通过援用基督教品德或我们所知的符合基督教义的品德所企及的情感力量，实在是微乎其微……
>
> ……洵然，我们须从诗歌本身推敲，就诗人及其受众的宗教而言，基督教徒确是其称谓，但是这种基督教尚未剔除更古老的异教传统，那个传统仍在人心中激荡起强烈的回应，纵使那其中很多方面必不能见容于成熟的基督教徒。

我初读《贝奥武甫》是三十五年前做研究生之时，适来重读，愉快地使用了多纳森精彩的散文译本，以裨补我对这个文本已然生疏的理解。多纳森无疑道明了我的解读：这部英雄诗歌所歌颂的是，与塔西佗（Tacitus）在他那个时代的日耳曼人身上所看到的同样的品德。《贝奥武甫》所推崇的首要德行是勇气。阅读这部诗歌，无人会发觉贝奥武甫似基督教英雄。他的荣耀无关崇拜，除非是名下无虚的自我崇拜，并且他去搏斗，主要是为争荣耀，图声名，要彰显他是所有日耳曼英雄当中的第一人。确实，诗歌将格伦德尔与他更凶暴的母亲描写为该隐的后裔，但是它们或诗歌结尾致命的巨龙，都不能被说成是与基督或属于基督的东西作对的。贝奥武甫去战斗时，他求的是名和利，而不是基督或上帝或真理。

弗莱德·C. 罗宾逊为《贝奥武甫》的基督教解读做出了最巧妙的辩护，他在诗中找到一种并置风格（appositive style），这种风格平衡了黑暗时代的英雄气概与基督教徒的惋惜，使诗人得以“传达他对异教徒英雄人生的基督教看法”。在罗宾逊看来，《贝奥武甫》的叙事基调对于英雄的异教信仰“又是钦佩，又是惋惜”。基督教的当下遭遇了日耳曼的过往，既钦佩其英雄气概，大概又惋惜其异教信仰。在这部诗歌至今所得最练达的批评诠释之中，罗宾逊着手纠正了托尔金的观点，后者原本可能令我们将赫罗斯加看作基督教徒，身旁围着一群异教徒伙伴：

> 赫罗斯加奉劝贝奥武甫，切莫逞强自矜、贪吝无厌、伉暴
> 40 猖忿，有学者遂欲视此为七宗罪的基督教训戒，并且自《圣经》
> 和注经典籍之中征引众多范例。然而在这番话中，无一处违背
> 前基督教时期的日耳曼人信仰。

在罗宾逊看来，这整部诗歌展现的是一种可贵的双重视域：

> 阅读《贝奥武甫》颇似阅读普罗帕（Proba）、鲁克瑟里乌斯（Luxorius）、庞庇里乌斯（Pomponius）的集句（centos），他们撰写基督教题材的诗歌，全然从维吉尔、贺拉斯、奥维德的诗歌裁缀集句而成，以便使这些诗句传达基督教意味。学生研究这些古怪的作品之时，心里须同时牢记两种背景，因为他们阅读的乐趣便在于看懂基督教式叙述，同时仍旧不忘其诗歌语言的来源。正如阅读这些集句之时，我们会时时记起埃涅阿斯和

> 基督，阅读《贝奥武甫》，当昔人祈求呼告“mihtig dryhten”（万能的主）和“fæder alwalda”（主宰一切的父）之时，我们也宜当听见雷神索尔（Thunor）和主神奥丁（Woden）的遥远回音呼应。我们知道这些词语在今日的基督教世界的指代意味，但我们也知道这些词曾指代过不同的、更黑暗的存在。

如是，倘若罗宾逊完全正确，那么贯穿《贝奥武甫》全篇的是一种多义的神学措辞，而这种措辞也贯穿了整个《失乐园》。通过将基督教的术语与异教的术语并置，《贝奥武甫》的诗人得以在不必非难古老的品德的前提下暗含了基督教德性，在罗宾逊看来，这部诗的结尾以斟酌的语气将贝奥武甫形容为 ofgeornost［多纳森将这个词译为“most eager for fame”（最汲汲于名声）］，这表达了一种温和的谴责。当你在诗歌最后一行说，你的英雄比所有人更渴望得到每一个人的赞美，想要同伴歌颂自己的荣耀，便是曲笔暗示这位英雄——依基督教的标准——有所欠缺。为了支撑这个主张，罗宾逊只得做出如下的解读，在我看来，这段话隐约透露一份窘急：

> 信仰基督教的英国人再不能也再不会走进古人那严峻黑暗的世界。《贝奥武甫》这部诗歌唯一能做的是把这两个世界作一个短暂、深情、隐约不安的并置。

然而，试看《贝奥武甫》这个结尾（作者引用多纳森的英译本）： 41

> 接着，属风的耶阿特族人在崖顶

动工营造一座高高的坟陵,
让航海的人们远远就能望见。
十天,他们建成了这英雄的
纪念碑,厚厚的石墙封存了
火葬的灰烬;精雕细琢,
连最聪明的人也挑不出毛病。
他们在墓内放进项圈、金环,
勇士们先前从龙穴
收缴的全部珍宝。
他们将王公们的宝藏交还大地保管,
黄金复归黄土,至今原封未动,
不如当年,与人们无用。
然后环绕大陵,十二位勇士
骑上骏马,贵族的儿子
为国王致哀。悲歌复起,
颂扬一代英杰:他的
高尚武德,丰功伟绩——
他们责无旁贷:在主公和挚友
抛下肉身的寄寓,告别尘世之时,
一个人有义务用言辞,
用整颗心,将他牢记。
就这样,耶阿特人悼念着逝世的护主,
他的全体扈从,异口同声:
世上所有国王当中,他

最和蔼可亲，彬彬有礼，

待人最善，最渴求荣誉。[①]

这里果真以不安的并置煞尾？我们果真感觉贝奥武甫的谦和、恺悌、仁慈（对待他的子民，而不是怪兽、敌人、叛逆，或者称作其他什么）与他对名誉的渴求相并列吗？在英雄史诗之中，《新约》基督的德性派不上用场，但《旧约》的一些史诗品质倒大有作用。英雄史诗很少用得上《新约》基督的德性，不过倒频频利用《旧约》的一些史诗品质。对于其日耳曼祖先的信仰，《贝奥武甫》的诗人可能并无私人的眷念，但他毕竟决定写作一部英雄史诗，而不是寻获十字圣架（True Cross）。仅因为一部诗歌出自基督教徒之手，这部诗歌就应当是基督教的？《贝奥武甫》虽提及上帝作为创世主的荣耀，却丝毫没有涉及恩典。再者，诗中多处歌颂命运之神，这绝不是基督教的范畴，并且命运与神意并置的情况也属罕见。而罗宾逊的模式可能会引导我们期待这两者的并置。

阅读《贝奥武甫》令读者生起激烈、悲壮的英雄伤逝之叹，哀咤他们死于这样一个惨淡的世界，这个世界颇似维吉尔《埃涅阿斯纪》的宇宙。依我看来，这部诗歌在精神上并不与基督教相通，而是与维吉尔相通。这部诗歌的受众虽是基督徒，却似自视为英雄武士的后裔，而不是基督徒。贝奥武甫不是为促进真理而死，而是为卫护自己的荣耀而死，这是徒手戮杀怪兽、行英雄之举的荣誉。在这部诗歌里，相比“怪兽是被诅咒的该隐后裔这邪恶的身世”这件
事，那双绝不迟疑的赤手更重要。 42

① 《贝奥武甫》，冯象译，生活·读书·新知三联出版社，1992年版，第162—163页。

紫式部
（978—1014）

> 夜暮凉风，我自个儿不成调子地弹着筝，又生恐旁人听见，识破我不过“徒添惆怅罢了”。我是多虚荣、多失意。于是，两副琴，一副十三弦，一副六弦，而今都收在陈旧暗黑的小橱里。因着疏忽——譬如，我忘了嘱咐她们雨天抽去琴马——那两副琴靠在橱柜和房柱之间，灰尘沉积。
>
> 这儿另外有两只稍大些的橱柜，塞得几欲撑破。一只装满诗歌和故事集子，爬满了蛀虫，狼藉不堪，无人再肯去看了。另一只装满了汉文书籍，自收藏这些书籍的主人过世之后，便被置之不理了。每每凄凉萧瑟难耐之时，我便抽出一二册来瞧。她们就围在我身后，悄声议论着：“就是因为她老是这样，才弄得如此凄惨。谁见哪位夫人瞧汉文书了？过去呀，夫人们连经藏都不得念哟！”我想回一句：“是啊。可我也没见谁因为迷信就更长命的！”可那样一来，便是我冒失了。她们的话也有些道理。
>
> （理查德·勃朗宁译文）

紫式部在她的日记以及《源氏物语》之中践行的是一种近乎普
43 鲁斯特式的对逝去时光的追寻，这在写作渴慕的天才作家来说，实在最相称不过。吊诡的是，光彩照人的源氏正是毁于对恋爱新鲜体验的无休止的渴望。那位被饶有意味地命名为紫姬的女子——他的真爱——因觉察自己被他人替代而不能自主地伤耗殒亡，之后未几，源氏也随之亡殁。

《源氏物语》与普鲁斯特在年代上相距甚远，只是我揣度，是不是没有充足理由将紫式部绵绵无尽的渴望与普鲁斯特的追寻相比？在普鲁斯特看来，爱消逝而妒嫉永存；纵使叙述者对死去爱人的记忆已是微乎其微，却依然搜寻阿尔贝蒂娜的同性恋倾向的每一个可能的细节。在紫式部笔下，妒嫉因克制而缓和，因为她的女性不可能完全占有男性。

我迟迟不敢妄下断言，说《源氏物语》全然出自女性视角，紫式部如此坚定地将自己等同于“光源氏”。只是小说通篇推崇渴望，更甚于得遂所愿，从本质上说，可能也道明了男性的性爱观念在小说中是次要的。

如若普鲁斯特的华采，紫式部的光华在于她渐长的智慧，在其中精神和审美相交错的怀旧替代了式微的社会秩序。你若想做渴望的天才，便须在叙事上有十分的耐心，她将故事写得何其错综变化，那实在使人叹异。

自阿瑟·威利于 1933 年完成其英译本以来，紫式部这部恢弘的传奇已成为英语文学文化的一部分。我在半个世纪之前读过威利的译本，对它有着清晰深刻的印象，但直到最近才读到塞登史帝克风格迥异的译文，虽然此译本在 1976 年便已面世。比照读过威利和塞登史帝克的译本颇有助益：诚可见《源氏物语》是何其细丽华赡的作品，读者自然会希望译本越多越好。奥斯卡·本特翻译的德文版（1966）又以另一种风格展现了紫式部磅礴充沛的天才，使不懂古代日语或现代日语的读者受益匪浅。我揣度紫式部的语言之于当代日本人，大约似中古英语之于我们。她不若《贝奥武甫》那么遥远，也不若乔叟这么契近。因此对于今天的日本读者来说，现代日本语译本也是不可或缺的。

在文化上，《源氏物语》与我们的距离，无疑比威利、塞登史帝克、本德的译本所呈现的面貌更为遥远，然而文学天才唯独擅于表现普遍性，阅读之际，我生起强烈的幻念，感觉紫式部能够为我所理解，正如我能够理解简·奥斯丁、马塞尔·普鲁斯特，或者弗吉尼亚·伍尔夫。奥斯丁是俗世小说家，紫式部也是：她的传奇，情节渐
44 趋深入之时，似乎愈发像小说，只是书中角色多得使人迷糊。其中近五十多位主角，实难记清谁人已婚，何时或是否有过通好，或者暗里实为某人的父亲或女儿。通读塞登史帝克近一千一百页的译文（比威利的译文更忠实，少些简略），读者绝不会失去兴致，但很难不迷失头绪。源氏原是皇子，被降为庶民，谪迁外地。他是情切热烈的人，他的种种渴望是永恒的、不定的，不如意受挫之时又是急躁的。也许“渴望”比“种种渴望”更确切。因为他本人就是一种渴望的状态，显然会使宫中和外地那些非同寻常（并且非同寻常地各不相同）的女子一见倾心。

源氏固然展现了拜伦勋爵所谓的“善变”（mobility），但我们不能将他看作唐璜。借叙述者，紫式部显然将源氏看作是仁厚的。他散发光芒，理应承袭践祚。在紫式部及其同代大多女性作家看来，爱欲并不完全是我们所谓的“浪漫爱情”，但是就人在其中的痴迷、

自毁、多元决定性或者显而易见的不可避免性而言，却没有太多实际的差异。在《源氏物语》中，虽然每个人物都是佛教徒，都被告诫要戒除欲望，然而几乎所有这些人都极容易放纵欲望，尤其是源氏。唯有厄难之后，女士们才会一次次地求助于“舍弃”（Renunciation）这一“扎心锥肺的德性”（借用艾米莉·狄金森的措辞），而永远热烈的源氏唯在千回百转之后才投靠这份德性。

源氏永远做不了天皇，尤其容易遽然（进而永久地）恋上并非第一等级的女人，从而重蹈他的父皇对他母亲的激情。源氏的母亲因被出身更高贵的嫔妃倾轧而出宫，因此哀毁形销，在他尚为婴孩之时便逝世，他对亲密的渴求显然与幼年的亡失有关。但是紫式部——她在《源氏物语》完稿之前就作为第一位小说家预示了塞万提斯的风格——也是老练的讽刺作家。在怡人的第2章“帚木”中，她为我们描摹了生动切实的会饮场景，源氏和三位侍臣讨论爱情：

> 正在提问之际，左马头与藤式部丞两人进来参加值宿了。左马头是个好色之徒，见闻广博，能言善辩。头中将就拉他入座，和他争论探讨上、中、下三等的分别，有许多话不堪入耳。
>
> 左马头发表议论说：“无论何等升官发财，本来门第并不
> 高贵，世人对他们的期望总是两样的。还有，从前门第高贵，但 45
> 是现在家道衰微，经济困难了；加之时势移变，人望衰落了，心中虽然还是好高，但是事与愿违，有时会做出不体面的事来。像这两种人，各有各的原因，都应该评定为中等。
>
> “还有一种人，身为诸国长官，掌握地方行政，其等级已经确定。但其中又有上、中、下之别，选拔其中等的女子，正是现

> 时的好尚。还有一种人，地位不及公卿，也没有当过与公卿同列的宰相，只是有四位的爵位。然而世间的声望并不坏，本来的出身也不贱，自由自在地过着安乐的日子。这倒真是可喜的。这种家庭经济充足，尽可自由挥霍，不须节约；教养女儿，更是郑重其事，关怀无微不至。这样成长起来的女子之中，有不少才貌双全的美人呢！此种女子一旦入宫，侥幸获得恩宠，便享莫大幸福，其例不胜枚举。”[①]

紫式部的反讽使我们疑惑究竟哪些才是“十分讲不通的观点”。《源氏物语》的终极反讽或许便落在这里。源氏在一个十岁女孩身上遭遇人生最重要的爱情，他领养这女孩，更名为紫姬，抚养她成人。她的名字（也是作者的名字）意指一种馥郁的薰衣草。源氏与她的关系自始便是不合礼教的：

> 但她并不怎么想念父亲。原来她从小不亲近父亲，并无可恋。现在她只是亲近这个后父似的源氏公子，镇日缠住他。每逢源氏公子从外面回来，她总是首先出去迎接，亲切地向他问长问短，投身在他怀里，毫无顾忌，毫不识羞。这真是一种异乎寻常的爱情！如果这女孩子年龄更大些，懂得嫉妒了，那么两人之间一旦发生不快之事，男的便会担心女的是否有所误解而心怀醋意，因而对她隔膜。女的也会对男的怀抱怨恨，因而引起疏远、离异等意外之事。但是现在这两人之间无需此种顾忌，竟是一对快乐的游戏伴侣。再说，如果这孩子是亲生女儿，那

---

① 《源氏物语》，丰子恺译，人民文学出版社，2003版。

> 么到了这年龄，做父亲的也不便肆意地亲近她，和她同寝共起。但是现在这紫儿又并非亲生女儿，无需此种顾忌。源氏公子竟把她当作一个异乎寻常的秘藏女儿。[①] 46

在这里，我们又遭遇反讽的哀调，在我看来，这是紫式部最独特的语调。她自己出身二流的宫廷贵族，其家族自更高贵的等级日渐衰败下来。我们初会这个女孩——神魂颠倒的源氏将她更名为紫姬，她的养娘名叫少纳言，我以为这个讽刺实是针对清少纳言，她的《枕草子》是《源氏物语》的主要竞争对手。紫式部在日记里时或诋讪清少纳言“极其倨傲”，据称她炫耀掌握的汉字却又时常写错，简直不啻为她那个时代的埃兹拉·庞德。

早在弗洛伊德之前九百年，紫式部已看到所有性爱移情皆是儿时依恋的替代形成（substitute-formation）。甚至在更早时代，柏拉图已想到这一点，只是在他看来，原型的性爱关系指向理念，而不是父母的形象。女孩紫姬年及十四，源氏与她发生关系：

> 此后源氏公子悠闲度日，时时耽于沉思，生涯甚是寂寥，而无端寻花问柳，又觉没甚意味，所以足不出户，但念紫姬已完全圆满发育，轻盈袅娜，显然已届摽梅之年。源氏公子屡次以言语挑唆，但紫姬漠然不觉。公子寂寞无聊，天天在西殿与紫姬下棋，或玩汉字偏旁游戏，借以消磨时日。紫姬心灵手巧，娇媚可爱，即在小小的游戏之中，也显示出优越的本领。已往数年之间，只当她是个可爱的孩子，并无其他用心，现在却难以忍

① 《源氏物语》，丰子恺译，人民文学出版社，2003年版。

> 耐了。虽觉可怜，不免对她有所干犯。但两人一向亲密，共起共卧，都无猜忌，因此外人不能分辨。只是有一天早晨，男的早已起床，而女的迟迟不起。
>
> 众侍女都觉得奇怪：“敢是身体不舒服么？”大家都很担心。源氏公子要暂回东殿去，先将笔砚盒拿进去放在寝台的帐幕中，然后离去。紫姬知道室内无人，好容易抬起头来，向四周一看，但见枕边放着一封打成结的信。无心地随手打开来一看，但见里面写着两句诗：
>
> **却怪年来常共枕，缘何不解石榴裙？**①

作为养父，源氏在名义上令紫姬蒙受乱伦的羞耻，而她自己永
47 远不能做母亲。叙述者一如往常地对这种事情不作评判，这个十四岁的孩子转而进入与源氏共度的一段快乐时光，然而这段时光纯是反讽的。源氏永在求索那无处寻觅之情，一面留着紫姬，一面转向别的情人。而她又是个奇女子，不能容受他的行径，转而依归佛教，以求回归本真，复返童年。由于源氏不准许她遁入空门为尼，她便安排了一场佛事，诵《妙法莲华经》——这是救度女性脱离苦海的佛经。佛事之后，她渐渐陷入昏迷状态，用一整日的时间自尽，以减轻痛苦，正如约翰·弥尔顿可能作如此形容。她重新焕发少女的容光而逝去，留下源氏允当地居丧。

若说紫式部对源氏有所责备，那也只是如同嗔怪一个季节更替另一个季节。然而自此之后，他走上最终任由人生将他打败的道路。一年之后，他开始衰落，在第 41 章与第 42 章之间逝世。紫式部似

① 《源氏物语》，丰子恺译，人民文学出版社，2003年版。

乎太钟爱她所创造的人物，不忍描述他的死亡，第 42 章起句："光源氏逝世之后，他的许多子孙竟难得有人承继这光辉。"小说在此之后仍有三百五十来页，并且依然呈显这种天才的反讽哀调，但讲述的是另一故事。

对于日本文化来说，这部著作曾是并且依然是某种世俗的《圣经》。《堂吉诃德》对于米格尔·德·乌纳穆诺（Miguel De Unamuno）具有独特的影响，而《源氏物语》则影响了日本千千万万男男女女的审美感性。作为一部世俗圣典，紫式部这部恢阔的传奇占据了十分矛盾的地位，因为几乎不可能界定这部著作与佛教的关系。大凡佛教宗派皆视欲望——渴望另一个人——为第一业障。渴望摧毁源氏及其诸情人当中拔乎其萃者。然而这正是源氏的精粹，作为读者，我们痴迷于他，痴迷于他所牵惹的相应的激情。关于紫式部这部杰作，我以为最佳的研究著作出自诺玛·菲尔德（Norma Field）。她那部准确而雄辩的著作题为《"源氏物语"的渴望光华》（*The Splendor of Longing in the "Tale of Genji"*, 1987）。确实，我以为紫式部的天才便是落在这里，落在这个矛盾修辞——"渴望光华"。一种渴望，一种永远不得满足的向往，一种永远不得平息的欲念。阅读紫式部之后，你对于爱慕或一见钟情，就会有不同以往的感受。她是渴望的天才，我们都是她的学生，甚至是在我们结识她之前。 48

但丁·阿利基埃里

（1265—1321）

一

但丁·阿利基埃里的生平足以当作一首激宕的诗歌，在《地狱篇》和《炼狱篇》之间，它更接近后者，而与《天堂篇》相距甚远。至今所见的但丁传记多半短绌，不足传写他的天才，唯有乔万尼·薄伽丘所撰第一部传记例外。朱塞佩·马佐塔允洽地称其为“近乎但丁所著《新生》（*La Vita Nuova*）的自我意识的虚构作品，在想象上呼应但丁在其著作之中练达的自我戏剧化”。我们无须为此惊讶；一如莎士比亚，但丁的思想和想象力何其瑰大，单个传记作家、学者、批评家往往只能观览他那无可比拟的全景的一个角落。向学生推荐莎士比亚传记之时，我总是选安东尼·伯吉斯的《莫可比拟太阳》，一部颇有乔伊斯风格的小说，以莎士比亚为第一人称叙述者。

高贵的但丁自视为先知，至少堪可追配以赛亚或耶利米。我们可以揣想，莎士比亚没有类似的自许，哈姆雷特、福斯塔夫、李尔王的创造者与杰弗里·乔叟——赦罪僧、巴斯妇的创造者——具有太多相契之处，而乔叟轻訾但丁。一个人须峨然如乔叟，方可嘲讪但丁，况且在乔叟这里，显然也是赞赏胜过分歧。

若要谈论世界历史之中的天才，便不能不说但丁，因为在所有

的语言天才当中，唯有莎士比亚的丰赡赛过但丁。在相当大的程
度上，莎士比亚重新打造了英语：他使用了二万一千个单词，其中
一千八百个是他自造，信手翻开一份报纸，无处不见莎士比亚式的
词汇，并且通常是无意间使用的。然而莎士比亚的英语承袭自乔叟，
以及新教《圣经》的主要翻译家威廉 · 丁道尔（William Tyndale）。
设若莎士比亚不曾撰写一字，英语也会照样流传下来，一如我们而 49
今所见的模样，然而但丁的托斯卡纳方言成为意大利民族语言，泰
半归功于但丁。他是民族诗人，正如在任何说英语的地方，莎士比
亚是民族诗人，在任何德语主宰的地方，歌德是民族诗人。没有哪
位法语诗人赋有如此无可置疑的卓荦地位，连拉辛或维克多 · 雨果
都不能够，也没有哪位西班牙语诗人如塞万提斯一般占据中心地
位。然而但丁虽在本质上构筑了意大利文学，却决计不会自视为托
斯卡纳人，更不是意大利人。他是佛罗伦萨人，至死不渝的佛罗伦
萨人，在世五十六年，而最后十九年羁旅外省。

对于但丁的读者来说，有几个日期至关重要，首先是 1290 年 6 月 8 日，但丁挚爱的理想或者理想化的挚爱贝阿特丽切逝世，诗人时年二十五。据但丁自述，他对贝阿特丽切的爱慕如同我们所谓柏拉图式恋爱，只是任何关于但丁的事，都只能称作但丁式，包括他的天主教信仰（Catholicism）。他将 1300 年复活节设为《神曲》中启程的虚构日期，于 1314 年写成第一部并且是最恶名昭著的《地狱篇》。在生命的余下七年里，他的气运非凡，有幸赋就《炼狱篇》和《天堂篇》，从而得以在逝世近一年前完成这部宏大的诗歌。

莎士比亚终年五十二岁，但我们未尝因此而有所失，因为他在逝世前三年便已停止写作。然而我们会觉得，倘若但丁再活四分之

一世纪,以逮及八十一岁这个“完美”年纪——九乘以九,出自他自创的完全不可破译的数字命理学期望——会创造更多文学成就。

但丁在《飨宴》(*Convivio*,第四卷,24)告诉我们,生年在第七十年终止,但是倘若我们仍然存活,便有可能臻及崇高:

> 从而关于柏拉图——我们可以肯定他禀赋绝佳的天性(既在他的天性之内,也是由于苏格拉底初见他时为他摹状的面相特征),并且活到八十一岁,正如图莱在《论老年》之中所述。我相信设若基督未尝有十字架受难,遵照生命的天性,得以尽其天年,八十一岁之时,他会从肉身变作永生。

但丁期待八十一岁之时发生什么变化?他会在此生再见到贝阿特丽切这位“九”姑?乔治·桑塔耶纳在贝阿特丽切身上看到一种基督教的柏拉图化。E. R. 库尔齐乌斯将她看作但丁的私人和诗
50 歌的灵知(gnosis)的核心。她和基督年及八十一岁之时原应经历的变容之间具有重要关联,因为依据她的情人所撰《新生》记载,她的死亡过程,就是九次完成九这个完美数字。在二十五岁,她从肉身化作不朽之身。《神曲》通篇,但丁又是暗示又是直白地告诉我们,他就是真理。苏菲主义的殉道者哈拉智(Hallaj)因宣称自己是真理而死,虽说美国人的基督教(以其种种形式)之中,此类宣告十分寻常。我与持异见的摩门教徒、浸礼会诸教派,以及很多五旬节教派交谈,这些人皆率直地向我保证,他们是真理。而奥古斯丁和阿奎那皆不会自称是真理。贝阿特丽切若不是真理,《神曲》就行不通,只是反过来说,若没有但丁,无人会知道曾有一个贝阿特丽切。我

以为这一点再夸张也不为过，而且我从来不能理解，但丁何以克服这个可能性：他私人的贝阿特丽切神话是一种异端，丝毫不亚于神格之内的女性原则或者索菲亚这个诺斯替神话。现今，很多有识之士视但丁为天主教义的界定标准。术士西门（Simon Magus）在商埠推罗（Tyre）一家娼寮发现他的海伦纳，宣称她既是特洛伊的海伦，也是堕落的索菲亚，或上帝的智慧。撒马利亚人西门向来被基督教徒诛伐，实是第一个浮士德，勇悍果敢、极富想象，如今普遍地被看作施伪术的。但丁在一位佛罗伦萨年轻女子身上发现未堕落的上帝的智慧，并且将她奉若神明，奉上天界。一如术士耶稣，术士西门属于口头传统，而但丁——除莎士比亚之外——是所有西方历史和文化所宗正的大诗人。然而我们不该忘记，但丁师心自任，并不逊于西门。但丁僭夺诗歌权威，自立为西方文化之枢。

但丁和莎士比亚的中心地位何其殊异！但丁强要我们接受他的个性；而莎士比亚因其窅渺的超然，即便在十四行诗中，也不免躲闪藏遮。在《新生》中，但丁把我们淹没在他对一位几乎不相识的年轻女子的非凡爱慕之中。他们九岁时初见，只是这个“九”警戒我们不可照字面意义理解这个故事。九年之后，贝阿特丽切初次与他说话，街上相遇之时一声正式的问候。此后另有一二次问候，他为掩饰真情而极富诗人气质地向另一位女士示爱之后，她有一次冷脸待他，在一次聚会上，贝阿特丽切与旁人凑趣，取笑她这位苦情的仰慕者——这似乎是他们之间的全部交往。关于这段微薄的事实，最好的评注出自阿根廷寓言家豪尔赫·路易斯·博尔赫斯，他说，“我们肯定这是一桩不幸的、迷信的爱”，得不到贝阿特丽切的回应。 51

我们可以谈论莎士比亚对十四行诗中年轻俊美的贵公子那

“不幸、迷信的爱”，但在同一组诗章中，莎士比亚堕入黑暗女士的地府，至于这一段爱恋，我们须用其他词汇描述。以新柏拉图式一词形容但丁对贝阿特丽切的爱慕，实在相当不敷，可是我们又能如何定义那样一种爱？热衷于自己所禀赋的天才、自己所创作的缪斯，在任何旁人身上，这样一种激情堪为阴暗的自我偶像崇拜，而在这位中心人物身上，却不是。贝阿特丽切这个神话或角色与但丁的毕生事业相融合；在一种关键意义上，她就是《神曲》，你若置身于这部诗歌之外，就不可能理解她。然而但丁虽将她表现为真理，你却切不可误把她当作基督，基督是道、真理、光。

研究但丁的学术著作非常有益于理解《神曲》的絮繁之处，但无助于我理解贝阿特丽切。相比《神曲》，她在《新生》中的基督论倾向更显著，虽则她时或使我联想起诺斯替主义者所谓“天使基督”（Angel Christ），因为她打破人类与天使之间的等差。神人交融可能是或也可能不是异端观念，这完全取决于如何表现这样一种交融。在我的印象里，但丁的识野不是奥古斯丁式或托马斯派，然而虽有赫尔墨斯神秘主义倾向，却又不是赫尔墨斯派信徒。但丁并非要与神话等同，相反地，他殚力要神话与他等同。人在上帝面前不等于上帝在人面前，尤其是在贝阿特丽切面前。

也许这话听来古怪，因为但丁不是威廉·布莱克，敦促我们仅崇拜他所谓的人形神圣。然而但丁早年便说过贝阿特丽切是一个奇迹。这个奇迹是赋予整座佛罗伦萨城，不只是属于但丁独个人，虽然他是唯一称颂这个奇迹的人。但丁后来斥责他的挚友兼诗歌导师圭多·卡瓦尔康蒂未曾一道称颂，然而但丁之于卡瓦尔康蒂的关系，便如莎士比亚之于克里斯托弗·马洛，笼罩着影响焦虑的阴影。但丁暗示说，如果卡瓦尔康蒂认可贝阿特丽切，他便早已得了拯救，我们会相信这句话吗？一种同享的原创性还会是原创的吗？

作为读者，我们大可将但丁传闻中的神学留给他的考据家，但是你若不先接受他的贝阿特丽切，就读不了但丁。在但丁这里，她无疑是上帝的化身，他拒不将其看作与化身相竞逐的存在。他深执她是他所拥有的幸福，且先不论那幸福是什么；没有她，他就找不到他的救赎之途。然而但丁不是被诅咒或被拯救的浮士德，也不是死于真理之手的哈姆雷特。但丁一心营求的是胜利，是全然辩护，是实现了的预言。但丁以孺慕之爱，将他的“父亲”布鲁内托·拉蒂尼（Brunetto Latini）和维吉尔奉上超验地位，而后坚定地将他们掼在一边。他承认他在诗歌上的“伯仲手足”（至于卡瓦尔康蒂，则是 52
颇阴沉地认可之），但他们都不是他的旅伴。在《神曲》之中，他是否说服我们相信，贝阿特丽切不只是他个人的天才创造？但丁既在他的诗里也在诗外，正如贝阿特丽切在《新生》中也是一样。她是否有一种真实性，使旁人也能祈求于她？

莎士比亚最瑰大的人物能够走出戏剧，活在我们构想他们的意识之中。贝阿特丽切走得出来吗？但丁的个性如斯鸿大，再容不得任何旁人；走向永恒的朝圣旅途占据整个空间。虽说在其他任何诗人那里，这是诗歌的缺憾，而在但丁这里，这根本算不得缺憾。在但丁这里，这是诗歌力量，依仗绝对的原创性而生机喷薄，一种不会因无休无尽的解读而走味的盎然生意。

奥古斯丁反对伟大的新柏拉图主义者——普罗提诺（Plotinus）和波菲利（Porphyry）——坚执自信和骄傲不足以逮及上帝。引导和协助是必要的，并且这两者只能来自上帝。还有比但丁更张狂的傲慢，比但丁更固执的自信么？他将自己刻画为朝圣者，借重引导、抚慰、协助，但是作为诗人，他不是要改变信仰的基督教徒，而是得到召唤的先知。他果真要费心说服我们相信谦卑么？实际上，但丁的英雄气概——精神的、形而上的、想象的——使这位诗人成为如同贝阿特丽切的奇迹。

幸运的是，他把自己表现为一种个性，而不是奇迹。我们对他如此熟悉——在本质上，而不只是轮廓概略——从而能够接受他在《神曲》中那些得来不易的转变。确实，在《神曲》里，唯有他能够改变，因为其他任何人都已定形，尽管《炼狱篇》的居民须经历锤炼的过程。《神曲》里每个人皆生动得悖妄，而就类型而言，他们不会再有变化。由于但丁差遣给他们说的话或做的事，从而令他们不能再有所改变。这使得彻底的启示成为可能：但丁替我们对他们下了定论，无可置疑的定论，并且总能令人叹异。接受了最后的审判之后，你能否仍然拥有个性，这是一个漂亮的问题。

作为但丁的创造，贝阿特丽切的个性极其单薄，因为出世在佛洛伦萨之前，她显然有作天使的前世。但丁在《新生》中向我们展示的她姝若天人，也有着严厉的一面，在《神曲》之中更加彰显她待他的严厉姿态，虽只是为修辞起见。在真实生活里，她颇漠视这位理想化情人，而死后却无比关心他的救赎，实在是骤变。她是但丁的天才或更好的天使，这是明白无疑的，从而便使得这一突变容易为人接受。雷尔提（Laertes）恻然叹息，被弃的奥菲利娅死后会成
53 为守护天使，料想大抵加入了霍拉旭最后所祈告的那班天使当中，我们若用心思量，这颇使人诧异。但丁长久以来都准备着自己的成圣过程，早已开始训练他的贝阿特丽切了。

但丁如斯戛戛独造，迄今没有哪位作家能够接近，纵使约翰·弥尔顿或列夫·托尔斯泰也不能企及。正如博尔赫斯所说，莎士比亚的遁避技艺高妙，可以是任何人，也可以不是任何人。而但丁就是但丁。无人能通过将但丁历史化而将他开消，抑或仿效他勇悍无畏的自我神化：卡瓦尔康蒂若能长寿，无疑会创作更遒劲雄浑的抒情诗，但他不太可能写出“第三约”这样的书，而《神曲》似乎就是这样的书。莎士比亚的天才这个问题永远超乎我们的理解力，然而但丁的天才是一个答案，而不是一个问题。除了三个世纪后的莎士比亚之外，西方世界最强大的诗人在14世纪20年代末完竣其独部最伟大的文学艺术著作。若要与《神曲》抗衡，并且在某些方面超越之，你须将莎士比亚三十九部戏剧当中最出色的两打视为单个实体。然而在但丁和莎士比亚之间，实难排序：尝试阅读《炼狱篇》之后再阅读《李尔王》，或者阅读《地狱篇》之后再阅读《麦克白》，会生起一种古怪的不安。这两位最重要的诗人大相扞格，至少这是我的体会：但丁意欲其读者评断贝阿特丽切是他灵魂之中的基督；由于诸种原因，我们很多人可能为此而不自在，但是倘若莎士比亚在十四行诗里暗示，对于诗人来说，那俊美的年轻贵族（譬如南安普敦，或者其他什么人）是基督的预表，而这位诗人继而撰写《哈姆雷特》和《李尔王》，我们会多么惊愕。

对于能够沉酣于《神曲》原著的读者来说，贝阿特丽切便不是难解之谜，因为意大利批评家研究但丁的路数迥异于英美学者，并且他们对于但丁更为世俗的观念也渗沥下来。我看重詹巴蒂斯塔·维柯的见解，他认为但丁若不是如此该博神学，连荷马也要被这位托斯卡人比下去。但丁与弗洛伊德（以及神秘主义者）一样，认为性爱崇高是可能的，这与他的友人卡瓦尔康蒂相抵牾，后者认为爱是必须经受的一种疾病。但丁把弗兰切斯卡及其情人的保罗判为奸淫而发落到地狱，却因在殊异于（在他眼里）神圣的贝阿特丽切的女人面前淫亵而知名。但丁与莎士比亚意气投合的地方只有一处，那就是二人皆能高妙地描摹或他人或自己所遭受的性爱
54 之苦：

然而在这潮湿绿林里燃烧爱的火焰之前
连溪流也会转头爬上山坡，
便似年轻女子心里燃烧的火焰，
为了我，她愿在石头之中沉睡我的生命，
或如野兽食草，却见她的衣衫投下影子。

这节诗出自丹蒂·加布里埃尔·罗塞蒂（Dante Gabriel Rossetti）翻译的“如石的”（stony）六行六节诗《致昏暗的光》（“To the dim Light”），是但丁的“石头诗”之一，热烈地献给一位冷美人。贝阿特丽切不若莎士比亚风格；而冷美人颇似莎士比亚的风格，并且完全可以成为十四行诗中的黑美人：

损神，耗精，愧煞了浪子风流，
都只为纵欲眠花卧柳，
阴谋，好杀，赌假咒，坏事做到头；
心毒手狠，野蛮粗暴，背信弃义不知羞。

才尝得云雨乐，转眼意趣休。[①]

相比起将哈姆雷特和李尔王的悲剧基督教化这样的企图来，以虔诚信仰研究但丁倒不是完全没有用处，但是这样的出发点可能比女性主义的敌意——倾向于怀疑但丁将贝阿特丽切理想化的动机——更加有害。但丁赞美贝阿特丽切，赞得轰轰烈烈；而他对于这段单相思的称颂是更棘手的问题，除非我们缅想隐微的童年记忆，自己爱上一个几乎素不相识之人，也许永远没有再见面的人。T. S. 艾略特警敏地揣测，但丁初恋贝阿特丽切之时，必定早于九岁，而数字学的范式确实可能诱导他将这段经验挪到两三年之后。因为不是身为但丁，我们大多数人不能利用这么早的异象，但丁的大半成就便是他在其上构筑了伟大。

若说贝阿特丽切的本原是普遍的，那么她在《神曲》之中成为奥义的形象，但丁私人的灵知，因为但丁正是借藉她、通过她来断言知识，而这知识绝不似他的大多注疏家所能允准的那般传统。《地狱篇》永恒的丑名未尝掩盖《炼狱篇》奇辟横肆的文采，并且入情入理地被推崇为首位。令读者感觉艰难无比的是《炼狱篇》，而这困难代表了但丁最不容置疑的天才时刻，它凌跨了想象文学的界限。再没有哪部著作可与《炼狱篇》相提并论，或许安达卢西亚人苏菲·伊本·阿拉比（1165—1240）的《麦加启示录》（*Meccan Revelations*）中某些片段尚能比附。阿拉比在麦加遇见**他的**贝阿特丽切。尼珊 55
姆（Nizam），麦加的索菲亚，如同佛洛伦萨的贝阿特丽切，是上帝现示真身的中心，使伊本·阿拉比改变信仰，转投一种理想化、升华

① 十四行诗第129首，辜鸿铭译。

的爱。

年及七十一岁之际，我还没有充分的准备阅读《天堂篇》（身为犹太人，我反正也去不了那里），而我也开始畏惧《地狱篇》，这实在是虽崇高却可怖的著作。我确实时或重读《炼狱篇》，在其令人激赏的《神曲》中篇的译文前言，W. S. 默温以华赡的文辞道尽了我的理由：

> 在这部诗歌的三篇之中，唯有《炼狱篇》发生在地上，如同我们生活在地上，我们的双脚踩在地面，走过一片沙滩，爬上一座山……抵达山巅，在那里，希望掺和着痛苦，而痛苦将这篇颂歌带入活生生的现世。

在选择《炼狱篇》中最爱的章节之时，我的友人们各有偏爱；我取第 28 章玛泰尔达在人世天堂中采花的场景。开头五十一行，默温的译文瑰丽，但我在这里抄录的是珀西·比希·雪莱恍惚狂喜的译文，这是他所译《神曲》的仅存译文：

> 我切望从那浓密而翠绿的神林
> 的深处和四周探寻，
> 那神林使新的一天的光辉在眼前显得柔和明净，
> 我已不再等待，立即离开山边，
> 缓缓地走出田园，
> 足踏到处散发芳香的地面。
> 那温柔的气流本身一成不变，

阵阵扑上我的额前，
并不比和风更重地吹拂人面；
因此，微微颤动的叶丛，
柔顺地向一方斜倾，
正是在这一方，那神圣的山岭投出它最早的阴影；
但是，这些叶丛也并不脱离
它们那挺立的姿态过甚，
以致鸟儿们仍可在枝头纵情地施展它们的一切的技能； 56
它们满心欢悦地在树叶丛中，
婉转歌唱，迎接最早的时辰，
树叶则沙沙作响，伴随着它们的音韵，
这正像基亚西海滩上的那带松林，
每逢埃奥洛放出东南风，
树枝与树枝就相互聚拢，合奏起一片乐声。
玛泰尔达
这时，缓慢的步伐已把我带到
那十分茂密的古老莽林之中，
这令我无法看出我从何处入境；
此刻有一条小溪截断去路，使我无法再往前行，
溪水翻着细微的浪波，
把长在溪岸上的青草向左弯折。
尘世间的所有更加清澈的流水，
似乎总会带有一些杂物，
而与它相比，它却是把任何东西都不加掩盖，

尽管它的色泽既暗又深,
在常年不败的树荫之下潺潺流动,
这树荫永不会让日月之光射进那里。
我停下脚步,用目扫过
小河的彼岸,为的是观看
那万紫千红、鲜花盛开的枝蔓;
正是在那里,一位贵妇形只影单,
出现在我的眼前,
她的突然出现,仿佛是什么东西
令人感到惊异,不再去想其他问题;
她在款步行来,一边歌唱,一边挑选鲜花,
这些鲜花把她所走的道路装点得美妙如画。
"喂,美丽的夫人,
你用爱的光芒烘暖你的全身,
倘若我该相信往往能证明心镜的面容。"
我对她说道:"但愿你能乐意
57 向这条河流行进,
使我能听清你的歌声。
你令我想起普罗塞皮娜曾在赦免地方,曾有怎样的情景,
当时,她的母亲丢失了她,
她也丢失了春。"①

雪莱为保留但丁创造的三韵法,而不惜失去原文一些词面意

① 《神曲》,黄文捷译,译林出版社,2011年版。

思，但他捕捉到玛泰尔达出现之时的惊奇和神采。她扭转普罗塞皮娜和夏娃的堕落，预兆贝阿特丽切即将重归但丁的场景。莎士比亚《冬天的故事》第四幕第四场可能也徘徊在雪莱的记忆里，因为潘狄塔是莎士比亚的玛泰尔达：

> 普罗塞皮娜啊！现在所需要的正是你在惊惶中从狄斯的车上堕下的花朵！在燕子尚未归来之前，就已经大胆开放，丰姿招展地迎着三月之和风的水仙花……

但丁何以将这位在复原的伊甸园欢唱的女子命名为玛泰尔达（Matelda），这仍是谜团，诸多学者各有不同的解释。但丁的玛泰尔达仅在一时出现，而我迂诞地钟爱她，而不喜又是斥责又是说教、永远好得令但丁配不上的贝阿特丽切。宛若莎士比亚的珀迪塔，玛泰尔达叫我们着迷，除了犷悍的但丁，谁会再爱上宛若天人的贝阿特丽切？试读威廉·默温翻译的这一段，谁不会爱上玛泰尔达？

> 伊甸园的黄金时代
> 尽管你的渴求可以得到很大满足，
> 即使我无须向你做更多的透露，
> 我仍将情愿向你进一步做出结论；
> 我也不认为，我的解释对你不会算弥足珍贵，
> 及时超出了我对你所做的许诺范围。
> 那些在古代吟咏黄金时代
> 及其幸福状况的诗人，

58 也许曾梦想这个地方就在帕纳索斯山上。
这里，人类之根是天真无邪；
这里，一切果实应有尽有，春天永存，
这里的水也是人人称道的香醇美酒。[①]

优雅、美丽，玛泰尔达是沉浸在恋爱之中的年轻女子的神秘化身，陪伴但丁走过草地，恍若黄金时代重来。玛泰尔达行走若翩然起舞，我们无须往她身上堆砌寓意，或者把她与历史上的贵妇人或有福的同代人相联系，从而拖慢她的脚步。但丁是出了名的爱追逐美貌女子，倘若幻变之后的贝阿特丽切——既是欲望的形象，也是爱絮聒的母亲——没有在下一章等他，他显然也会爱上玛泰尔达。

卓荦的英国浪漫主义文学批评家威廉·哈兹里特对待但丁的态度，更比雪莱和拜伦矛盾，但哈兹里特深知但丁的原创性的真理，但丁的天才所产生的影响：

> 他所感兴趣的仅是以自己所体验的情感，激起我们的共鸣。他并不把激起情感的对象东西摆在我们面前；而是向我们展示这些对象之于他的感觉的作用；他的诗歌从而频频给我们以酣畅、恣横的感觉，在亲眼目睹了恐怖之物的人的脸上，便能看到这种感觉。

哈兹里特说这番话之时，心里想的是《地狱篇》，而不是《炼狱篇》的玛泰尔达，在这里，这种感觉发自凝视目睹了喜悦的终极对

① 《神曲》，黄文捷译，译林出版社，2011年版。

象的脸庞。

二、《神曲》

1

但丁被公认为偕列最卓荦的西方文学表现大师之列：雅威作者、荷马、乔叟、莎士比亚、塞万提斯、弥尔顿、托尔斯泰、普鲁斯特。我们所知的文学语言如何表现现实这些思想，在相当大程度上，仰赖这九位大师。或许可以说，这些作家构筑了我们关于所谓现实的大半经验。假如我们未尝阅读这九位摹仿大师的著作，现实的某些方面也许不能如此清晰。鉴于雅威作者和荷马是古老又虚拟的人物，这里且先撇开他们，作为文学表现的伟大源头，唯有莎士比
亚——又是公认的——被判为足可与但丁抗衡。然而莎士比亚的 59
表现艺术已使我们归化于他的王国。而今但丁是无比难读的诗人，部分由于我们在莎士比亚的王国里如此称心适意。

埃里希·奥尔巴赫与查尔斯·辛格尔顿、约翰·弗雷切罗偕列为但丁诠释者之中的三大神灵，他最先权威地描述了但丁表现现实的方式：

> 在《神曲》中，但丁通过将人的终极命运等同于性格的世俗整体，以超越悲剧死亡，并且……这部著作的结构安排使得这种超越成为可能，实际上，他所表现的世俗现实必须恰如他所见的现实。故此，但丁的另一世界之中的人物，在其处境和

> 态度上，务必要表现他们自己的全部；务必要在单个行为之中展示那充实他们人生的性格和命运……
>
> 但丁从古典理论中仅袭用一个原则，即人物的一贯性（sibi constare）；在他这里，余下所有信条皆失去其原意，……依据亚里士多德的定义，但丁的想象是悲剧式。无论如何，他的诗歌更多地是悲剧，而不是史诗，因为诗歌当中那些描述性的、史诗的元素俱不是自律自主的，而是服务于其他目的，并且对于但丁以及他的人物来说，这里的时间不是命运在其中渐渐展开的史诗时间，而是命运完结的终极时间终点。

时间若是最终的时间，过去皆已展开，那么现实确实可以被表现为既是性格也是命运的单个行为。但丁的人物能够在其言行之中将自己浑然呈现，但他们不能**因为**但丁要他们说的话或做的事而有所改变。乔叟之于但丁的欠负，远甚于他会承认的，然而正是在这一点上他与但丁有分歧，而这也正是乔叟之于莎士比亚的至深影响。赦罪僧倾听自己说话，倾听自己的故事，并且仅通过那倾听，从而悲观地转变为汲汲于命定。在莎士比亚这里，这种表现模式发挥得如此恢弘，以致后世再没有哪位作家能够稳健地企及之。哈姆雷特大约是莎士比亚人物当中最易变的（或者大概是克利奥帕特拉，或是福斯塔夫，或者无论你想的哪一个人物），但他仅是敲定模式。在莎士比亚这里，近乎每个重要人物皆开辟一种摹仿风格，而今我们都以为原该有这种风格。他们与我们一样，因回应自己的言行而
60 变得强大或受伤害，得以成圣或遭毁灭。大抵可以说，部分由于我们不自觉地仿效莎士比亚的人物，我们学会了如此强烈地影响自

己。我们永远不会模仿但丁所创造的人物,因为我们不是生活在时间的终点。我们知道自己还没有完满。

唯有一种文学文本能够说服其本身,并且一时说服我们相信一种文本能够实现另一种文本,这种文本才能代表一种已实现的真实。如奥尔巴赫所展示,但丁仰仗预表(figura)这一伟大的基督教比喻手法,这个手法的依托是主张基督教的新约实现其所谓的"旧约"。"旧约"这个词本身深痛地触怒了依然信奉《希伯来圣经》所述圣约的正统犹太人。然而基督教若要守持其权势,《希伯来圣经》固然须变成旧约。但丁的诗歌若要发展并且维持其力量,那么新约须变成什么?

奥尔巴赫引用教会创始人特土良(Tertullian)诠释摩西将嫩的儿子何西阿改名为约书亚(Jehoshua, Joshua, Jesus),提及约书亚是"预示将来的事物"。奥尔巴赫对于这种预言手法或预表所作定义,而今已成典范:"预表是真实的、历史上的某物,宣示另一种真实的、历史上的东西。"奥尔巴赫关于"预表诠释"的阐述也同样赋有典范地位:

> 预表诠释构造两个事件或人物之间的关联,先在的预示不仅兆示其本身,并且也预示后来的,而后来的包涵或实现先在的。在时间上,这个手法的两极是分离的,但是作为真实的事件或人物,这两极均是在时间之中,在历史之流中。其中属于精神行为的仅是对于此二人物或事件的理解,而这个精神行为处理或过去或现在或将来的具体事件,而不是概念或抽象;这些都是次要的,因为承诺和实现都是真实的历史事件,或是

> 在已发生的道成肉身（incarnation of the word），或是在将发生的基督重临（the second coming）。

预表诠释自宗教转入俗世文学之时，又是怎样的情状？正如特土良将约书亚诠释为耶稣基督是其实现的预表，但丁把历史上的维吉尔解读为一种预表，而他所创造的维吉尔是其实现，我们是否也看到同样的图式？奥尔巴赫回答说“是”，但这是一个辩证的肯定：“因此，《神曲》中的维吉尔是又不是历史上的维吉尔；因为历史上
61 的维吉尔仅是这部诗歌所揭示的已实现之真理的预表，而且这个实现比预表更真实、更具深远意义。”奥尔巴赫在 1944 年写到预表之时，回顾 1922 年写下的关于但丁作为俗世诗人的著作（前面的引文便出自于此），坚持认为他已经获得了支持十五年前观点的“可靠的历史根据”。

在奥尔巴赫前后两种观点之前，我不能肯定是否不宜偏取前者。奥尔巴赫将预表世俗化之时，危险地将文学文本之间的关系理想化。正如约翰·弗雷切罗在其卓异的文章《曼弗雷迪的伤与〈炼狱篇〉的诗学》（“Manfred’s Wounds and the Poetics of the *Purgatorio*”）中指出，挪用历史上的维吉尔并非理想化举措。大凡诗歌先贤皆师心自任，而但丁深知自己已将历史上的维吉尔变成预表，他所创造的维吉尔是实现，部分是为了暗示他自己是诗人维吉尔的真正实现。在应对前人之时，伟大的诗人皆是实用主义者；试看布莱克在《弥尔顿》中为弥尔顿所描绘的讽刺画像，抑或詹姆斯·梅瑞尔在《桑多弗变幻着的光》中深情且机智地刻画史蒂文森和奥登。布莱克的弥尔顿不是历史上的弥尔顿，同样地，但丁的维

吉尔也不是历史上的维吉尔。设若一种文本实现另一种文本，这一实现总是经由后来的文本对于先在文本作营己的讽刺而达成的。

2

查尔斯·S. 辛格尔顿慎重地提点我们，“贝阿特丽切不是基督”，并且诠释当但丁使用类比原则将贝阿特丽切来临比作基督来临之时：

> 旭日这个比喻——贝阿特丽切最终以此形象立于凯旋的马车——从而成为最具启示意义的形象，诗人可能不仅以此形象印证将她的现身比作基督来临的这个类比，而且也以此强调这个类比的基础：光的来临。

惠特曼无疑是与但丁相对抗的诗人，自视为更伟大的旭日，以对抗但丁的朝阳：

> 耀眼而强烈的朝阳，它会多么快就把我处死，
> 如果我不能在此时永远从我心上也托出一个朝阳。
> 我们也要像太阳般耀眼而非凡强烈地上升，
> 啊，我的灵魂，我们在破晓的宁静和清凉中找到了
> 我们自己的归宿。[①] 62

① 《我自己的歌》，赵罗蕤译，上海译文出版社，1987年版，第55页。

这不是类比，而是近乎尼采的颠覆模式，得自爱默生的。在这里，惠特曼的太阳比喻的不是基督来临（爱默生称那来临的为“伟大的溃败”），而是“现在和始终”，一个永恒的黎明（“我们索取胜利”，正如爱默生替他的美国同胞传话，预言了惠特曼）。对惠特曼来说，将贝阿特丽切这一形象看作基督也未尝不可。经由辛格尔顿点拨之后，我们能否将她看作类比而接纳，或者而今她是但丁诗歌之中最大的尴尬？作为一种虚构，她的力量犹存，然而但丁岂不是不止将她表现为虚构？正如辛格尔顿所说，倘若但丁写的是关于神学家的寓言，而不是诗人们的寓言，那么我们若不接受将贝阿特丽切的来临比作基督来临这一类比，又如何去捕捉但丁对她的感觉？

辛格尔顿回答道，贝阿特丽切代表一种基督教意义上的智慧，抑或神恩之光。这个答案虽以神学家而非诗人的寓言措辞表述，却仍是诗意的答案，因为其类比的原型是光，而不是神恩。但丁用以说服我们的并不是他的神学，而是他对于光这个比喻的神妙发挥，在这里，他甚至凌越于诸诗人当中的盲人弥尔顿：

> 这是高高在上的一束光芒，
> 它使造物主变得为那造物所能觐见，
> 也只有通过对他的觐见，造物才能理得心安。[①]

如辛格尔顿所说，这是荣耀之光，而不是贝阿特丽切的神恩之光，或者维吉尔的自然之光。但丁的琦玮天赋为这三种光寻找经久不衰的类比。由于他的诗歌时间（fiction of duration）是终结的时间，

---

① 《神曲》，黄文捷译，译林出版社，2011年版。

而不是现世的时间，所有这三种光的模式必须以似乎不会再起变化的方式而表现。然而但丁也清楚地知道，一种恒常的虚构不能给人以快乐。他拿什么弥补他的诗歌对于现世忧患的公然拒斥？

在论述《神曲》亚西西的圣方济各这篇文章之中，奥尔巴赫又诉诸预表，作为其解答。据奥尔巴赫看来，正如“历史发展”这个手法如今很平常（或者曾经很平常，对于相信福柯一劳永逸地揭穿这个比喻手法的人来说），中世纪的读者同样地深谙先行与后来的重复比喻。而今对我们来说，“先行与后来的重复比喻”并不意味着预表及其实现，而是弗洛伊德的作为强迫性重复之实现的死亡冲动。重复强迫或许是西方的最后一个预表，预言我们冲破快乐原则的冲动。也就是说，对我们来说，也许唯有那所谓“死亡的文本”， 63
才能够实现而不是纠正或否定先在文本，这文本截然相对于但丁旨地创作的文本。

3

究竟是什么使但丁幸免于理想化的笨拙——而这种笨拙势必会缠磨着诸神学家的寓言化？奥尔巴赫早先研究但丁在表现人物的原创性之时试图找到答案。作为先知，但丁将本性与命运、性格和魔性相等同，把在当世看到的情状，丝毫不差地转移到《地狱篇》、《炼狱篇》和《天堂篇》这三个终结的世界。但丁的朋友和仇人都在这里面，描绘得绝不含糊、矛盾，由于他们一成不变，他们固定的本性多元地决定了他们永恒的命运。

对于我们以及但丁自己来说，他的诗歌赋有无数惊奇之处，但这些惊奇不是意料之外的。法利那塔屹立在坟墓，仿佛对地狱极为不屑，这是英雄的，因为他在坟墓中蔚然地与自己相一致，除了做他自己，不肯再做什么。他对地狱的不可思议的不屑代表一种必然性，华莱士·史蒂文斯称之为做那种不可逃避的动物——自己——这一不可逃避的必然性。但丁将这种必然性表现为上天对我们的审判。

在莎士比亚这里，总是有偶然，而本性可以似性格一般多变。哈姆雷特最终屈从偶然，或许是因为他纵有普罗透斯一般易变的本性，也已罄竭了所有变化的可能性。这正是我们的表现模式，继承自莎士比亚，并且我们已不再能够看见这种模式原本何其原创。因此莎士比亚在我们眼里似是“自然的”，虽说我们生活在弗洛伊德时代，他悲观地怀疑一旦过了婴孩期，便不再有偶然。但丁再也不能在我们的想象之中归化。我们并非不懂但丁的原创性，然而对我们来说，他的困难或怪异大概不是缘自他独有的原创性。

纵有奥尔巴赫和辛格尔顿的劬劳治学，神学家的寓言于我们依旧浑然无益。弗雷切罗取代这两位学者，成为最有用的但丁研究者，因为他将但丁复归为可能是诸诗人当中最真实的寓言（因为理想化程度最低），也就是诗人与诗人的竞争，前人与后人对想象文学优先地位的争夺。尽管博尔赫斯对于神学家的讽刺模仿神乎其神，然而
64 神学家首先并不是竞争者。但丁深知诗人皆是竞争者。荣耀之光、神恩之光、自然之光俱不是争竞之光，但是这些光的比喻势必要相互竞争，并且总是与其他比喻相互竞争。

辛格尔顿拒斥诗人的寓言，认为这种寓言会将但丁的维吉尔仅仅贬抑为理性的化身：

> 因为如果这是诗人的寓言,那么维吉尔所做的——正如俄耳甫斯所做的——实是设计一种虚构,用来传达一种隐藏的意义,这是应该永远传达的意义,因为唯有通过传达那隐含的意义,他所做的才能事出有因。相反地,如果这个行动是神学家眼里的寓言,那么这个行动必须始终具有历史的、非虚构的表面意义;因此,作为整个行动的部分,维吉尔的事迹从而可能转变为暗示其他事物的词语,但这些事迹无须时时刻刻如此这般去做,因为这些作为历史的事迹,本身自有其存在的资格。

维吉尔作为诗人的寓言,如若不被诠释为理性,不是自然之光,而是那光的比喻手法,不仅映照无数事物,并且还映照普遍自然之泪的光华,那又会是怎样的情形?与维吉尔诀别,并不是告别理性,而是告别某种自然光芒的哀调,或者是告别华兹华斯的“平常日子的光芒”。但丁遗弃维吉尔,并不是要用神恩取代理性,而是寻找他自己的声音的形象,寻找他自己对这三种光的比喻。维吉尔是众诗人当中最古老、最独特的寓言,所代表的不是理性,而是诗歌之父,是但丁必须超越的教导场景(Scene of Instruction),倘若他想要到达朝向贝阿特丽切的旅途终点。

4

在我自己的阅读经验里,贝阿特丽切这个形象现在成为了但丁所有比喻中最难理解的,因为升华似乎已不复是人类能拥有的可能性。也许永远地失落的是但丁和叶芝之间流传的传统，在那个传统里，升华对于一个女人的欲望，是可以看作一种生存的放大。一位有名望的女性主义批评家甚至称贝阿特丽切“没有大脑”（dumb broad），因为据称她沉思太一而不理解。詹姆斯·塞柏（James Thurber）肃然颂为男人与女人的战争的东西，已夺去许多文学形象的生命，但恐怕其中没有哪一个如同但丁的贝阿特丽切这般冤屈。正如传统观念，但丁认为上帝的智慧——每日在他膝下顽耍——是
65 女人，正如尼采以超乎反讽的姿态认为真理是女人，大抵是致命的女人。尼采坚执，我们拥有艺术，免得死于真理，这必是指审美是避免毁于女人手里的一条道路。但丁绝不会认同。

而今我们如此难以理解贝阿特丽切，恰是因为她同时逆料了诗人和哲学家的寓言。她的出现紧随着但丁的诗歌成熟，或者说，在诗歌先人维吉尔消逝之后出现。在诗人们的寓言里，贝阿特丽切是缪斯，她的职能是帮助诗人回忆。由于回忆是诗歌的主要认知模式，贝阿特丽切是但丁的创造力，他的艺术神髓。这意味着她可以是缪斯中至高的一位，并且超拔于众位缪斯之上，因为在但丁所描述诗人寓言中，借用库尔齐乌斯的话来说，贝阿特丽切“在救赎的客观过程占据一席之地”。库尔齐乌斯允洽地强调但丁的锐气之盛：

> 将心上人推崇为天堂里的天使，在圭多·圭尼泽利（Guido Guinizzelli, d. 1276）手里成为意大利抒情诗范式。对于彼世的诗歌想象之中，选择心爱的女人作为向导，从而将她推崇，这也仍在基督教哲学和信仰的藩篱之内。然而但丁走得更远。他让贝阿特丽切救赎的客观过程占据一席之地。在他的思索

> 之中，她的职能不仅是为他自己，也是为所有信徒。因此，以他自许的权威，但丁在基督教启示之中引入一种元素，这种元素扰乱教会的教义。这或是异端，或是神话。

而今，相沿成习地称但丁为唯一的天主教诗人，一如弥尔顿被称为新教诗人，也许某天卡夫卡会被称作犹太作家，尽管他与正统犹太教存在无尽的距离。对于他们各自的时代来说，但丁和弥尔顿的诡谲孤特，不逊于卡夫卡在我们的时代，设若但丁不是如此强大的诗人，以致后世教会欣然拥他入怀，贝阿特丽切便会成为异端，而不是神话。库尔齐乌斯专注地探讨但丁自许为先知这一胸襟，甚至坚执但丁期待预言会在不远的将来应验，也即在他的有生之年。由于但丁生年五十六，离他在《新生》中设定的八十一岁这个“完美”年龄短了四分之一个世纪，这个预言的表面力量大抵是作废了。但是这个预言——至于究竟是什么预言，仍不为我们所知——却依然重要，正如库尔齐乌斯主张： 66

> 纵使我们能够破解他的预言，于我们也是无谓。但丁所隐藏的谜，但丁的研究者而今都无需去猜破。然而但丁自诩赋有启示使命这个事实务必不可当作戏言。在解释但丁之时，必须考虑这一事实。贝阿特丽切的问题从而便不只是消闲的好奇。在《地狱篇》起首两章，但丁便已构筑体系，这个体系支撑整部《神曲》。只能从内部看待贝阿特丽切。“九”夫人已成为一种宇宙力量，而这种宇宙力量发自两种更高的力量。不同等级的神圣力量干预历史的过程——这个概念与诺斯替主义的关联

> 昭然若揭:作为一种智性构造,一种智性沉思的图式,纵使原初并不是。我们能够并且必须明确指出此类构造。我们不知但丁用圣路西亚有何指涉。对于评论家来说,唯一适当的方式是承认我们不知道,并且指出眼科学的解释和寓言的诠释皆不能使人满意。考据家也须着力研究《炼狱篇》和《天堂篇》末尾的所有章节,反对将贝阿特丽切等同于银行家波提纳瑞的女儿。贝阿特丽切是但丁创造的一个神话。

但丁的重要批评家当中极少有人听取库尔齐乌斯的建议,从而导致了对但丁这种被推想的天主教信仰的歪曲强调。库尔齐乌斯诚然并非说但丁是诺斯替主义者,但他确实提醒我们,但丁的贝阿特丽切是纯粹私人的灵知的中心人物。但丁确是残酷的空想家,热烈又独断自专,他的诗歌意气扬扬地表达自己独特的个性。《神曲》是对哀调或力量——但丁独个人的力量——的浩大比喻,尽管我们在大多批评家那里看不到这一点(弗雷切罗是崇高的例外)。在贝阿特丽切与她的诗人诀别这个奇伟场景,在《天堂篇》第30章中间,她的向导角色转交给年迈的圣伯纳德之时,或许我们最能体会那性格的哀调:

> 我的视线已了解
> 天堂的全部总的情景,
> 却尚未停留在任何一个局部,细看分明:
> 我怀着重又燃起的欲望,转过身去,
> 想要向我的贵妇询问一些事情,

对这些事情，我的心灵充满疑问。
我所想的是这一位，回答我的却是另一人：
我以为看见的是贝阿特丽切，而我所见的却是一位老翁， 67
他的衣着与那些光荣的精灵相同。
他的双眼和面颊
洋溢着和善的欢畅，仪态慈祥，
正如一位温和的父亲应有的模样。
我立即说道："她在哪里？"
他于是说："贝阿特丽切动员我离开我所在的地方，
来最后满足你的欲望；
倘若你朝上观看那从最高一级向下的第三层，
你就会再次看到她坐在那个座位上：
那座位是她的功绩为她安排停当。"
我不曾回答，向上抬起双眼，
我见她为自己绕上一道光环，
从身上反射出永恒的光线。
不论是谁纵身潜入最深的海底，
仰望那雷声轰鸣的最高的天际，
任何凡人的肉眼与那天际的距离，
都不如在那里我的视线与贝阿特丽切的距离那样遥远，
但是，任何东西都不曾把我遮拦，
因为她的形象下降到我的眼前，并无杂物掺入其间。
对贝阿特丽切的感谢
"哦，贵妇人啊，你是我的希望所寄，

你曾为了拯救我，不惜
把你的足迹留在地狱，
我感激你的恩惠与德能，
让我看到所有这些情景，
而这恩惠与德能又都是来自你的威力与善行。
你使我摆脱了奴役，获得了自由，
经过所有那些途径，
把使你能做到这一点的所有方式都全部运用。
请把你对我的宽厚善加保存，
以便让我那被你医治痊愈的灵魂
能在脱离肉体时仍然令你欢欣。”
我就是这样祷告；而那一位，尽管显得如此之远，
却仍嫣然一笑，并看我一眼：
随即又转向那永恒的泉源。[1]

实难评论这段话的残酷，实难评论这段话接纳一种不只是修辞的限制而貌似将神话制造的冲动升华。弗洛伊德在瑰伟的自我总结，也即撰于1937年的文章《有尽和无尽的分析》之中，悲叹自己无法治疗不肯接受治疗的人：

人会不肯屈从父亲—替代物或对他有任何亏欠的人，并因此拒绝接受医生的治疗。

① 《神曲》，黄文捷译，译林出版社，2011年版。

但丁也不肯对任何人有任何亏欠，哪怕此人是他的诗歌之父维吉尔。但丁从他自己的医生贝阿特丽切那里接受了治疗。他们告
别之际，贝阿特丽切微笑地看着他，确认他痊愈了。 68

杰弗里·乔叟
（1343—1400）

一

正如唐纳德·R. 霍华德驰辩地为我们所展示的那样，乔叟的外在人生过得实在别开生面：参加两次战争、不停地在欧洲旅行、与当时各国国王和显贵交接、与众多知名作家从游。莎士比亚——英语作家当中唯一超越乔叟者——不曾打过仗，从未走出英国，并且交往谨慎，仅与戏剧界权贵交往。这并不是说莎士比亚的世界空无凶暴，而是他尽量避开犯怒之事。我们仍有牵连到莎士比亚的法律文献，案情极其复杂，但这些俱是生意上的案件。莎士比亚没有似乔叟那般轰动的文献记录：一个名叫西西莉·尚品（Cecily Champain）的女子撤销了指控乔叟强奸的案子，乔叟无疑是付了大笔现金作了结。

在 12 世纪 80 年代，乔叟风华正茂，理查德二世不顾一切地夺位，英国兵连祸接。1389—1399 年这十年间，理查德二世权势渐失，而乔叟仍是他的忠仆。亨利四世废理查德二世而践祚，此事可能丝毫无损乔叟的王室荫庇，但必定令他伤怀。无论如何，一年之后，这位伟大的诗人逝世。

我们所知晓的乔叟的人生和时代与其诗歌之间存在殊为离奇

的差异，简直可说是断裂。那是暴力的时代，但乔叟是天纵才具的讽刺家，《坎特伯雷故事集》和《特罗伊勒斯和克莱西德》超越其历史背景。G. K. 切斯特顿论道，乔叟的讽刺如斯颢然，以至于我们时或很难将之明辨。不论在表达他自己的哀调或者激赏其真正的文学前辈但丁和薄伽丘之时，乔叟都狡猾得卓荦绝俗。薄伽丘对乔叟影响尤其深切，有造就之功，在一些同样的方式上，乔叟也使莎士比
亚得以构造活生生的世界。乔叟的故事**写的是**讲故事，因为薄伽丘 69
完善了这种清醒地意识到自身是虚构的文体。在修辞上，意识到**本身就是**修辞的故事，相比那些掩藏这种意识的故事，具有殊异的行文方式。乔叟关于故事的这种强烈意识，无论如何竭力地遮掩，依然透露其与《十日谈》的瓜葛。

乔叟喜援引杜撰的权威，一面却避而不提薄伽丘，但这个事实将我们指回乔叟的反讽。与薄伽丘不同，乔叟不会承认情场失意，除非是拿来取笑或自嘲。但丁、彼特拉克、薄伽丘与我们说体己话，而乔叟的苦闷深埋在心底。乔叟的一半天才呈现为自我疏离与喜剧视域，逆料了莎士比亚的反讽。乔叟自己的创造之中最卓荦的属他的性格意识，这一意识使得巴斯妇、赦罪僧（我实在喜欢不了这个人！）等人皆以自己的声音说话。莎士比亚稳健时期所创的奇迹——福斯塔夫、哈姆雷特、依阿古、克莉奥帕特拉，以及其他诸人物各有个性化的声音——依靠的是乔叟激发莎士比亚渐趋成形的天才。约翰·福斯塔夫爵士无疑是巴斯妇的儿子，而赦罪僧对因机弄权的机会的享受则预示了依阿古的虚无主义。

在现代乔叟学者当中，E. 多纳森最是精敏，他阐明乔叟有两大主角，一是《坎特伯雷故事集》的朝圣者乔叟，一是《特罗伊勒斯与

克莱西德》的叙述者。人人都喜欢朝圣者乔叟：友善、襟怀宽大、欢欢喜喜地接纳每一个同路人，与鸡鸣狗盗之徒坦然相处，但也随时钦敬真正的仁善。《特罗伊勒斯与克莱西德》的叙述者是个一厢情愿却很倒霉的情人，爱慕克莱西德。我们大多数人（至少男人）读后也会爱上她，正如乔叟显然已倾心于她。朝圣者乔叟是更伟大的讽刺家，《特罗伊勒斯与克莱西德》的叙述人最终心碎惨怛，以致使他得以超越自己的反讽。

二、《坎特伯雷故事集》

1

乔叟侪身于最伟大作家的行列——这些伟大作家挫败几乎所有的批评——这是他与莎士比亚、塞万提斯、托尔斯泰同有的特质。另有一些赋有近似雄伟规模的作家——但丁、弥尔顿、华兹华斯、普鲁斯特——激发颇为神妙的批评（其中更多是庸论），而乔叟，一如其寥寥数位侪列，赋有如斯强大的模仿力量，轻松地令批评家缴械，于是批评家们或是无事可做，或是仍有无数事可做。大多数乔叟批
70 评仅限于史实研究，甚或神学研究，好似乔叟宜被看作中世纪基督教的最高版本。我并不是乔叟学者，因此仅以一般文学批评者和乔叟的普通读者的立场，写作这篇文章。

与莎士比亚以及数位最伟大的英语小说家一道，乔叟恢弘地发挥了这门语言表现真实的能力，臻极不可思议的造诣，超出理该企及的程度。正如哈姆雷特和福斯塔夫，赦罪僧和巴斯妇质疑而今流

行的几乎每一种批评模式。若说赦罪僧或巴斯妇仅是一种比喻结构,或说他们所讲述的任何故事几乎全然悬搁其指涉的现实,这样的话如何讲得通?塔尔博特·多纳森是最乔叟式、所有乔叟批评家当中最好的,就《坎特伯雷故事集》的引言论述道:

> 这些人物形象的独特的品质在于其生命力,在于每个形象给读者以幻觉——这些描绘的人物不是杜撰,而是真实的人——从而使得读者以为诗人不是在创造,而是单纯地记录。

作为一句批评,这是阅读乔叟之时不可或缺的起点,然而当代的诠释模式不认为这样一种幻觉赋有任何价值。

去年六月,我与一位友人——法国诠释理论的泰斗——一道走在西德法兰克福一座公园。我在法兰克福讲演弗洛伊德,友人适才抵达,来讲演乔伊斯《尤利西斯》。我们边走边聊,我说道,在我看来,乔伊斯的利奥波德·布卢姆是我读过的虚构作品之中最仁厚、最深情的人。我的友人又是气恼又是困惑,答道波尔迪不是人,因此我的话绝乏任何意义。我虽不同意,却没有开口,心想不管我说什么,都不能和解友人与我的分歧。在他而言,《尤利西斯》甚至不是有说服力、动人的修辞,而是一种比喻的体系。在我而言,这部著作的好处首先在于波尔迪的个性。我又领悟,友人的解构主义仅是又一种形式主义,一种极顽梗、极怀疑的形式主义。然而遭遇足够强大的虚构作品之时,所有形式主义旋即触及其极限。L.C. 奈茨有个著名的主张,认为麦克白夫人的孩子和莎士比亚的女主角的少女时代作为批评问题,皆同样地没有意义。这样一种观点,奈茨是步趋 E.E. 斯托尔，而斯托尔则或知情或不知情地追随了埃德加·爱伦·坡。对奈茨来说，福斯塔夫“不是一个人，而是一种合唱式评论”。虽说那“合唱式评论”比我们更赋盎然生命力这一吊诡，教我
71 们知道福斯塔夫既不是比喻，也不是评论，而是人类**可能**是什么模样的一种表现，倘若那人甚至比奥斯卡·王尔德更风趣巧拔，甚至比泽罗·莫斯特尔（Zero Mostel）更纵横激昂。福斯塔夫、波尔迪、巴斯妇，悉是雪莱所谓“比活人更真实的形式”。

硕然原创的作家（为数并不多）似乎没有前人，从而似无父无母的孩子。莎士比亚便是赫煊的范例，因他吞没其眼前的先辈克里斯托弗·马洛，乔叟则是一面从真实的法语、意大利语作家，尤其是薄伽丘那里获益甚多，一面妩媚地宣称虚构的权威。然而也许正如乔叟是斯宾塞的源泉，他也是莎士比亚的伟大源泉。在莎士比亚的作品之中，几无前例的是其人物**因思索自己所说的话而改变自己**。在荷马、《圣经》、但丁的文字中，我们就找不到某个人物的性格因自己的话而产生骤然变化，换句话说，是因为一句话引出另一句话之时个人的措辞、语调所产生的差异而改变。然而赦罪僧和巴斯妇已在模仿的道路上走得远了，这条道路通往哈姆雷特和福斯塔夫。他们对别人、对自己所说的话，一半反映他们眼前的模样，但一半也滋生他们将来的模样。通过赦罪僧和巴斯妇用来讲故事的语言所引发的效果，乔叟也许更微妙、更有力地暗示了他们身上所发生的不可避免的变化。

这是乔叟与莎士比亚同有的力量，其中一些东西正也解释了在理解此二人之时，文学批评何以屡屡失败，尤其是出自形式主义者的批评，或过于沉迷代码、规矩，以及而今所谓的“语言”，实则可能

更宜被称作应用语言学，甚或心理语言学。一位批评家若痴迷而今所谓的“语言之于意义的优先性”，便不会愿意去寻找或真实或虚构的人物的意义。然而乔叟和莎士比亚的实验艺术的根本基础是**既**真实**又**虚构的人。乔叟和莎士比亚都知道——远不只是知道——那迷宫一般的道路，在这条道上，个人的自我始终是众多自我毕集的野餐。弗洛伊德说：“诗人在我之前。”也许尼采也该说这样的话。

2

塔尔博特·多纳森反驳早期教父的注疏，允当地坚执乔叟首先是诙谐作家（comic writer）。设若我们认为菲尔丁、狄更斯、乔伊斯，以及撰写两部《亨利四世》的莎士比亚本质上是喜剧作家，那么便不需多作解释。在这里，“诙谐作家”所蕴藉的意味十分赅洽，其中所涉“诙谐”，可以说更似巴尔扎克的模式，而不是但丁的模式，尽管 72
乔叟从但丁那里学习了许多东西。如果赦罪僧实为诙谐人物，那么伏脱冷（Vautrin）自然也是？如波德莱尔所说，巴尔扎克的幻觉迷离的“写实主义”——在那个宇宙里，每一个清洁工都是天才——接近乔叟虚构世界的饱满的生机主义。关于《坎特伯雷故事集》的引言，最具启发光彩的评论仍是出自威廉·布莱克，他与乔叟极为声气相投。这个布莱克是叶芝《幻象》（*A Vision*）之中站在拉伯雷、阿雷蒂诺之列的布莱克，这是作为英雄的生机论者的布莱克，其座右铭是“活力即美”（“Exuberance is Beauty”），这也宜作乔叟的口号。在我看来，赦罪僧的活力是反面的活力，并且布莱克的评论教我们看到，巴斯妇的活力也有其反面。

如斯恢弘、如斯深刻的诙谐著作，几乎容不得文学批评应用任何规则。面对巴斯妇或福斯塔夫或慈悲的波尔迪，批评家们该如何着手其批评事业？还剩下什么可做的？试想解构巴斯妇和福斯塔夫，或者以马克思主义批评他们那种拓展人生的矛盾，就叫我不由得发愁。巴斯妇与德里达的差异［difference，甚或延异（différance）］？福斯塔夫与剩余价值？波尔迪与文本之外无物？哈姆雷特与拉康的镜子阶段？神妙地摹仿人类的可能性，而不是精炼的人性，从而生出全然属于人类思想的英雄的、生机盎然的哀调，这种哀调要求足堪俦匹其境界和色彩的文学批评。这无疑是美学技巧的问题，然而如奥斯卡·王尔德教我们看到，这确实也成了道德问题。那剥夺了巴斯妇或福斯塔夫或波尔迪的活力的批评，最终也会将我们贬抑。

3

自乔叟至斯宾塞至弥尔顿，传承至布莱克和华兹华斯、雪莱和济慈、勃朗宁和丁尼生和惠特曼，叶芝和史蒂文斯、D. H. 劳伦斯和哈特·克莱恩这一诗歌主流，而今被视为批评真理而得到认可。自多恩和马维尔传至德莱顿、蒲柏、拜伦，传至霍普金斯、艾略特、庞德这一形而上学的反传统的神话已被驱散，并名副其实被看作艾略特的发明。莎士比亚过于浩大，搁不进任何传统，乔叟也是如此。我们还可以思考，甚而英语最伟大的小说家——理查森、奥斯丁、乔治·艾略特、狄更斯、亨利·詹姆斯，以及撰写《哈克贝利·费恩历险记》的马克·吐温（可说是《白鲸》、被誉为美国之书或美国版《圣

经》的《草叶集》的真正对手)，或者这个世纪的康拉德、劳伦斯、福 73
克纳——是否能够接近莎士比亚和乔叟所创造的比平常生活之中的我们更人性的虚构人物这门惊人艺术。批评也许是被亚里士多德的形式主义永远地摧毁，一直以来，连准确地定义这门艺术的希望也没有。就乔叟和莎士比亚的文学而言，更宜作批评典范的是阿里斯托芬、柏拉图、朗吉努斯。

譬如说，阿里斯托芬攻击欧里庇得斯之时，在预辩法(prolepsis)的真正意义上，也是在攻击乔叟和莎士比亚，而柏拉图挑战荷马，掎摭摹仿，预告了针对乔叟和莎士比亚的未宣之战。荷马和欧里庇得斯毕竟远不似乔叟和莎士比亚所创造的耸人摹仿。赦罪僧和哈姆雷特的内心(inwardness)迥异于阿喀琉斯和美狄亚的内心。弗洛伊德原就无法追及乔叟和莎士比亚，他追上了蒙田和卢梭，这已经是朝向内心的漫长道路。然而赦罪僧就是内心，并且依阿古、贡纳莉、吕甘、康沃尔、爱德蒙走在朝下和朝外的道路之时，也不能激发我们产生更热烈的难耐的共鸣。多纳森巧妙地评论道："对于赦罪僧来说，殊为悲剧的是，除了在教堂里，人人都能一眼将他看透，这是赦罪僧特有的悲剧。"这里深刻的语句是"除了在教堂里"。赦罪僧在教堂布道之时，他身上，或者更恰当地说，他内心有何变化？这岂不等于询问，爱德蒙临死之前呢喃"而爱德蒙是被人爱着的"，因而心中有所触动，为时已晚地、徒然想要拯救柯蒂莉亚和李尔王之时，内心有何变化？是否存在一些批评的代码或方法，可能帮助我们辨别赦罪僧以极为陀思妥耶夫斯基的方式糅合超自然信仰和神妙的骗术？符号学甚或拉康的心理语言学能否为我们解剖爱德蒙，且先不提吕甘？

我们阅读乔叟和莎士比亚之时,要么成为经验的批评家,要么以过于清醒的头脑,索性不阅读。在这里,“经验的”(experiential)自然是指人性地观察他们和自己,从而在每一种无疑相关的背景之下试验此类观察。这种经验批评的开创始祖是朗吉努斯,而其中的大师是塞缪尔·约翰逊、哈兹里特、爱默生、拉斯金、佩特、王尔德。为方法而疯狂的整整一个世纪并没有为我们提供一个可追配这些前人的批评家,并且也不太可能很快会有,尽管我们仍有这些前人的两位真正传人:诺思罗普·弗莱和肯尼斯·伯克。

4

为方法而疯狂,我们便转向修辞,这个转捩如此彻底,以至于我们世代拔萃的一位作家——已故的保罗·德曼——敦促我们将文
74 学等同于修辞,文学批评或许从而复变作修辞的修辞,而不只是伯克的动机的修辞,或者弗莱的欲望的修辞。塔尔博特·多纳森阐发女修道院长的故事之时,指出其对“叙述的修辞的苦心经营”,从而深刻领悟了经验的批评:

> 在此,修辞被看作人类为抵挡一种微渺莫测的现实而构筑的薄弱防御。往最好里看,修辞使得人类能够把自己看作英雄,譬如阿喀琉斯,或者羌得克立(Chauntecleer);往最坏里看,修辞使得人类能够维护最后一点可悲的尊严(作为一只公鸡,羌得克立被狐狸叼在嘴里,而作为一个英雄,他骑在狐狸的背上)。修辞使得人类能够在自己的欲望和命运之中寻找意义,

叫自己佯装相信宇宙是认真看待他的。修辞也往往会在简单的常识面前倒塌。

正如多纳森所暗示,修辞确实可以增益人生,也可以成为保护人生的防御,尤其当这修辞出自乔叟之时。下文所引是巴斯妇的英雄的哀调,纵使在总结生存的代价之时,她也在拓展人生的意义。这是乔叟著名的章节之一,这些章节正是莎士比亚的活力的先声:

> 啊,上天,上天!我想我曾一度年轻快活,我心底里都会作痒。直到今天我觉得曾经及时行事过,想来不免满心畅慰。可是,光阴的侵蚀,毒害了一切,把我的精力和美貌都消磨了。算了,再见罢!让魔鬼跟着跑!面粉已飞散了,再也集不拢了;现在我唯有把糠麸卖个好价钱出来;可是虽然如此,我还是要寻求快乐。现在我谈到我的第四个丈夫。[①]

抵挡时间的防御,以藐视时间之报复的方式赞颂,也是巴斯妇对于不计任何代价活下去的生存意志的强烈肯定。反讽的是,这节的文眼着落于“我有过属于我的好日子”。这声著名的浩然回音,慨叹曾经的得意和失落。在这句话里,两个“我的”十分确凿,而“有 75
过”转而更进一层地暗示死亡。与福斯塔夫一样,巴斯妇是哀调的壮丽比喻,是人生自卫以抵挡将我们抛进生中之死(death-in-life)的所有习俗的壮丽比喻。多纳森睿智地告诫我们:“然而,绝不能容许哀调占尽风头。”并且指出巴斯妇在故事结尾的祝祷,流露出

① 《坎特伯雷故事集》,方重译,上海文艺出版社,1955年版,第192页。

粗糙的冲劲：

> 愿耶稣基督给我们和顺、年轻、活泼的丈夫们，并赐恩于我们，使我们能比他们活得更久。凡是不肯听从妻命的人，愿耶稣不让他们长寿；而那些强霸吝啬的老鬼们，愿上帝让他们都赶快暴死。[①]

布莱克畏惧巴斯妇，因为在他眼里，她就是他所谓的女性意志（Female Will）的化身。布莱克用女性意志一词，指代的是自然的女人或自然的男人的意志，那是一种预辩法修辞，可能预示了叔本华的贪求无厌的生存意志，抑或弗洛伊德的冲动这个“前线概念”。我揣想乔叟不会认同这样的诠释争辩，但确实会鄙夷布莱克对于自然意志的畏惧，或者叔本华惧怕这种意志的贪婪。纵有种种企图要将乔叟同化为信仰诗歌，然而在赞美自然这一点上，乔叟实则比莎士比亚走得更远，同时又与莎士比亚一样，在看待单纯自然事物之时，不落于幻觉。就作为二元论者而言，没有哪位伟大诗人逊于乔叟，并且对于批评家来说，除此再无什么能使诗歌更困难，因为所有批评必定也是二元论的。

对于批评家和读者来说，唯一的慰藉是，乔叟和莎士比亚、塞万提斯和托尔斯泰最终叫我们相信，有一种批评赅备而活力沛然，足以不带贬抑或扭曲地代表如此绝对的作家，一切都有待在这种批评的发展中完成。没有哪种代码或方法能够帮助我们解读乔叟。批评家只能依靠自己，依靠自己成为活力充沛的诠释者，以侍奉这样

① 《坎特伯雷故事集》，方重译，上海文艺出版社，1955年版，第207页。

一种艺术，这种艺术的责任仅意在将更强的活力带进一种无界限的时间。

5

“武士的故事”是一个侠义传奇，或者表面看来是如此。这个故事是传奇，同时也是温和的讽刺，是乔叟的诙谐修辞的胜利，是一元论的，也是增益人生的。塔尔博特·多纳森以妙语总结这首诗的 76
本质，其斯多葛倾向胜过基督教倾向：“不管我们寻找得如何细致，也不能指望分辨神意何以如此行事；我们所能做的唯有尽我们所能，将必然性当作德性，有福就享，保持欢喜的态度。”倘若用在其他大多作家身上，多纳森的评论或许显得庸陋。乔叟对于眼前现实的惊人表现——我们在其中与主角并驾而行，享受那可喜的，自然也会越来越欢喜——赋予多纳森这个冲和的评论以机锋。因为朝圣者乔叟与我们一道同行，纵使他的讲述者无比精彩，却也容许他自己的叙述声音得到尽情发挥，在武士的故事叙述之中，我们听见的便不只是武士的语调。

唐纳·R. 霍华德令人歆叹地提出《坎特伯雷故事集》的“思想”(the idea)，其识野的整体性。他提醒我们，对于“武士的故事”，乔叟可能抱持怀疑的姿态，纵使仅因为武士作为讲述者的语调，殊异于乔叟更大的思想或识野：

> 由于这个思想，这部著作妨碍我们去认可、信任这些故事。几乎每个故事都是呈现于抖翻其老底的境况里。就连“武

> 士的故事”,一位理想人物所讲述的品格高尚的故事,也给予我们足够的理由,欲以怀疑的眼光看待它。在这个故事里……乔叟允许自己的声音介入武士的讲述。这些反讽的插话也许是非毁故事本身,或者这位武士,或者讲述的风格和方式,或者故事所表现的文学和文学传统。无论怎样解释,这一讽刺元素在读者头脑之中挑起疑问,而故事自始至终没有释疑。“磨坊主的故事”讽刺地模仿“武士的故事”,并且嘲讪后者的一些价值。然而这位磨坊主也不是赢家,我们没有理由认为乔叟认同他,而不是认同另一人。乔叟跟我们说,这磨坊主又酗酒又粗俗。此外,“管家的故事”“扯到了”磨坊主及其故事,以另一种粗俗的见地抖翻其老底。正如修道士和教会差役彼此揭底,故事之间也是彼此揭底。“女尼的教士的故事”微妙地揭穿“僧士的故事”以及之前的其他故事。通过呈现种种矛盾的视角,一组故事揭穿另一组故事,譬如“武士—磨坊主—管家”这一
> 77 组,又如“婚姻组”。

塔尔博特·多纳森尤其强调武士所述的一个对句:

> 一个人最好稳重处世,料想不到的巧遇是往往可以发生的。[①]

犹记得一个平常的傍晚,我与多纳森(而今已物故,令人痛惜殊甚)走在纽黑文的路上,听他念诵这个对句,而后以胜语改述道:“泰

① 《坎特伯雷故事集》,方重译,上海文艺出版社,1955年版,第33页。

然处身是好的，因为我们总在前赴从未定下的期会。”这确似武士的本质，可能也是乔叟的本质，它无疑反映了波伊提乌（Boethius）的《哲学的慰藉》（*The Consolation of Philosophy* ）。然而正如多纳森帮助我们领会的，乔叟是极其伟大的诙谐作家，如同拉伯雷、塞万提斯、莎士比亚。作为诗人，乔叟浩大得超过我们所能加诸于他的所有公式，此外，他又与莎士比亚一样，往往超越文学体裁。

F. 安妮·佩恩的辩驳文理细密：“‘武士的故事’是哲学式讥讽模仿，以《哲学的慰藉》和传奇为其范式，属于梅尼普式讽刺作品庄谐相济的传统。”梅尼普式讽刺作品与其说是一种体裁，倒不如说是一种混杂，其卓荦的典范是琉善（Lucian），其对话同时将嘲弄的笑柄转向多个方向。琉善不是讥刺作家（satirist），而更是极端的反讽作家（ironist），所探索的正是反讽这一层面，已故的保罗·德曼将其称为“一种意义的永恒离题”（a permanent parabasis of meaning）。反讽的反讽，及其对于任何固定意义的摧毁，正是“武士的故事”的反讽，在其中，一切都不会得到解决，一切都必须被接纳。在其出色的最后一部著作《井畔天鹅：莎士比亚阅读乔叟》，多纳森将《仲夏夜之梦》的浪漫爱情的反讽与“武士的故事”的反讽相联系。参比乔叟的忒修斯这句“他兴许是傻瓜，可他要是真心爱呢？”，帕克说“主啊，这些凡人多蠢”便远不能逮及这句话。友谊被爱情摧毁乃是乔叟表面的故事，其本身是乔叟设下的隐喻，比拟哲学论辩之爱令意义支离破碎，而这在“武士的故事”里化为嘲弄。这必定是莎士比亚选择乔叟的武士而不是乔叟的忒修斯作为其忒修斯蓝本的缘由。武士不是哲学家，而是侠义的怀疑者，莎士比亚的忒修斯也是怀疑者。他与武士一样，不会越过自己的经验。

武士的怀疑主义虽不曾扩展到其故事讲述之中，然而在他那种繁琐的叙述和对“这是一桩虽颇可悲却简单的事件”这一观点的坚持之间，始终存在一道显眼的裂缝。多纳森将这个姿态比照女尼的
78 教士故事，后者漠然地敦促我们听取其故事的要旨，而不必理会其修辞所引起的回响——而故事的力量和普遍性却正缘自于此。武士以他那条出名的熏鲱——这个不相干的道德问题——拴住世世代代的乔叟学者：

> 你们有情人，我现在要问你们一句，谁的情况更苦，派拉蒙呢，还是阿赛脱？[①]

正如多纳森的评论，这一句是问错了，因为在两个爱得发痴的俊杰之间没有真正的差异。武士也许不是乔叟式反讽家，但是武士的人生经验与我们大多数人的经验之间所存在的差距，势必反讽地挫败我们为回答这个问题所做的所有尝试。没有哪种形式主义或基于方法的诠释能够将武士的问题转化为其所暗示的实现，这种实现便是，我们所有人必须面对并接受最糟糕的可能境遇，尚且不论那是怎样的无妄之灾。

6

乔叟若在我们的美国时代写作，就会撰写“电视福音传教士的故事”，而不是“赦罪僧的故事”。惜乎，当世没有乔叟为我们撰写“电

---

① 《坎特伯雷故事集》，方重译，上海文艺出版社，1955年版，第29页。

视福音传教士的开场语”和“电视福音传教士的结语”，因为新近的启示人物提供了如许多佳妙的素材。在所有或旧或新的历史主义之外，乔叟的赦罪僧最宜被置入这样的文本背景。他既猥亵地凛肃，又是可笑的术士，从而激发我们的矛盾情绪，这种情绪近乎电视屏幕上某些著名传道者在我们心中激惹的情绪。

在《坎特伯雷故事集》的“总引”，我们初逢赦罪僧，他以教会差役的好色同伴开场，他嚣张地唱着“来这儿，爱人儿，来我这儿”的酒馆小曲儿，并且与差役同伴一道，聒噪得赛过大喇叭。赦罪僧蜡一般柔软的黄头发，似亚麻纤维披垂，再加上他的嗓音尖细，下巴精光，真是十足的阉人。我们从而明白他何以狎近那位十足猥亵的差役，形象地说，他是想要沾点儿性的色彩。在过度补偿的好色举止之下——而这些举止不能愚弄任何人——赦罪僧危险地接近死亡的象征，正如他故事里那个神秘的老人。阉割、失明、死亡这三者相联，在弗洛伊德的理论里将会十分关键，而在乔叟这里早已成为约定俗成的预设，正如赦罪僧的布道所流露的殊怪的真实权威——超越他昭然的欺诈——印证了《坎特伯雷故事集》替陀思妥耶夫斯基 79
所作的预辩。赦罪僧是老练精湛的伪善者，却仍然能够召唤起对永恒的畏怖，尽管他自身并非如此，在莎士比亚创造依阿古和爱德蒙之前，赦罪僧确是英国文学里所能找到的关于堕落的最有力表现。依我看来，就连塔尔博特·多纳森也低估了赦罪僧自我毁灭的深度：

> 但是赦罪僧的秘密，当然仅在他自己看来是秘密，无论如何，朝圣者乔叟一眼便识破。但是只要这个秘密不曾被点破，

赦罪僧便可安然处身自己的妄想之中,从而这个秘密对他依然有效。然而他讲到其可怖故事的结尾之时,狂妄地威胁并且摧毁其自信所托赖的脆弱结构。不管他的理由是什么——贪婪、人情味、幽默——他给朝圣者们讲述自己的种种骗术之后,在布道结尾,又向这些听众出售赎罪券。反讽的是,他专挑了可能是最厉害的受害者,那个粗野的男子,此人大约本能地厌恶这个女里女气的赦罪僧。赦罪僧第一处也是最后一处失败,就在于侮蔑客店老板的智力。因为客店老板继而所做的残暴的猥亵举措揭破了赦罪僧的秘密。于是,这个似能以巧舌支配任何情势之人,受挫而愤怒地默然不语。

在我看来,赦罪僧这般无耻地羞辱哈里·贝利(在所有听众当中,他最可能做出横暴并且令人躲不过的反击),其中的原因不只是"贪婪、人情味、幽默"。赦罪僧被自己的故事激荡得心中有所触动,臻及一种眩晕感,这种感觉掺杂着行诈的得意和某种源于超自然神恩的危险得真确的情绪:

> 啊,可诅咒的罪恶!啊,狠心的残杀!啊,纵欲、荒淫、赌博!基督的亵渎者,随时傲慢地诬蔑和狂誓!啊,人类哪,创造者创造了你,以他的宝贵的血救了你,而你竟可以如此虚伪,如
> 80 此恶毒!
>
> 现在,列位好先生们,上帝饶恕你们的过失,保佑你们勿蹈贪婪之辙。我的圣洁的赦罪符可以救治你们,只要你们献出贵品真金,或银质戒指,胸针或匙瓢。低下头来,在这圣谕下低

> 头！来罢，妇女们，献出你们的丝纱！看哪，我把你们的姓名登记在这案卷上了；你们将进入天堂的幸福之境；我有威权赦免你们，你们只要献出礼物，就可以同出生时一样纯洁——列位，我就是这样说教的。耶稣基督，我们灵魂的医治者，愿他赐给你们他那圣赦，那是比我的更好，我不能欺瞒你们。[1]

诚然，故事结尾这些诗行透露人情味、冷幽默。但这里也另有意味，也就是说，赦罪僧因自己的故事所赋有的力量，或者因自己作为传道者的粗陋口才而激动得神识恍惚。一种疯狂或狂热将他攫执，驱使他走向社交自杀，弗洛伊德将会将这一行为看作“道德受虐欲”，由于无意识的罪恶感而产生的受惩罚的需要，甚至可能是追还旧债似的自我认识，或许可以用来解释他的去势阉割。欲求毁灭的冲动继而转向内心，冲自己（self）发怒，于是赦罪僧招致某种社交死亡的同时，也预感他辛苦挣取的精神之死。这或许可以解释赦罪僧说与朝圣者旅伴这一番话里的侮慢：

> 这里每一个朝客，在你骑马越过荒野的时候，能有一个合格的赦罪僧恕免你的罪，免得遭遇不幸，该是一件荣幸万分的事。可能一两个人跌下马来，折断了骨头；请看你们有多大的保障，居然碰到了我也在你们一起，我能赦免你们大家，不论高低，为你们的灵魂走出肉身做下安全的准备。[2] 81

① 《坎特伯雷故事集》，方重译，上海文艺出版社，1955年版，第180—181页。

② 同上，第181页。

对于这番妄言，赦罪僧能期待怎样的回应？赦罪僧对店老板说这番话时，心头必定支配着被人教训的需要，因为这番话可不只是自找麻烦：

> 我劝我们的店老板第一个来，因为他最是周身有罪。来罢，老板，先来献礼，你可以吻我所有的圣物，只要一块金币！快些，打开你的钱囊罢！[①]

店老板横暴而高妙的回答，说要亲吻赦罪僧污秽的内裤，割下他的睾丸，拎着走——恰是精明如此的赦罪僧不可能料不到的回答。然而这里的精明属于赦罪僧的无意识的死亡冲动，这可怜的狡徒被骇得不敢吭声，正如将来的依阿古。依阿古最后也说道，他从此往后再不说一个字。而他真正的先祖赦罪僧，在崇高地被诅咒而
82 仍不失谐趣，也没有回答一个字："一言不答；他气得说不出话来。"

① 《坎特伯雷故事集》，方重译，上海文艺出版社，1955年版，第181页。

埃德蒙·斯宾塞
（约 1552—1599）

如果完全的人接受了完美的训练，他的头脑稳静、雄健，所想象的情景便澄静得如映在完美的镜子，与理性能力相一致。然而人的头脑若有缺陷，训练不佳善，想象的情景便如映在破镜，布满奇怪的扭曲和错杂，心灵的全部热情在这景象之上漾起波纹，直搅得不存丝毫完整的痕迹。因此，严格地讲，想象力从来不受管辖，而始终是宰制的、神性的权能……因而，诸如《伊利亚特》、《地狱篇》、《天路历程》、《仙后》，这些著作悉是真正的梦；唯有蒙受这些梦境降临其身之人的睡眠，才是上帝赐予的鲜活的酣睡，如此酣睡之中赋有神圣感，犹如泄露奥秘之死的神圣感。

——罗斯金

一

在英语大诗人当中，埃德蒙·斯宾塞在而今这个时代最乏读者，并且相对于他的价值而言，也是最不受看重的诗人。在过去二十年间的诗歌里，极难看到他的鲜活影响，因为自叶芝逝世之后，英语世界仍不曾出现哪怕半受斯宾塞陶铸的诗人，不曾有直接受

《仙后》影响的诗歌。斯宾塞已被弃入学术界，而在那里，他也日渐退到不起眼的角落。在新近这两个年代里，当英美盛行的批评思潮将注意力投向斯宾塞之时，却发现极难找到足以解释他三百年来孤标秀出的理由。他的长诗被绌为意志僭越想象力的作品。莎士比亚批评家德里克·特拉韦尔西大抵可以代表这一派虽渐失势而仍
83 盛行的趣味，他们评判斯宾塞撰写的是“修辞装饰的出色诗作”，缺乏深层的内容内涵，并且娴习这样一种文风：“不可抗拒地倾向于沦为分解的工具，促进公开宣称的道德意图瓦解为空泛的韵律节奏。”这类裁决与对于斯宾塞的造诣的准确判断大相悬绝，以至于挚爱斯宾塞诗歌的读者须竭力按捺，才能不过誉他为“所处时代的诗歌王子”。这样一个读者也不禁要说，一个读者若不能理解斯宾塞的声音——在其至上时刻——乃是诗歌本身的声音，那么在阅读任何诗歌之时，这个读者也会力有所不逮。然而在过去这些年代，批评家们屡屡运用诸如此类的绌抑。斯宾塞和弥尔顿的仰慕者，布莱克、华兹华斯、雪莱的仰慕者，俱频频受到教导说，英语诗歌的生命在别处，浪漫主义和神话制造传统是歧路。形而上学诗歌的仰慕者必定会（叫人讶然）诋毁任何诗歌之中任何不似邓恩的作品，而斯宾塞的诗歌及其独辟的传统，如此稳固地立于中心地位，因此无须攻击敌对传统。

约翰·休斯于1715年编纂斯宾塞诗集，就《仙后》评道，“这部诗歌最可取之处在于其通贯全篇的惊人的神奇创造之脉”。评论诗人之时，我们不再专门讲究其创造力，而从文艺复兴时期的批评家到约翰逊博士，乃至浪漫主义时代，这似是诗歌的神髓所在。在文艺复兴时期的批评里，措置创造力的方式仅与虚构事件本身的稀罕

程度具有同等分量，而在现代批评里，逐渐地被排挤了创造力的固有价值。在神话制造诗歌的复兴时期，也就是叶芝和里尔克的时代，修辞批评家把诗人当作注疏家来侍候，而这些人当中很多人敌视创造力官能所索取的自主权，这一神话制造的权能，在除布克莱之外的英语诗人之中，斯宾塞独得最大的一份。

休斯论道：“斯宾塞的传说（fable），虽时或粗野……却总有象征意味。”并且评论说，这位诗人因此将传说转为寓言（allegory）所用。传说的套路和寓言的可疑本性，在斯宾塞与很多现代读者之间筑起路障，但是作为传说寓言家，诗人的蔚然创造力烘托其技艺。在传说、寓言、神话制造这三个任意的范畴之下讲究斯宾塞——正如我所要做的——势必威胁其意气一贯的想象，然而就阅读探讨斯宾塞而言，这种做法的好处之一，那就是让人学会健康地畏惧推论的简化，去畏惧将诗歌有组织地转译为散文这样一种批评，而现在
的文学批评极易沦为这样的行动。而况我们在斯宾塞这里能学到 84
所有诗歌批评都倾向于寓言化，远胜过其他任何诗人那里所能学到的，并且这位有意识地寓言化的诗人，他自己若不为读者和批评家留下诠释的指导，是绝不会满意的。

W. L. 伦维克提及斯宾塞之时说：“我们须将他的诗歌视为欧洲范围的文化运动，视为普遍经验，而不只是个人经验的果实。”诚然，任何理解斯宾塞的诗歌起源和诗歌意图的尝试必须抱持伦维克所建议的态度，但是在他最好的诗歌里，斯宾塞有别于文艺复兴时期欧洲的同世诗人。他的诗歌赋有一些重要的元素，它们使得他的诗歌在某些意义上更接近二百年后作诗的布莱克、雪莱、济慈，而不似那些影响了他的人，诸如阿里奥斯托（Ariosto）、杜·贝莱（Du

Bellay)、锡德尼(Sidney)。我们或许不太可能解释那些元素何以出现,因为严格地说,像斯宾塞这般丰盈完满而强大的想象力是不可解释的。我们能看出这想象力是什么,去往哪里,但永远不能揣度其起源。思想史学者和诗歌的历史批评家会有不同的想法,但是他们阅读诗歌之时,总会臆想伟大诗人的思考方式与他们自己的无异,从而便将所有诗歌寓言化为概念。在众多其他身份之外,斯宾塞将自己视为哲学诗人,这固然不错。他达观地浩博,丰赡地杂糅其时代所赋有的幸运风尚,那风尚竟仍能相信异教与基督教、自然与启示的所有知识的终极统一。斯宾塞摘借概念的来源纷乱错落,令喜搜寻典证的读者喜之不尽,而对于喜读诗歌本身的读者来说,这便无关宏旨。再者,斯宾塞视其诗歌职责为绝无仅有的民族责任,立志创作伟大的英语诗歌,纵不能超越也要媲美荷马和维吉尔的古典史诗、阿里奥斯托和塔索的当代传奇。追求民族性声望和国际性伟大——这志向代表了伊丽莎白时代最冲邈之志——构成斯宾塞有意识的诗歌宗旨当中不可或缺的成分。但是他最民族的诗歌,大多是廷臣之作,作为诗歌而言最是乏味,无望地陷入而今使人一看便气馁的历史寓言,约翰逊博士的"普通读者"可以安然置之不理。

看待斯宾塞之时,叶芝更高明,只是身为爱尔兰人,他也情有可原地挟持夙怨,认为斯宾塞是"第一位负疚的诗人,第一位将心灵献给政府的诗人"。就《仙后》奉献其心灵的方式而言,这部诗歌便不再是诗歌,并且确实如叶芝所说,将其武士与女士"拿寓言的铁钉,钉在常识、唯有实用性的品德的粮仓大门上"。然而斯宾塞从不曾将整个心灵献给任何逊于其想象世界的东西,在那想象世界之
85 中,新教人文主义那个难以实现的理想被置换为诗歌世界,在其中,

所有好的及其辩证对立的,俱同时可能存在。叶芝明白斯宾塞的想象——原本说已将之遗忘——会“不知从何而来,在我的眼前出现”之时,才是更准确地评判了斯宾塞及其诗歌的价值。叶芝对斯宾塞最好的批评,是他在自己的诗歌之中借用斯宾塞,譬如《时间的废墟》(*The Ruins of Time*)、《婚前曲》(*Prothalamion*)和《仙后》的数章诗节,帮助叶芝创作了《丽达与天鹅》和《柯尔的野天鹅》。我们须通过研究德莱顿、弥尔顿、布莱克、雪莱、济慈、丁尼生、叶芝这些诗人如何借用斯宾塞的诗歌,而不是通过阅读过去和当下繁琐的斯宾塞批评研究,去理解斯宾塞的诗歌最契合我们的地方。斯宾塞批评家中出现了很多出色人物,从休斯和托马斯·沃顿,到刘易斯和诺思罗普·弗莱,但是如雪莱《阿特拉斯的女巫》这般伟大的诗歌——全然托赖《仙后》的世界,视其为诗歌本身的宇宙——才是最佳地传达了“斯宾塞乃‘诗人之诗人’”这一卓荦意味。

理解斯宾塞诗歌的独特本质,便也是理解诗人之间如何彼此影响这个现象之中的契机。确实,究竟是什么使一部诗歌激发更多诗歌的诞生,对于这个迷人的问题,研究斯宾塞的诗歌是现有最好的入门,因为再无哪位诗人如斯宾塞这般使得那么多人成为诗人。许多诗人自斯宾塞学得的并不是一种写作风格,而是一种诗歌模式,一种诗人之于自己的诗歌的自我知遇感(self-recognition)。这种模式是,诗歌作为异宇宙(heterocosm),作为另外的或者可能的世界,与读者的过于可能的世界(too-probable world)相联而存在。柯勒律治敏锐地指出,“在《仙后》之中,所有特殊的空间或时间都是神奇的独立,真正的想象的缺席。它不在历史或地理的领域,无视所有人为的疆界、所有物质的障碍;它确实是在仙境,也就是说,心理空间的境域”。就创造如斯世界而言,最接近斯宾塞的诗人是但丁,然而但丁的三个世界是范畴的,并且彼此截然不同。斯宾塞的想象世界的说服力在于背逆其界限;它的天堂和地狱、炼狱和地上乐园,经历不断的转换过程(transmemberment),而它的表象却是虚幻得出神入化,或者万般逼真,从而没有哪位诚实的读者能够以想象的生动性为基础分辨这二者。斯宾塞所赋有的是这样一股力量——在我看来,胜过在他之前或之后的所有诗人——也就是以同等的想象自由投射欲望的对象和噩梦的形状。这股力量使其主人得以掌控传说或理想化叙述的文学王国,这个领地的可能疆域,
86 从最原始、近乎纯真的土地延伸到最精巧的景致。诺思罗普·弗莱语意含蓄地评述,传说是夏天的神话(Mythos of Summer),叙述的是追寻失落的乐园,这样的故事适宜这样一个人,华莱士·史蒂文斯将这样的人形容为:“他研究过怀旧。”从而我们所有人——尤其是自觉最不耐烦传说故事之时,正是最易受其感染之时——排斥这个意愿,却不知如何跌入其遂心如愿的梦境。在怀旧的无价的混乱和传说那已经实现的形式之间,唯有禀赋雄健的想象力方可在其间斡旋,而这雄健得充沛的想象须得佚荡、不受约制。我们无从知得斯宾塞何以竟能如此自由地使用想象力,但是我们看得出,他的人生和时代境况如何相辅相成,使得他比弥尔顿——这位比他更伟大的弟子——更自由地运用想象力。

斯宾塞与之后的弥尔顿一样,都是新教诗人,并且英语诗歌这个斯宾塞式传统向来就是新教传统,赋有一种诚可称之为想象的左翼(visionary left wing)的进步运动。在政治上走极端,在宗教上是个人主义,并且执守不受矜持的想象力作为其自身的担保。在宗

教上,这个运动始于斯宾塞温和的清教主义(先知口吻与中世纪的圣礼残余相互抵牾),随后发展到弥尔顿好战的清教主义和先知式自我认同,再到浪漫主义神话制造这一错位的清教主义:济慈的自然主义人文主义、华兹华斯的自然的超自然主义(M. H. 艾布拉姆斯的称谓)、布莱克的启示录生机论、先知般的雪莱那绝望又豪迈的不可知论——就他最好的诗歌而言,雪莱在这些人当中最是斯宾塞式。在我们的时代,斯宾塞式和浪漫主义的传统昭然展现于叶芝的折衷的信仰“体系”,隐约地呈现于美国后浪漫主义的华莱士·史蒂文斯和哈特·克莱恩,他们简直就是我们时代的雪莱,末代浪漫主义者这份黯然尊严的正统继承者。这话说得虽极端,但是《最高虚构笔记》和《桥》确是斯宾塞式的诗歌,因为《最高虚构笔记》里诗歌的构思指向作为诗歌的自身,《桥》里的诗人那惊骇的探索,皆是《仙后》的嫡传。克莱恩陷在《隧道》那炼狱般的迷宫之中,这个象征的形象虽貌似迥异于斯宾塞的武士在谬误的森林迷失,但是我们思考这个传统的中间人物之后,便可显然见出其中的契近关系,雪莱《阿拉斯托耳》之中的年轻诗人,济慈《恩底弥翁》(*Endymion*)在自然世界困惑人心的迷宫之中探索。史蒂文斯凝思其变化微妙的主题,“主要人物的起源”,并且最终揭破“虚构的英雄多么简单地变得真实”,相比斯宾塞劬劳于“以温恭之操塑造绅士或贵人,用美德和善行塑造并锻炼高贵和纯洁的人”,这二人似乎确实相距甚远,但是这中间的连环仍在浪漫主义传统,那就是布莱克所虚构的 87
英雄罗斯(Los),想象之火的提炼者,为了将人类人性化而劳作,或者是华兹华斯企图凭赖诗歌塑造人,以与自然交互感应的高贵气度。

斯宾塞和弥尔顿都是基督教人文主义者，而他们的诗歌后裔皆非如此，唯独华兹华斯在诗歌衰微之际是个例外，然而这一脉相传非但晓然，并且其前进势头灿然而不可避。正如马尔科姆·M.罗斯所展示的那样，在弥尔顿的诗歌里，新教美学从传统转向创新，但这个过程实则可以往前回溯至《仙后》，尽管这里的迹象自然更模糊。斯宾塞不能容许自己受这两种制约：或是畏惧以圣礼为基础的普遍象征主义将他出卖给天主教诗歌，或是他自己的虚构伪装模糊《圣经》启示的种种真理。再无人以如此神妙之笔，如此融融地熔炼异教神话、基督教象征主义和个人神话制造，而同时保留基督教要旨的中心基调。

斯宾塞抱持人文主义者信念，认为古典思想和诗歌形式与基督教真理并无抵牾；对他而言，所有神话浑化，正如所有神话鉴照真理之统一。然而他个人之于神话的态度却樊然淆乱，因为他的历史感是致用于诗歌的；他似在寻找相关的东西，能够为他所用的故事，不论这故事激发他对于感官描述的绝世力量，还是因它映照他的寓言成圣，而通常是因这故事能够两面俱到。在他看来，黄金世界似已逝去，纵然他兆示了英语诗歌最伟大的时代，而他对于自己国家眼前的文学前景显然抱持悲观的看法，正如任何绝无想象力的道学家所揣想。斯宾塞与锡德尼一样，笃信诗人同享上帝的创造力，从而相信诗人有责任将其创造带入与上帝之创造的道德秩序赋有意义的关系。这样的信念引导斯宾塞走上寓言写作，最终走上寓言化史诗—传说创作这一意气超迈的事业。

近来关于《仙后》的成见纯粹源自关于所有寓言的成见。那些昭然自谓为简单寓言的作品，诸如《天路历程》，而今通常无人阅读，而诸如但丁、布莱克、梅尔维尔这般繁琐的寓言家，则频频得到重视，便好似这些诗人不曾有意识地调整其文本背景，好似他们的文本意义无须出自此背景。对于很多人来说，而今寓言等于道德化，而象征主义则赋有正统的声望。斯宾塞的浪漫主义后裔——自布莱克到叶芝——须为这种离奇的混淆担负一半责任。布莱克是杰出的批评家，但他就“寓言与想象”（Allegory & Vision）所作的区别却不甚高明：“传说（Fable）或寓言是一种十分显著而低劣的诗 88
歌。想象（Vision or Imagination）是永恒存在的一种表现，真实而恒常地存在。”然而连他自己也不能守持这个区别，因为他自己的诗歌更适宜他早先关于此词的正面用法：“寓言面向知性力量，而全然不能为肉体理解力所见，这是我所定义的最崇高的诗歌。”对于斯宾塞和布莱克的诗歌的真正辩护能够而且应当从这个定义出发而实现。布莱克的“肉体理解力”（Corporeal Understanding），意指任何不敞向想象力或想象的领悟力的经验方式。及至某种程度，斯宾塞的杰作的统一性和价值确实不能为很多斯宾塞研究所见，因为这些研究带有经验主义者的种种预设。布莱克的“知性力量”（the Intellectual powers ）指的是，读者经验诗歌之际，心灵所能吸收化为自我整合的任何一切。设若诗歌一时不能满足读者求索完整性的潜能，假以时日读者便会学到，然而若要做出这份努力，须得具备耐心和好意。

埃德温·霍尼格颇有助益地发现：“以修辞或比喻语言所写的老故事之中的寓言品质，表达了一种重要的信仰。”以如此虚旷的方式研究寓言，似乎倒成了现代人以怀疑眼光看待寓言的最佳对策，这种怀疑眼光将形象与意义之间的复杂关系简化为一个形象隐藏一个意义。因为在斯宾塞这里，寓言既不是隐藏意义的论说，也不是蓄意（并且暂时）渲染熟悉事件的图式。斯宾塞的寓言的总体，并且通常在细节上，因身为诗歌所赋有的能量和丰赡、自足和完满的力量，从而激起更深远的意义。《仙后》比《失乐园》或布莱克的《耶路撒冷》更散漫，甚至胜过《芬尼根守灵夜》，但其变形广度的方式合理地解释其何以貌似有欠密实。因为斯宾塞以一贯的寓言开篇，而结尾是一个想象的世界（他在作品完成之前逝世），一个涵括全部文学可能性的世界，绝不亚于及至其时代为止所有其他公然宣称的寓言所包含的可能性。启示录般的第一卷可能是他的杰作，但我在这里要略过不谈，以便探讨他伟大传奇的其他篇章和最佳的短诗的属意中心。

二

第一卷的艺术完满性，迫使斯宾塞在第二卷采用迥异的开篇，文学背景自《圣经》转向古典史诗，主题则从神恩秩序之中的经验
89 转向自然秩序之中的经验，这一转捩的分析以 A.S.P. 伍德豪斯为最。居央爵士是第二卷的冒险者，比圣乔治所代表的圣洁更直接而完全地概举了英雄品格，因为古典品格完全包含于自然王国。居央虽免于斯宾塞的第一位英雄所遭逢的令人心慓的净化，但他的胜利必然也不如前者的确凿，阅读这部诗歌时，不偏不倚的读者倒不太可能以明白划一的态度鉴赏那桩胜利：居央摧毁阿克莱莎（Acrasia）的感官享受及其乐园。

前两卷显然相对称的叙述结构备受关注，伍德豪斯的参考框架

有益地解释了自然和神恩这两种秩序之间的对照。信仰的武士在真理女士——虽罩着面纱而仍有效力——的引领之下，战胜其早先的对手，却落进（由于轻信）欺骗的圈套，并且深受不可逆转的绝望的诱惑。温醇克己的武士，在无懈可击且稳健中呈的智慧的引领之下，抵受诱惑，只因天生自有的疲惫而倒下。转而站起之后，他那被唤醒的天性无需天助而成就一种伦理的胜利，浑不似那位需要神恩拯救的信仰武士，他继而被神恩鼓起精神，投身那场至烈的奋战。

第一卷通篇是战斗场景，这些场景臻极死亡与复活之间的冲突，而在第二卷，真实战斗是次要的。第一卷的第一桩事件是红十字武士战胜谬误；第二卷与此相应的事件是一场未曾发生的战斗，因为在攻打红十字武士之前，居央便领悟其愤怒的谬误。居央已具备温和的品格，他须做的只是面临众多诱惑之时动用这些品格。如此行事，他得以成为弥尔顿《复乐园》里的基督的原型，因为他的任务是赫拉克勒斯式的任务，其伟大胜过古典史诗里任何一位赫拉克勒斯般的英雄。居央和弥尔顿的基督必须将英雄品质的被动意识转化为主动觉悟，完全清晰地懂得这种英雄品质本身，因为这种品质在抵抗诱惑的行动之中更能实现自身。诚然居央只是凡人，他会受怂恿，这可算得是这部诗歌之幸，虽然跟随他那桩冷心冷面的冒险行程，读者时或但愿他能够被诱惑得陷入更深的优柔寡断。

第二卷的冒险以爱玛维娅（Amavia）和莫遁（Mortdant）的雄浑插曲为开端，两人皆间接地被阿克莱莎——瑟茜一般的妖姬——的情欲巫术所害。居央誓为二人复仇，他的复仇计划始于试图照料鲁迪曼（Ruddymane），因二人的自毁而被弃的婴孩。以这种无非出于天性的方式来实现任何道德追求，乃是白费心力，这一

90 点随即便呈现出来：居央不能洗净婴孩双手所沾的罪孽人类的鲜血。这是对洗礼这项圣礼令人心悸的象征模仿。

婴孩那双血染的手徘徊在第二卷余下的诗行中，因为婴孩的无辜乃是一个缩影，概略地表现了原罪和自然品格的可能性在经验世界是多么亲近地共存。居央的冒险是其适度的情义与种种过度情绪所导致的“过度愤怒”、或欲念、或任何种类的过度欲望之间的遭遇。在这些遭遇里，居央徒步而行，而他的胜利也不明确，因为他更擅长抵抗而非铲除邪恶。正如诺思罗普·弗莱所说，温和被特意表现为普通行脚人的品格，而居央正是因正当地拒绝行动而显得生动，及至这卷诗煞尾，他才行动起来，摧毁阿克莱莎的乐园。

三

居央这股被动的英雄气概最显著地展现在这卷的第七章，在这一章里，他爬下钱神冕蒙的洞窟（Cave of Mammon），这段情节重温古典英雄爬下亚维努斯湖的原型，如《埃涅阿斯纪》第 6 章。居央告别其道德向导审慎的朝圣者之后，在冥间经受三日考验，这桩考验本质上更似某种入会仪式，类似红十字武士与龙作战三日的经历。冕蒙洞窟这个奇妙的神话制造多半须读作第二卷温和忍耐的负面品格的极致范例，然而斯宾塞的创造如斯绝等，使人不可能仅以道德意图的理论诠释之。

查尔斯·兰姆指出冕蒙一节的梦幻氛围，并称赏斯宾塞的作品充满剧烈的转折和不谐，“而清醒的审判认可此二者”。冕蒙这一节是想象，而不是梦，因为诗歌的内容呈显在形象上，而不是潜伏在深奥的图式中，从而不为想象力所见。弥尔顿是去往冕蒙洞窟和乐园的最好向导，他在《论出版自由》中写道，居央被带到这些地方，“以使他能看见、知道，但克制”。连居央也须经受考验从而净化，“经受其对立面的考验”。居央必须“在罪孽和谬误的地域侦察”，因而由他陪同冕蒙去地府走一趟是公正并且必要的，就好似纵使在《复乐园》，基督也须经受撒旦的种种诱惑。

冕蒙许给居央这个世界的财富，以及他的女儿斐罗提姆（Philotime），弗兰克·克默德指出她等同于第一卷的路西法拉（Lucifera）。居央婉拒了斐罗提姆，一如他先前拒绝了世间财富， 91
这一举措便使他撇开对于世间荣耀的所有追求。居央走过冥后波塞琵娜的花园（Garden of Proserpina）而不采食其果实，从而避开了坦塔罗斯（Tantalus）的命运。坦塔罗斯因起邪心而不敬神，寻找神圣地隐匿的秘密而在地狱受罪。坦塔罗斯的惩罚是以恶魔式的方式模仿圣乔治从生命树得到点心的情节，正如他的同伴本丢·彼拉多的惩罚模仿圣乔治在生命水中浸洗而复活。（彼拉多这个形象也让我们想起鲁迪曼。）正如坦塔罗斯，双手染血的彼拉多犯下违逆真理之罪，而居央拒绝非法知识的果实，这一举止便将他拉离自然堕落的根本后果。

在整个磨难过程之中，居央始终笼罩在一个恶魔的阴影之下，一旦他向诱惑略作屈服，这个恶魔便会来将他撕碎，这是鬼魅自我的极具说服力的象征、本性的黑暗面，必须从每个人身上涤除。居央的最后一道诱惑是银凳，“在这阴凉里休憩你疲惫的身躯”，斯宾塞 18 世纪的编辑约翰·厄普顿（John Upton）含蓄地将这张银凳与厄琉息斯秘仪（Eleusinian mysteries）的禁忌之座相联系，克默德则繁复地阐述这个暗示，认为是“遗忘的惩罚椅”，惩戒那些歪曲神圣知识的人。

正如受撒旦引诱的基督，居央心甘情愿地听取冕蒙的甜言蜜语，消极地展现他的英雄气概，也就是坚定地抵挡诱惑。居央赋有弥尔顿式的坚忍刚毅，这是亚当若想得拯救而须学会的品格。作为基督教徒武士，居央不曾实现赐予圣乔治的启示，但他通过深入冥间而全然掌控了自己的本性，从而超越荷马和维吉尔的英雄。他所实现的品格是英雄的，但不是超自然的；这份品格徘徊于神恩世界的边缘，但没有跨进天启的秩序。历经磨难凯旋的尽头，居央昏厥在地，倒不是因为失度，而是因为他已将英雄气概发挥到自然状态的边缘，从而力尽气竭。他不曾劫掠地狱，但他看遍并且知晓地狱的奥秘，并且因克制而幸免。正如济慈的恩底弥翁，一旦回归自然，他的视觉便废弛，再次触摸土地，几乎要了他的命。我们留存着他的磨难所散发的幽暗光辉，这个图式与斯宾塞当时的社会，也与我们的社会直接相契。居央所拒斥的，正是斯宾塞和绝大多数人汲汲以求的，这种荣耀散发美丽的光芒，只因其周围笼罩着黑暗，这个王国的唯一财富是死亡。这个道德教训是神话的一种在审美上十分有力的维度，不仅因它是普遍的，而且因它是观察的，而不是警戒
92 的。斯宾塞深知自己不是赫丘利，居央的生逃地狱并不是普通人的胜利。斯宾塞的虚构的力量在于其死一般的魅力；读者不会自视为居央。一位温和的武士以人文主义方式实现其本性，而在平常生活的阳光之下昏厥。读者不可避免地失度，则屈从想象力，而想象力欲求放纵。在某种程度上，我们还留在冕蒙洞窟，倒不是因为那是最好的地方，甚至不是因为我们难禁诱惑，而是因为我们罄穷。我

们缺乏唯一的财富——人生。

四

《仙后》中可能再没有哪一处似第二卷第十二章那样如此直接地展现其诗人，这里叙述的是通往阿克莱莎乐园的旅程以及摧毁乐园。哈兹里特称赏乐园“丰满的哀调”，暗示斯宾塞最诗意之处，便是最娴熟地表现乐园。这一评判多半确凿，而且相比很多评论家以道德说教诠释乐园是全然堕落且仍然在堕落的地方，诚然也更有价值。乐园是一个“可怕的魅惑”，但仍不失为魅惑。

乐园的现代敌人之中，最具说服力莫过于C. S. 刘易斯。他凛然斥责，比照阿多尼斯花园自然且悠然的缤纷万物，阿克莱莎花园是人为的，而不是自然的。据刘易斯看来，乐园以不举的悬念展示性爱本性：“这座岛上没有亲吻或拥抱：唯有男性淫欲和女性挑逗。”刘易斯又将此比照满眼性爱场景的多尼斯花园。就这种解读而言，读者须做偷窥者，方能为乐园所吸引，当我们的“顽皮的双眼偷觑”阿克莱莎和她那些裸裎的少女之时，心中欢喜。

刘易斯是在反击那些指责斯宾塞为“空谈苦行，实则好色”的批评家。斯宾塞的艺术的微妙与多样性，远胜过那些或道德攻讦者或道德卫护者所愿承认的。阿多尼斯花园与阿克莱莎乐园之间的部分对比，诚然在于乐园的人工元素，然而乐园仍然十分融洽地处于自然世界。我们作为读者首先被要求细看的便是其自然之美，这也正是居央首先必须抵抗的。他一再寻思“那甜美地方的美好”，但没有感受任何愉悦“渗进他的感官，心思也没有受影响”。乐园是自然融合了艺术，正如我们能料想任何精巧稔腻的肉欲皆是如此。乐园里有些果实是抛光的黄金，而枝条仍然沉甸甸地压着自然的成熟。
93 居央和朝圣者不曾目睹阿克莱莎与她那位虏获的情人做爱，但并不能就此主张乐园里没有拥抱。他们看见阿克莱莎处于“前次甜蜜劳作的倦怠”，她那位疲惫的情人在她臂间沉睡，这幅景象意在以恶魔式的方式模仿沉睡的阿多尼斯，设若仅是为了印证“男性淫欲和女性挑逗”，这幅景象便毫无意义。当然不是。尚且不说乐园究竟是什么，但它绝不是性爱本性的病态景象。倘若诗歌的道德批评拒不认可撒旦赋有英雄般的勇气、伊阿古赋有蛇一般的洞察力，或者阿克莱莎赋有真率的吸引力——她那未圣化之性欲本性的如火如荼的精力，展示为其本身的自我辩护的目标——便只能自取灭亡。纵然乐园的偷窥者元素——这确是不可否认，也是贯穿全诗的一个模糊元素。斯宾塞的想象总是将我们引向任何情景的中心，无论这情景是性爱或者不是；他的想象是着眼点的艺术，再无哪位诗人如他这样彻底地屈服于肉眼的专制。他的英雄渴望凝视各色各样的荣耀，并且在那个想象的图景里实现自己。阿克莱莎那些顽皮的少女招引居央去注视，实是模拟仙后惠赐亚瑟仰望她的机会，也是更直接地模仿斯宾塞所有的裸裎女主角——我们喜不自胜地窥看她们。

正如居央对冕蒙诱惑的抵抗并不比人们对于洞窟的财富的屈服或多或少地更自然些，他也并不比他所捣毁的乐园或多或少地更自然些。这是因为居央和阿克莱莎皆是自然的可能性，斯宾塞尽其所能将这两种可能性放置于在想象上赋有意义的并列地位。居央所捣毁的东西，其本身并不邪恶，而是一种滋茂得危险的善，因为这种善已否认了所有背景。居央效忠于一种背景，在这种背景里，性爱能够人性化，而不单纯是自然化，而阿克莱莎的爱剥夺男人的人性。如果读者比斯宾塞更赋自然主义倾向，对于居央的背景心存怀疑，他仍无需搁置这份疑惑，因为斯宾塞的诗歌本身便是创造，而不是某种道德秩序的陪衬，这样一种道德秩序无须诗人的种种意象便已完整无缺。阿克莱莎，如同济慈的妖女（Belle Dame），或者布莱克《水晶柜》或《金网》里的少女，编织魅惑，唯独因为这种魅惑伴装单在性爱经验之内便提供终极现实或最秘密的形式，方才显得可怕。堕落的冒险者变成荒野的禽兽，或挨饿，或神思迷惑，从而不懂其遗失。在暗示何为拯救背景之时，济慈和布莱克皆更具人文主义色彩，而他们给予我们的神话图式却是斯宾塞式的。

第二卷最后的诗节充满古怪的酸楚，在这里，斯宾塞安排居央和朝圣者直面刁顽的格里尔（Gryll），此人一向快活得似猪猡。正
是为了这个格里尔以及同伴，居央和朝圣者历经比奥德修斯更艰难 94
的旅程，冒险经历了先前第十二章描述得极其壮观的海上恐怖。这位温和的海上探险家展现出赫丘利般的力量和奥德修斯般的坚忍；他以“严酷无情”砸碎那件融合了艺术和自然的伟大作品，不曾放过丝毫“美好的工艺”。他旋即所得的部分报偿是格里尔猪猡一般的嗟悼，这个不相称的回应导致诗章戛然而止。若说这里有酸楚，那么这里也有苦涩。斯宾塞通常避免（也让我们避免）沾染弥尔顿所嗤鄙的那种“落于粪溷之流”的过于自然的人，但他也像弥尔顿一般惊骇有些人轻易忘却人类创造的绝妙。乐园终于被看作是与冕蒙洞窟相辅相成的东西，被看作又一种工具，用以将人类非人性化。诗歌邀我们相信阿克莱莎的果实——纯粹为吃果实而吃——肯定似波塞琵娜花园的果实那般赋有毁灭性。对于如此峻刻的审

判，斯宾塞，以及我们自己，油然生起抵触之心。格里尔的警戒似当头棒喝，所警示的不是去克服那种抵抗，而是提供一幅述说的图画。就连纵任不拘的想象力，也会被这幅图画所困扰。

五

正是在《慕塔碧莉娣之二部篇章》（*Two Cantos of Mutabilitie*），斯宾塞创造了最强大的图画，致使自己的想象力也备受困扰。《慕塔碧莉娣之二部篇章》及至1609年才出版，距离斯宾塞逝世已有十年。这些最伟大的诗歌片段虽刊行为《仙后》第七卷第六章、第七章，以及第八章最后两节，但读者更愿将其读作独立成篇的作品，读作一部未完诗歌的尾声。这个片段的最后两节自然不可能再续任何诗行；这两节诗所渴望的是终结，宣告诗人与他的艺术和人生诀别。

各路评论家追溯（或者以为追溯了）恩培多克勒、卢克莱修、布鲁诺对于《慕塔碧莉娣之二部篇章》的影响，但是斯宾塞在这里比以往更具创造性，以无比充沛的想象力处理他所沉迷的现象世界的变化与衰微这一主题。斯宾塞在这片段之中所采用的辩论形式，或许得自乔叟的《百鸟议会》（*Parlement of Foules*），但《慕塔碧莉娣之二部篇章》是相当非乔叟式的喜剧，在其热闹快活之下是沉忧。

C. S. 刘易斯认为斯宾塞的女巨人慕塔碧莉娣“纵然美貌，实是邪恶的力量”，是斯宾塞的健康和协调的仇敌，诚可说是堕落和罪孽的化身。这是极端简单化之下的过度解读。倘若我们否认这位女
95 巨人赋有公正，那么斯宾塞这部残诗的浩大力量便会遗失，纵使这

份剧烈的同情必然地伴随着怵惕。慕塔碧莉娣最赋诗歌意义之处，也正是我们发觉其最惊人之处，那就是斯宾塞竟赋予她美貌。这多半由于我们不自觉地同情她，甚至赢得宙夫一时（失算地）纵容。另一半是由于她出身巨人族的神话渊源，她声称自己的出身胜过宙夫。而最关键的是慕塔碧莉娣比她所挑战的诸神更似人类；倘若她浸染了俗世的罪孽，那么我们自然也是如此，她最后攀上月之国，此举自有普罗米修斯式气概。

慕塔碧莉娣的堕落首先是衰落，而不是罪孽，因为这篇残诗与道德并没有关联。倘若这里有关道德，那么宙夫便可能会被赋予支配慕塔碧莉娣的力量，或者诗里也会暗示他最终统摄她的王国。但是斯宾塞——在《仙后》之中唯独这一次——并不是向我们展示可能性的图景，而是哀悼经验，并且慕塔碧莉娣那奇异的影响力是一个经验的真理。慕塔碧莉娣的美是那个真理的一部分，慕塔碧莉娣与人类存在本身的实际等同身份也是如此。芳娜斯和莫拉纳这段可人的情节是漂亮的题外文章，因为自然精灵向黛安娜的淘气，表露出慕塔碧莉娣对于天神统治的反叛也有柔和的一面。我们也替可怜的芳娜斯难过，替莫拉纳与河流联姻而高兴，并不因黛安娜诅咒阿尔罗山的言辞而略受启迪。从更大范围来说，在某种程度上，我们被牵连到慕塔碧莉娣反对月神辛西雅的冒险里，纵使我们想要最后的裁决会不利于叛逆者。

然而连裁决也是模糊的，类似我们先前在阿多尼斯花园所遭逢的神话制造之繁复。从概念上说，关于变化和衰落这一问题的任何哲学解释，都不如斯宾塞的诗歌综合提供的更简单、更感官、更深情。那个综合之中有个元素近乎翻案诗，在最后两节最醒豁地呈现出来，这两节也可能是斯宾塞最动人的诗句。乔叟《特罗伊勒斯与克丽西德》的结尾为斯宾塞这一节诗提供粗略而颇有益的范例，只是特罗伊勒斯那天神般的笑声是斯宾塞所求索的，而不是已发现的。

仙界的变形王国轮换为人性化的自然和恶魔般的迷宫，而《慕塔碧莉娣之二部篇章》的王国则是我们繁衍的世界，既不曾被救赎，也不是劫数难逃，而是永远地变迁，其中有些是循环轮回，在意料之中，如同月份的颂歌所描绘的，而有些完全出乎意料，大抵是往糟糕里去。在其主题的最简单、最人性的层面，斯宾塞替所有人诉怨叫
96 苦。高傲的慕塔碧莉娣是所有道德之物的不容置疑的女主，在她这里，“所有活人学会死亡”。她的雄心转向天穹之时，正是投射了我们向往永恒世界的致命欲望，以我们这舛杂而堕落的美，威胁有秩的变迁。斯宾塞作为诗人的绝胜之处，正在于他的所有想象世界的感官即时性。在他的所有后裔当中，济慈最得此贻赠。慕塔碧莉娣诞自混沌和土地，我们也是。她携带混沌的烦扰、土地的美丽、所谓潜能的权利而攀上月之国。诗歌之于道德的关系始终是一个棘手的问题，然而弥满的劲头和果断显然始终是诗歌的品格，且先不论两者在真实生活里会产生如何不合法度或邪恶的后果。斯宾塞这位志气轩昂的女巨人，赋有弥尔顿最伟大的创造——《失乐园》的撒旦——那股矫矫劲质，以及随之而来的，撒旦之于我们的审美价值。

她的申诉越过宙夫，直呈向“自然之神”，而他唯以戴面纱的代理人现身，或许斯宾塞是从《圣经》的《箴言·智慧篇》8：22—31得来的灵感，这位自然代理人是“在太初创造万物之先”便已存在的。斯宾塞的自然的审判之声，乃是以其独特的声音创造希伯来的

上帝，因为就诗意而言，斯宾塞比弥尔顿更微妙，并且拘执于创造的荣耀，而不肯涉险描绘上帝本身。故而斯宾塞的自然虽是“伟大的女神”，我们却不能视其为男性或女性，恐怖或美。然而她身披的罩袍光焰炯炯，焕发上帝显容的光芒，她的言语须被慕塔碧莉娣视为字字确凿。

这位女巨人以向自然的直接申诉，而为斯宾塞提供了绝佳机会，从而创作最胜绝的场景组诗，也即季节和月份组诗。斯宾塞在这组诗里的辞气十分复杂，因为他所呈现的变迁大多有惠于人类。纵使慕塔碧莉娣关于地球功能的陈述，也接近阿多尼斯花园的描述，而她关于其他元素的描绘流露《传道书》的嗟悼。描绘四季之时，斯宾塞的口吻隐约是济慈悲剧的自然主义，后者必定是从这些诗节得到灵感。在月份的颂歌里，斯宾塞跟随植物生长的（也是基督教的）年历变迁，一路至十二月，及至基督教自相矛盾的隆冬圣诞，将人类劳作的欢忻形象与古典神话的凝重、纷纭的忧伤相融炼。自此之后，辩证的形象主宰了那斐然咏唱，日与夜、生与死，构成创造性对比，一路铺垫结尾启示录一般的热望。

自然的审判令慕塔碧莉娣搬起石头砸了自己的脚，把现象界的 97
变化和衰落转变为信仰的象征，面对这位女巨人叛逆的怀疑之时，她答道：“但是我们没有看见什么，我们没有说服谁人？”万物变迁，却仍拓展存在，因为自然存在虽缓慢却无时不是朝向更人性的启示。慕塔碧莉娣求索更真确的权势，而她的欲望是自毁式，因为在斯宾塞这里，正如在布莱克或雪莱那里，时间是永恒的慈悲，是先知救赎的中介。自然确保万物虽经受变迁，而存在的状态会幸存，借此，斯宾塞的人文主义解脱为一种想象的生机主义。那将要来的时间，带来万物之揭晓，也会带来宰治变迁的完美。在那个时间来临之前，自然消隐，任慕塔碧莉娣掌管月亮之下的地下世界，宙夫作为有序的变化仍然统摄上天。

假如斯宾塞就此煞尾，这首如此激越、犀利的残诗便会赋有一种怪诞得苍凉的高潮。诗人的声音以最个人化形式在诗歌里出现，斟酌慕塔碧莉娣的话语，急切地赋予她关于全人类世界的陈述以实际力量。他舍弃我们仅有的人生的美丽和骄傲，转向**自然**的话语以寻求慰藉，他的祈祷古怪地呼应贯穿全诗的人文主义和爱。然而纵使在这里，在祈祷看一眼永恒的安息日之余，他仍不容许自己诋毁生存的经验。一切悉将与上帝同憩，而同时“所有鲜活，确是悦于变化”。生命的骄傲“如此消颓，如此飘摇不定”，并且须屈从“短促
98 的时间”，然而当它存在之时，是一种“逝景般的骄傲”。

约翰·弥尔顿
(1608—1674)

一

位列莎士比亚和乔叟之后，约翰·弥尔顿是最迥绝的英语诗人。因为弥尔顿是孔硕渊博的诗人，对于大多读者来说，他的诗歌而今愈发艰涩，因为我们在这个时代所接受的教育要比过去贫乏得多。我在耶鲁大学已有半个世纪，至今不曾听见某位同事评价某人十分“有学问”。饱学之士已不时兴。

就作家的工作或者典范之于本身的影响而言，约翰·弥尔顿是我所知的最极端的范例。再无哪位伟大诗人（纵使但丁也不是）以如此清晰、有系统的意旨出发，将自己全然献身诗歌，志在超越所有前人。再无哪位大诗人似弥尔顿这般广泛而深刻地阅读。他意愿度过一个幽闭而世俗的人生，在这样的人生里，诗歌与学问相融，这是他的两大用心处。在剑桥大学、霍顿村、他父亲近温莎的乡村庄园，以及 1638—1639 年间漫长的意大利之行，弥尔顿实现了这个夙愿。自 1640 年始，他定居伦敦，在母校执教，继续为创作史诗巨著而作准备。

在弥尔顿而言，反抗君主制及其主教的斗争始于 1641 年，在这场愈发剧烈进而导致英国内战的冲突里，他站在新教和议会一边。

二十年来——他曾一度为克伦威尔和英联邦的国务院担任外文秘书——弥尔顿将创作精力转而投入到了论战文章的写作上。

我们先看弥尔顿到1637年底之前的诗歌，他在意大利旅行之
前这段时期的杰作是《黎西达斯》，而最早呈现其伟大的是《欢乐
99 颂》和《沉思颂》，模拟四音步对句的抒情诗，却依然保持迥然的新
意和原创。这些诗歌轻飘无比，仿佛即将来临的巨擘之作的摹品：

请让我投入美国的丽地亚歌曲的怀抱；
还要配上永垂不朽的诗文，
正如那些能触动灵魂的乐音，
回肠荡气，凝结着甜蜜，
那一声声歌曲悠扬不已。
演奏要揪人心弦，又要技艺高明，
使销魂的语音似入迷宫；
把所有的链条扭开，使埋藏着的和谐的灵魂飘来；
这也会使奥菲斯自己从铺满伊丽西恩花朵的床上面，
金色的睡梦中抬起头来倾听着
这样的乐音，它也会迷住普鲁托的耳朵，
使他同意释放他上次
曾经放回半路的幽丽蒂斯。
假如你能赐给我这些快事，
欢乐啊，我愿永远同你在一起。①

① 《欢乐颂与沉思颂》，赵瑞蕻译，译林出版社。

这个结尾诚可称作弥尔顿的天真之歌，试比照《沉思颂》，可将之看作经验之歌：

庄严的乐调啊，嘹亮响彻的圣诗，
那么动听悦耳，透进我的耳朵里，
我眼前呈现着整个天国。
但愿我衰老慵倦的晚年
能寻找到一座安宁的寺院，
穿上长袍，在长青苔的小室，
在那里我静坐着，明确地解释
天空中出现的每一个星宿，
啜饮雨露的每一株草木，
直到老年的经验可以领悟一切，
像预言的诗篇。
忧郁啊！假如你能给我这些欢乐，
我便愿意同你一起生活。[1]

写作这些诗行之时，弥尔顿大约二十三或二十四岁，颙颙印印地，自诩是新俄耳甫斯，满眼是未来的想象世界。1634年，弥尔顿的牧歌假面剧《科摩斯》(*Comus*)，由友人亨利劳斯配乐上演。这出戏赋有隽永之美，深受莎士比亚《仲夏夜之梦》、《冬天的故事》、《暴风雨》的影响。年轻的弥尔顿身负如此惊人的艺术造诣，这出假面剧得以汲取莎士比亚完美的田园情调，从而不至于被这位最伟

① 《欢乐颂与沉思颂》，赵瑞蕻译，译林出版社，2013年版。

大的先辈淹没。

弥尔顿早期诗歌创作的顶点是《黎西达斯》。写作这部胜绝的牧歌式挽歌时，诗人二十九岁，时值他的母亲物故未几。《黎西达斯》是加长版的抒情诗（canzone），共一百九十三行，容或可说是最好的英语短诗，也自然成为最难读的短诗之一。《黎西达斯》真正的主题既非爱德华·金（弥尔顿在剑桥大学的同班同学，丧身爱尔兰海），也不是匿而不提的母亲之死。这首诗是对弥尔顿的恐惧的沉思，他害怕天不假年，害怕没有时间创作他生来要写的伟大诗篇：

啊，那有何益，不断关戚，
总想着平常受轻视的牧人行当，
一丝不苟地寻思诗章无酬报？
按别的惯例去做岂有更好？
和阿玛里丽丝乘凉逗乐捉迷藏，
或揪住尼伊拉发辫打闹嬉戏？
荣誉鞭策人使人精神振作
（高兴的心灵这硕果仅存的弱点）
藐视逸乐，甘心过勤勉的生活；
我们希望找到相称的体面，
想突然间大放光芒鹊起声誉，
瞎眼的复仇女神用可怕的剪刀，
剪断薄如织锦的生活。①

① 《弥尔顿抒情诗选》，金发燊译，湖南文艺出版社，1996年版。

这个想象不曾成真，弥尔顿有时间写出《失乐园》（1658—
1665）、《复乐园》（1667—1670）和《力士参孙》（约 1670—1671）。
1652 年，四十多岁的弥尔顿彻底失明。1660 年，君主制复辟：弥尔
顿的书籍被刽子手在伦敦焚烧，忤逆的诗人遭拘捕，从 10 月至 12
月被关在牢狱。幸而查理二世政府将他释放，纵使他原可被处以
图谋弑君之罪而上绞刑架。1674 年 11 月初，弥尔顿逝世，年不足
六十六岁。他的私生活（三次婚姻，三个心存怨望的女儿）并不幸 101
福，他对国家的宗教和政治的希望已破灭，但是《失乐园》和《力士
参孙》是卓荦的成就，遂现其毕生的抱负。

就我的判断而言，倘若将《失乐园》的四处呼祷并置，也就是把这部诗歌之中唯可堪比拟史诗《伊利亚特》和《奥德赛》的卷一、卷三、卷七、卷九的开篇归并起来，便能尽然展现弥尔顿的思想之于其自身的影响。下文节录这四处呼祷：

> 圣灵呀！特别请您，
> 您喜爱廉洁和公正的心胸，
> 胜过所有的神殿。
> 您无所不知，因此请您教导我；
> 混沌之初，您便存在，
> 张开巨大的翅膀，像鸽子一样孵伏那洪荒，
> 使它怀孕，愿您的光明驱除我心中的蒙昧，
> 举起并且支撑我的低微；
>
> （I.17—23）

用能激起微妙和声的思想为诱饵，
好像那不眠的鸟儿隐身于浓荫密林，
在暗夜中歌唱，独自谱奏她那夜的歌曲：
这样，一年四季不停循环往复，
但白昼总轮不到我，
无论清晨的或黄昏的心旷神怡，
或春天的百花，或夏日的蔷薇，
或羊群，或牛群，或圣贤的面容，
都光临不到我头上。包围着我的
只有阴云和无穷的黑暗，
人世间享乐的一切渠道都和我绝交了，
美丽的知识书本，大自然的杰作，
到我手中便成消削了的无字书，
智慧被关闭在这一重门外。
因此，我迫切需要你，
天上的光呀，照耀我的内心，
照亮我的心怀一切的功能，
在那儿移植眼睛，清除干净，
那儿所有的云雾，让我能把肉眼
看不到的东西都能看得清清楚楚，
并且叙述出来。

（III.37—55）

我作为地上的客人，

在您的指引之下，闯进天上的天，
呼吸您所调剂的最高天的空气。 102
希望同样指引我平安返回故土，

（VII.12—16）

但愿天上的女诗神
赐予我与此相应的文体和风格。
她，天诗神曾每夜主动降临访问我，
在我睡梦中向我口授，
或给以灵感，轻易地完成即兴诗篇。
自从我喜欢上这个主题的英雄史诗时候起，
曾用很长的时间去选择题材，
迟迟才动笔。①

（IX.20—26）

弥尔顿教会自己的是三十年岁月结成的果实，以及更深沉地思索瑰异的求知和禀赋。失明、受辱、囚禁，或者险境，或者婚姻和家庭纠葛，俱不能妨碍这位伟大诗人企及其极限。弥尔顿的成就，胜如《力士参孙》末行沉博之辞：

热情耗竭，心霁。

① 《失乐园》，朱维之译，上海译文出版社，1984年版。

二、《失乐园》

1652年，四十四岁生日之前，弥尔顿彻底失明，经年计划的长诗仍未曾写就。1660年，斯图亚特王朝的复辟已志在必得，这位盲诗人自视为先知耶利米，好似他要“告诉这大地，她那些胶戾乖剌的住民聩聩无知”，“徒然规诫这起神选的子民”，“而今替他们选一位回埃及的领路人，须略作自思，斟酌他们汲汲奔向何方”。这些句子出自《现成好走的路》第二版，这部作品是弥尔顿作世俗预言的终结，继而转入更伟大的作品，以驰骋纵放的笔势赋写关于神意和人性的领悟。在这些［领悟］里，弥尔顿放弃了他探索失败的领域，也放弃了他原本打算谱写的凯歌，这些凯歌原本是要赞颂改革后的社会及其想象的融洽无间的公民。他将这些曲调转为悲音，歌颂——倘若有歌颂之辞——忍耐这一更佳的刚毅，这是在他之前从未歌颂过的英雄的受难主题。亚当、基督和参孙所展示的这样一种内在的
103 英雄模式，是撒旦所不能理解也不能超越的。这位清教徒先知本人蒙受召唤，在王政复辟时期的英国标举的便是这样一种英雄气概。

自年轻时代起，弥尔顿就开始构想一部大诗作，并且期许这部诗的创作是称颂清教改革整个英国。他预言那个未来的时代，“在圣徒的赞美诗和哈里路亚的感恩曲里，或许会听见有人扬高声调，以崭新而激昂的旋律歌唱、称颂这片土地上生生世世的神恩和奇妙的审判”。这份期想分明是期待创作民族史诗，极可能以英国而非《圣经》为主题。援用德莱顿的话说，倘若这部诗作得以赋就，大抵会胜如弥尔顿的前辈斯宾塞的伟大诗作。在某种深层意义上，斯宾塞无疑是弥尔顿的“源头”。《失乐园》绝不是弥尔顿在英妙之年所

预想的诗歌，然而我们可以揣度，这部诗歌远胜于不曾写就的那部，因为那部不曾写就的诗里不可能有这么一个撒旦。在弥尔顿这部关于理想的遗失和破灭的史诗里，这个恶魔既是其审美的光芒，又是其道德的迷惑。

《失乐园》形式基础是弥尔顿对维吉尔为匹敌荷马《伊利亚特》所作尝试的修正，但是比照弥尔顿的史诗内容与《伊利亚特》、《埃涅阿斯纪》的内容，可以发现两者多半是否定的关联。弥尔顿的"一个更伟大的人"——基督——必然地凌驾于亚当的所有子孙，包括阿喀琉斯、埃涅阿斯，正如他也凌驾于亚当，或者说是作为原型的人。弥尔顿喜欢畅叙自己凌霄骞举，迈越古典缪斯的圣地，而寻找"锡安及其山脚的涴涴河川"。这是西罗亚（Siloam）水池，一代代希伯来先知曾从池畔经过。因为《失乐园》显然是新教徒和清教徒所创作的诗歌（尽管 C. S. 刘易斯极具说服力地提出了相反的论述），这个人最终转变为新教徒——这是他独个人的教会、独个人的宗派。这部诗歌的真正缪斯是"永恒的圣灵，可以言辞和知识光裕之，他差遣六翼天使，持祭坛所燃烧的神圣之火，沾触、洁净他欢喜之人的双唇"。这个圣灵不爱集体组织的信仰的所有神庙，而喜爱其祭坛，那就是幽独的新教徒诗人那颗纯笃的心灵，他所抱持的是清教徒左派那种极端的基督教个人主义。因此诗人的教义不是刘易斯所以为的"伟大的主流传统"，而是该传统富于想象力的变体。弥尔顿相信原初堕落、自然的腐朽、借神恩而重生、蒙受选召的精英等级、基督教徒的自由等教义。所有这些俱是加尔文教派的根本信条，然而正如阿瑟·巴克尔所展示的那样，弥尔顿并非属于正统加尔文教派。诗人拒绝将人的自然和精神截然两分，并且不接受加尔 104

文的重生理论。如《失乐园》所呈示,诗人的宿命论既是普遍的,又是有条件的。圣灵并不作特殊且绝对的抉择。重生来临之际,它不仅治愈人的精神,也治愈人的自然,因为弥尔顿无法坚持二元论。巴克尔在弥尔顿和加尔文之间做出精当的对照:在加尔文这里,纵使好人也全然仰赖上帝的意志,而非自身重生的官能;而在弥尔顿这里,意志生而自由,人重获先前的自由。《失乐园》为人类设置的希望是,一旦亚当的后裔接纳基督的牺牲及其给人类带来的后果,在尽然否认罪孽的人(因误解选召而生发狂妄的自由这一信念)与压抑人性而令精神得以更自由的人之间,选择中道而行,他们便会在堕落的世界里找到救赎。亚当这些得以重生的后裔必会印证神恩无需以废除自然之人作为前提。

知晓并且谨记弥尔顿这一理想,意味要做好适宜的准备,以便在《失乐园》开篇数卷遭遇撒旦险谲的卓荦。一如《约伯记》,这部诗作是神正论,旨在为耶和华对待人类的诸种方式进行辩护,然而弥尔顿又与写作《约伯记》的诗人不同,他坚持认为人类理性足以理解上帝的正义,因为弥尔顿的上帝入情入理,并且基督所代表的完美之人会将人类理性擢升到一种与其堕落地位相比仅存在等级差异的能力。相比弥尔顿,《约伯记》的诗人格外赋有一种美学优势,因为大多读者理所当然地更喜欢自旋风之中发出的上帝声音,喜欢那悍然猛发的一串反问,而不喜弥尔顿《失乐园》卷三中这位诡辩的万灵学究。然而弥尔顿的上帝有些失衡,因为撒旦的形象在呈现上有巨大的瑕疵,然而若要解释上帝扮演这个戏剧化角色的失败,读者便须迎对《失乐园》里最著名并且最扰人的批评问题,也即关于撒旦本身的争讼。撒旦是某种意义上的英雄,抑或只是个傻瓜?

反撒旦主义批评派的鼻祖是艾迪生,他认为撒旦的情绪“适于
一种矫然独特,有着最乖谬本性的被创造的存在, ……在这个赫怒
的恶魔所吐露的邪辞之中, ……作者慎重地择用最荒诞之辞,故而
不能令敬虔的读者骇怪”。约翰逊博士步随艾迪生,然文辞更具雄
辩:“撒旦的怨谤侮慢而刁悍,而其表达又稀松平常,从而并不能有
所冒犯,而只能算作邪恶。”反撒旦的现代人物是晚期的查尔斯·威
廉斯和 C. S. 刘易斯,二人皆认为弥尔顿的撒旦在某种程度上算是
荒唐的自我主义者,颇似梅瑞狄斯笔下的威娄俾·巴忒恩爵士(Sir
Willoughby Patterne)。刘易斯述道:“要求撒旦——正如要求巴忒 105
恩爵士——应当有能力通过全宇宙而夸夸其谈、摆弄架式,却不会
或迟或早地唤醒喜剧精神,此种想法是错误的。”故而撒旦是荒唐
的使徒,而他在诗歌之中愈发走向堕落也只是一个不可避免的结
果,缘于他最初否认“自己也是上帝的一个造物”这个荒唐选择。

> 撒旦派的批评家们有布莱克和雪莱这两位大诗人为其浪漫主义先辈,并且这两位诗人深受弥尔顿綦繁的影响。我们需要将这个浪漫主义撒旦派的传统及其旁系亲戚般的拜伦—拿破仑式姿态区分开来,而反撒旦派素喜混淆此二者。反撒旦派最伟大的批评家柯勒律治(因他最为撒旦所动)便难辞其咎。但纵使柯勒律治执意在弥尔顿的撒旦那里寻找波拿巴的特征,却不曾有哪种反撒旦派的现代解读能够与他对撒旦个性的解读相提并论:然而在其最终的抽象形式,以及随之而来的谴责状态中,意志变成了撒旦傲慢而具有反叛性的自我崇拜,这是就其精神对于它自身而言;如果是就对他人而言,它则成了冷

> 酷的暴虐专制。通过对感官冲动的制状，通过凌驾于劳苦、痛苦和愉悦之上的优越性，它显得愈发无望，也愈发固执。简而言之，它是通过可怕的决心，全然在自身之内寻找行动的绝对动机，而所有余下的内在和外在动机俱须隶属于这个绝对动机，或是被它摧毁。

对于撒旦这种两难的解读，我们可借用布莱克《天堂与地狱的联姻》中的辩证反讽、雪莱的《解放的普罗米修斯》和《为诗辩护》的前言以作参照。对布莱克来言，卷一和卷二的撒旦胜绝地张显人类欲望，这是唯一能够创造的力量。然而一经拘束，欲望便变得消极被动，仅成为欲望的阴影。《失乐园》的上帝和基督体现理性和克制，而他们之于撒旦的縻系，导致他忘记自己热烈的欲望，而接受一种无条件的绝对道德——对此他仅能试图去颠覆。然而诗人势必是力量和欲望之属，理性和克制不可能提供创造力的素材。故而，作为真正的诗人，弥尔顿摹写恶魔和地狱之时，便恣意抒写，描述天使和上帝之时，则深受羁绁。因为地狱是自力量而迸发的积极生命，
106 而天堂只是服从理性的消极存在。

布莱克太幽微玄奥，而不肯将撒旦看作这部诗作的英雄——纵使他是无意之间而成就的英雄。他转而暗示这部诗歌不可能有英雄，因为弥尔顿在将人类创造力委任于魔鬼之时，便过于强烈地反映了他本人的自制。雪莱走得更远，宣称撒旦是半普罗米修斯式的或有瑕疵的英雄，其个性激发读者想象人文主义者非难神学不公正的有害诡辩。雪莱关于其审美价值的评判恣肆有力，这一句话无疑直接地开创了撒旦派："再没什么能够超越《失乐园》所表现的撒旦

那种宏大力量和恢弘气象。"雪莱总结说,至于这部诗作的基督教基础,且不论尚有何可待论述的,清楚的是,弥尔顿笔下那个作为道德存在的撒旦,超逾了弥尔顿的上帝。

《失乐园》的每一位读者皆须寻找与己相宜的撒旦解读,因为撒旦的魅力显然绝不是普遍的。《失乐园》里无数恢弘的诗句,实难择取单独一节,视其为卓然轶超余下诗行,但我有心偏取撒旦在尼法提斯山巅这段妙绝的演讲(第四卷,第32—113行)。反撒旦派的、撒旦派的或者折衷态度的争端,俱须在此休战。在这里,撒旦作出抉择,再不做诗歌之前数卷所描摹的撒旦。在此**之后**,所有反撒旦派对他的解读都是确切的,而在此**之前**,所有或近乎所有撒旦派对他的宣称也都是确切的。演讲结尾之时,撒旦便成为布莱克的"欲望的阴影",从此走上堕落之途,最终导致他变成了艾迪生和刘易斯所谓的"极其荒诞"的样子。撒旦自身再没有可以重生的东西,而他那自毁的精神和极端堕落的本性之间的分裂愈演愈烈,这最终使他成为大众传统里吐信的大蛇,可怖地摹拟夏娃的堕落,在死海贪婪地捋取地狱的果实。

也是在尼法提斯山巅,在《复乐园》这部小史诗里,撒旦——而今只是诱惑者,虽然依旧万分伶俐——站在绝顶,向基督展示这个世界的王国。"小史诗"(brief epic)是历来对这部诗歌的称谓(于1671年出版,在《失乐园》出版的四年之后),但数位现代批评家适当地质疑过这个名称。E. M. W. 蒂利亚德反对以任何史诗标准评判此诗,并且建议视其为一部道德剧,此言殊有箴教之益,阿诺德·斯坦因则称其为以上帝之子的头脑为背景的内心剧。路易斯·L. 马兹蹈袭蒂利亚德,认为这部诗歌试图将维吉尔《农事诗》

化为宗教诗的模式,从而理应读作关于福音书的箴诲,也是正式的冥思。相比《失乐园》,《复乐园》如此驯和荏弱,我们实难将其当作
107 史诗阅读。然而这部诗歌确实类似《约伯记》——弥尔顿将其列为小史诗的可能范例——因为从根本上说,这部诗作如同《约伯记》,在结构上展示愈发清晰的自知,展现主角和英雄认识到自己之于上帝的关系。弥尔顿的人之子是驯顺的,弥尔顿的亚当则是忤逆的;而约伯既不驯顺,也不忤逆,直至上帝开口说话,针对凡人质疑神意这个问题,为他指明人类与上帝之间的不可比拟性。在诗歌臻极高潮之前,约伯是史诗英雄,因为他身负悬而未决的冲突,也就是他的正义信念与他的道德愤慨——纵使他信守正义,灾祸却仍然降临。约伯需克服因这个冲突而生起的诱惑,包括来安慰的友人(怂恿他否认自己的正义),他那位顶简绝的妻子(要他诅咒上帝,然后死掉)。弥尔顿的上帝之子(诗人喜以此称呼基督,这又复见证了他比起圣子更偏向于圣父的希伯来传统)的诱惑,极难令我们生起任何激烈的同情心,它从而迥异于约伯的诱惑,因他是与我们一样的凡人。然话又说回来,弥尔顿是重述其毕生的诗歌追求;将人类视为各种判然殊异的天性的融合,肉身与灵魂相调和。在基督这里,这些天性完美地统一,基督的自我实现从而就是人类融合的可能性的一种形象。约伯学会不该过于试探上帝的耐心;基督学会自己是何人,而在自悟的时刻,撒旦骇然,似被赫拉克勒斯一记棒打而坠落。弥尔顿自视为《失乐园》中的忠诚天使亚必迭(Abdiel),他不肯追随撒旦反叛上帝,因此傲视其同伴的憎嫌。弥尔顿不自觉地将自身一些重要本质渗入开篇的撒旦身上,诸如类似斯多噶派蔑视逆境的态度。在《复乐园》中,弥尔顿以至真的卑恭,探索自己的约伯式疑

问。他（也是上帝之子）是否也过于试探上帝的耐心？能否最终克服内心的诱惑，那些魔祟着高傲的精神，将其贬抑为荒野里一个声音的诱惑？诗人的自我征服表现为更伟大的上帝之子忍耐到底而告捷的情节，表现为《复乐园》冲默的结尾，这位救世主重返母亲家中，暂时再度过一段沉思和忍耐的私人生活，等候上帝的意旨，而不再过那永远向弥尔顿关闭的公共生活。

《力士参孙》在1671年与《复乐园》一道出版，相比那部同时付梓的小史诗，这部戏剧性的诗歌而今更受激赏。一如埃斯库罗斯的《被缚的普罗米修斯》，诗题表明这部诗作集中于英雄人生之中一段特定事件。诗题（agonistes是古希腊词，指公众赛事上的竞技
运动员）隐涉的是非利士人的大衮祭之前参孙所历的磨难，在祭典 108
上，非利士人召他展示蛮力，以供宴乐戏耍。参孙的信仰赋予他足够的光芒，使他得以摧毁他们。正如《失乐园》改编自古典史诗，参孙是弥尔顿以基督教立场改编的雅典戏剧。然而就其实验性的韵律和自我指涉而言，弥尔顿的戏剧是其最个人化的诗歌。现代编辑审慎地告诫读者，切莫过度强调参孙再现弥尔顿本人的程度，然而在一般读者眼里，这种再现似乎无须讳言。在诸多现代批评家看来，弥尔顿对仇人的憎恨似乎并非是基督教式的，而其骇人的热烈既合乎《圣经》的参孙故事，也适宜这位失明的清教徒英雄在王政复辟最初十年须面对的苦厄。诗里关键的合唱部分词藻焕蔚（第652—709行），弥尔顿在这里道述公共事件之中最令他毁伤的一切。比照这首庄严的赞美诗所传达的非凡情感，《失乐园》的神正论颇显抽象。这些人蒙受上帝的肃然选召，以担负这项伟大的革新工作，这项工作既是上帝的荣耀，也是人类的保障。然而这些人显然又遭

上帝抛弃，诚可说其被弃掷的程度甚于先前被擢升的程度。弥尔顿亲见他的领袖和同僚（包括克伦威尔）的尸体被掘出，吊在绞刑架上，以纪念查理一世被处死十二周年。弥尔顿衷心钦慕的亨利·范恩爵士（Sir Henry Vane），“在不公正的法庭上，在时代的变迁中，/忘恩负义的民众的谴责之下”，被判刑处死。《力士参孙》不仅令我们感受到了一部艺术作品的完美匀称的结构布局，也令我们记取弥尔顿向上帝所作的最悲恸的祈祷，这段祈祷出现在他对清教徒同伴的种种苦难的叙述之后：

> 不要这样对待这个你过去的
> 光荣战斗士，你的神力化身，
> 你大力的臣仆。我还乞求什么呢？
> 你已经怎样对待他了？
> 看他目前的景况是够凄惨的了，
> 109 还是给他的生命以平静的结束吧！①

① 《力士参孙》，朱维之译，上海译文出版社，1981年版。

威廉·华兹华斯

（1770—1850）

有一种人类的孤独，
空间和独居的一部分，
在其中知识不可否认。
在其中属于知识的绝不会失败，
明亮的伙伴，手，
使人振奋的胳膊，深刻的
回应，完全的应答声……

——华莱士·史蒂文斯

一

《序曲》原只是要充当《隐士》这部宛如哥特式教堂的大诗作的西厅，然而作为诗人的华兹华斯比华兹华斯本人更为敏锐，《序曲》从而变成一部完整的极致之作。将《序曲》作为一部与弥尔顿争竞创造力的内心化史诗进行解读的关键，在于被华兹华斯用作《漫游》一诗序言（1814 年）的《隐士》片段的第 754—860 行。正如布莱克在其史诗《弥尔顿》中呼告清谧之地的女儿（Daughters of Beulah），华兹华斯的呼告对象也特意选择了比《失乐园》所描写的更崇高力量：

　　　　　　　　乌拉妮娅，我会需要
你的引导，或者更伟大的缪斯，如果这样的缪斯
会降临大地或居于最高天！
因我须踩过阴暗的土地，须沉入
深底——还有，高高飞举，吸纳众世界，
对于这些世界，众天之天只是一层面纱。

翳然大地、重重幽冥、嵯峨山岳，俱在人类的头脑里，弥尔顿的
110 天堂不过是一层纱，它将寓言式的非真实与诗人头脑中作为至乐最
佳领域的人类天堂分离开来。面对诗人对于自己想象力的敬服，对
于个人的上帝的慑畏便倍显黯然：

所有力量——所有恐惧，单独或成群，
自古以个人形式摆放出来的——
耶和华——以其雷电，还有
吼喊的天使合唱队，与高天的宝座——
我洒然越过，无慑无惧。

布莱克虽是远比华兹华斯极端的非天主教徒，然而他太笃信《圣经》的力量而不能这般打发耶和华。阅读这节诗歌之后，布莱克嘲讪道：

在与法老的女儿联姻而改信异教神话之后，所罗门就是以这样的口吻讲论耶和华，将他视为是人类诸种沉思的极低级对象；他也是洒然无慑无惧地越过**他**，而且得了**他的**容许。耶和华落下一滴泪，他的灵跟随他身后，进入抽象的虚空（Abstract Void）；这是神的慈悲（Divine Mercy）。

与法老的女儿联姻，便是与自然联姻，即是异教神话的女神，华兹华斯确实要继续述说人的心灵与自然的美妙宇宙之间的结合。一如在他之前，智慧的所罗门得了容许，华兹华斯的傲慢也得了容许，走进乌尔罗（Ulro），或者叫作从自然普通推导得出的抽象的虚空，他身后追赶着神圣的慈悲那模糊的同情。然而这是对于华兹华斯与自然的交互际遇的悲观看法（虽然也有说服力）。华兹华斯壮烈而冷静地将自己呈现为重生之灵（renovated spirit），新的亚当，他看进自己的心灵——人类的心灵——之时，顿时感受到了敬畏之情。为适宜这个新的亚当，一个更美的新世界呈现在他面前。华兹华斯最狂悖的人文主义倾向令他称颂这个人间世界在此时此地立即将自身自然化的可能性：

天堂，福地的树林，
有福的原野——如同那些古老的，
在大西洋寻找的——它们为何理应只是
逝去事物的历史，
或者那永远不曾存在之物的虚构？
因为人类的识察智性，在爱和神圣的激情里， 111

与这美好的宇宙相结合之时，便会发现这些
都是平常日子的简单的产物。

在华兹华斯这里，再无比“简单”和“平常”更恭肃的词语。在这里，婚姻隐喻与布莱克的清谧之地或者联姻之国（married land）一样，都是出自希伯来文本。真正的伊甸园诞自平常日子，值此之际，那个平常日子破晓，照亮人与自然以交互的热情而实现的圆满。华兹华斯意在赋写的是庆祝这一实现的“结缡诗”：

并且，通过词语，
除了述说我们所是以外别无所说的词语，
我可否能够将那属于感官者从其死亡的沉睡唤醒，
并且赢得空洞者和无用者，
通向高贵的狂喜。

这句诗颇似布莱克《耶路撒冷》中的吟唱：

乌尔罗的沉睡！以及通过永恒之死的道路！
以及通向永恒之生的清醒。

然而华兹华斯打动我们，靠的是述说我们已是的样子，而不是别的，布莱克绝不能忍受如此过于自然主义的人文主义。华兹华斯歌颂**已被给予的**——我们已拥有的，华莱士·史蒂文斯也是如此：

如同空气，晌午的空气，
充满了正发生的形而上的变化，
单纯地存活，如我们此时此地活着。

正如在史蒂文斯那里，在华兹华斯这里，大地便已足够；然而对布莱克来说，大地远逊于那些倘若缺乏人类便不能满足的东西。我们需要将这两位最伟大的浪漫主义者的这种争论与那种简单化的分歧区分开来，而无数读者混淆了这两者，也即性本善的教义与原罪的教义之间的区别。华兹华斯不是卢梭，布莱克也不是圣保罗；二人之间的共通处，远胜于各自与自然宗教信仰者或正统基督教徒的相似处。

华兹华斯的想象犹如华莱士·史蒂文斯的《被农民簇拥的天
使》：不是天堂的天使，而是地上必需的天使，在其眼里，我们重新看 112
见大地，但这是洁净之后的大地；在其耳中，我们听见人类依然忧伤的音乐，悲凄的吟诵，其声清扬，不粗嘎也不刺耳，却是如清澈的词语濯浣，柔砥、安服我们。但是华兹华斯和史蒂文斯的想象只能“隐约或瞬息间可见”。似山岚突起，蓦然消逝。布莱克是想象的写实主义者，意欲为想象争得更经久的支配权势。令心灵与自然联姻，便是进入乐境；华兹华斯与布莱克至此而翕合无间。布莱克坚执，被想象更完全地救赎之后，人便会不需要自然，将外在世界看作羁绊。华兹华斯与布莱克之间的分歧绝不在神学，虽则布莱克特意使用了错位的新教徒词汇，以原初堕落这个隐喻来表达这种分歧，而华兹华斯着意将之摒弃。在华兹华斯这里，个人心灵与外在世界绝妙得相称，彼此相宜，甚或似男人与其妻子，以其融合的力量，实现一种创造，而这个创造的意义全然仰赖两性类比。它们给予我们一片崭新的天，一片崭新的地，这新的天地醇化为启示录般的浑一，而此浑一实则仅与平常的知觉和性征有关，它们获得擢升，拥有了自然力量的自由。华兹华斯的人是弗洛伊德的人，而布莱克的人形神（Human Form Divine）则不是。对于华兹华斯那宇宙和心灵的绝妙相配，布莱克的反应是，"你绝不能将我收降，叫我会相信这样一种相称 & 相配"。布莱克抱持的宗旨是：要么想象力将自然摧毁殆尽，而后以彻底的人形取而代之，要么自然摧毁想象力。华兹华斯述说自己的使命，是被迫聆听"田野和林间的人类 / 吁叹孤独的忧闷"。布莱克悍然诘难：

> 这岂不是相称，& 岂不也是最绝妙地相配，但是与何物相称相配？——不是与心灵，而是仅与卑劣的躯体 & 善恶的原理 & 其之于心灵的仇恨。

这并非狭怨的诺斯替主义者在作评论。布莱克将其诗歌构造为《圣经》的注脚，华兹华斯则将其诗歌赋写为自然的注脚。华兹华斯虽不似布莱克那般深受《圣经》影响，却是希伯来先知传统里的诗人。在他看来，自然的可见之身不只是上帝之灵的外在见证；它是我们通向上帝的唯一道路。在华兹华斯看来，平常的知觉因此成为了一种拯救模式，倘若我们清醒地懂得我们所看见的。平常的
113 大地会因人的心灵和头脑与它的神圣联姻而成圣，通过那桩联姻，心灵和头脑此呼彼应，接受了新娘的礼物——非凡的美，草地的荣耀，花朵的绚烂。及至最终实现伟大的圆满，更新之人会重归伊甸

园。华兹华斯的人类荣耀——他将它传给济慈——就是以这般自然主义方式歌颂内在于我们当下生存状况的诸种可能性。华兹华斯在漫长的后半生不能维持这个思想，但这一事实既不是对这个思想也不是对人的批评，而只是他的损失——也是我们的损失。

华兹华斯赋写的不可简化的自然之人，人类被剥至归复原初生存境况的裸露，却依然呈现浑然威仪，依然散发无上价值，其中最纯粹的形象属《康伯兰的老乞丐》(1797)。这位乞丐使我们联想起华兹华斯诗歌里的乞丐、隐居者、流浪者，尤其在《序曲》和《决心与自立》中。这位乞丐与他们的相异之处在于他不是传授启示的使者；他不承应华兹华斯的想象力的遽然释放。他甚至不赋畀想象的效用；他是某种更纯粹、超越功用的，他本身就是一种真实的意象。我并不是暗示《康伯兰的老乞丐》是华兹华斯除《序曲》之外最好的诗，这首诗不是《丁登寺》、《颂诗：忆童年而悟不朽》、《决心与自立》的崇高模式。然而它是最华兹华斯式的诗歌，最动人肺腑。

再无比这首诗更朴素的起句："散步时，我看见一个年迈的乞丐。"老人(The Old Man，诗人用的是大写首字母)搁下拄杖，从面粉袋里掏出碎屑残食。他肃然细细打量食物。这个简单的开篇引出一曲爱的乐曲，真实的美：

太阳下，
在那小土堆的第二级台阶上，
环绕着无人的荒芜山冈，
他坐着，孤独地吃他的食物，
每每，从他颤抖的双手中——

那手仍然试图不撒落浪费，
仍然受挫，碎屑似一阵阵微雨
落到地上；小小的山雀
还不敢去啄食注定属于它们的食物，
趋近他，离得有半根拄杖远。

极难形容这**如何**是美的，但是我们可以开个头，说这是因为它
114 如此平实，也因为这事实本身就是一种变形。老人处身自己的状态里，极度地天真。“莽苍无人的山冈”衬托他的孤独；他是与山冈同在的现象。并且他也不比山冈有更多感伤。甚至连他的命运也并不悽惨；他如此地融入自然，从而不会侵染那份悽惨，尽他所能地淳化，而依然葆持人类特征。

他甚至超越衰老。诗人自小就认识他，彼时“他那么老，而今似乎不能再老了”。老人看似如此无助，每个人——骑马闲驰的人、收费站的门亭、邮递员——俱为他让道，加意小心不使他受伤害。因为你不能叫他转向，他好似自然过程一般径直往前。“他往前走，一个孤独的人”，华兹华斯说，接着又重复，作为那无休的行动的叠句，其唯一意义便是，它虽在我们生存条件的边缘，却依然葆持人性：

他前行，孤独的人；
他的年纪没有伴侣。
他的眼神落在地面，
并且，他朝前行走之际，
眼光跟着在地面前移；而且，永远地，

不是农耕的原野、山冈和山谷，还有蓝天，
那些司空见惯的景象，只有一小块土地
是他眼中所见。

他佝偻着腰，就像“捉水蛭的老人”一样，只看着眼下一小块土地，这个形象令人记起乔叟《赦罪僧的故事》里的流浪老人。只是乔叟的孤独老人渴望死亡，将土地称作母亲之门，时常杖击地面，呼号着“亲爱的母亲，让我进去”。华兹华斯的老人仅看见土地，但倔强地活着，并且超越欲望，甚至超越死的欲望。他看见，又几乎不看见。他永在动，但模样和动作那么安静，几乎看不出他在动。他只是过程，几乎算不上什么人物，但他又几乎接近停滞。

这幅情景如此极端，我们禁不住想问：“这是人生么？这有何用？”询问此类问题的诱惑使我们失去人性，华兹华斯会认为。这两个问题截然不同，但他对前者的答案是热切的肯定，而对后者的回应是绝等的道德激情。他写道：

一个精神和善的冲动，
一个生命和灵魂，于任何模式的存在
都不可分地联接着。

这老人行使很多作用。最重要的是唤起周围所有人关于善的冲动的记忆。不论他走到哪里：

做有用之人的温和必然性

促使爱的行为。

这些爱的行为，一一叠加，浑浑噩噩之间，最后令施爱之人朝向德性和真正的善。在这里，我们需要格外谨慎地择词。华兹华斯并非倡导那种邪谬、疯狂的学说，认为乞讨使得慈善成为可能，因而它是好的。倘果真如此，便可正当地招来布莱克在《人性的抽象》之中刻薄的讪诮：

怜悯将不再存在，
如果我们不让任何人受穷；
仁慈将不再存在，
如果所有人都似我们一般快乐。

华兹华斯对于那个老人没有任何我们可以归类的反应。华兹华斯不是以社会或经济眼光看待他，而只是把他看作一个生命，这个人生势必影响其他人，并且总是产生更好的影响。尤其是老人给最贫穷的人们以行善的机会，他们拿出积存的微薄食物，并且因此而更善心。在这里，我们又须将此放置在上下文来阅读。华兹华斯最好的诗歌与社会正义都没有直接关涉，而布莱克和雪莱则正好相反。老乞丐是自由的人，在流荡的孤独中心安然自适，他的意图不在于他被动地引发的人性化的善。诗歌的中心也不在他的社会方面，而唯在他的自由：

——那么让他走过去，他的头上顶着祝福！
还有，只要他能游荡，不论多久，让他呼吸

山谷的新鲜；让他的血液
在冻寒的空气和冬天的雪里挣扎；
让按约吹过荒野的风
吹着他的灰发敲打他沧桑的脸。

你若怜悯他，那就失当了；唯在被拘束之时，他才是可怜的。史蒂文斯说他是“赋有想象力的人物形象”，一个在自然界浑然天成的人，通过做自己，做与自然浑融的存在，来报答自然： 116

让他没有山的孤独；
不论他听见与否，让他周围
有丛林欢快的鸟声。

不论他是否作出回应，群山的孤独、骤起的风都与他相宜。他的麻木感官也不曾使他与自然隔绝；他能否听见鸟声，这是不相干的事实，但他周围有鸟声便十分相称。他之于自然已是完全被动。那么，且让它自由地降临于他：

如果他的双眼
而今注定凝视大地太久，
于是它们毫不费力地看着
地平线上太阳的面容，
日出或日落，让阳光
至少在他那倦怠的眼眶里找到一处缝隙。

老人接近与自然的同一，就似婴孩最初体会的同一，彼时自然与人的意识之间似乎赋有有机的连续性。他是如此自然化，从而须在自然的眼前死去，以使他能被再次归化：

让他，在他愿意的时间地点，
坐在树下，或者大道旁，
青草茂盛的河畔，与小鸟分享
他偶然得到的食物；最后，
一如他活在自然的眼前，
也让他在自然的眼前死去！

这首诗充满了华兹华斯与托尔斯泰共通的一种气息，也即崇奉caritas（也即基督教的爱，与怜悯相关，但不是怜悯）的简朴。然而托尔斯泰大抵会将康伯兰的老乞丐描写为受难者，而在华兹华斯这里，老人身上烙着“动物的安详和腐朽”。华兹华斯将此用作与这部长诗相当契近的一段残诗的题目。在那段残诗里，老人往前走，不带痛苦，而是带着思想而行：

他无知无觉地顺从于
静止的安宁……
117 他被自然引向
如此完美的平和，以致年轻人看得嫉妒，
而老人几乎不曾感觉。

而今我们知道——胜过他的同代人所能知晓的——是什么促使华兹华斯转向了人类腐朽的主题，转而描绘起愚蠢、遗弃、乞丐以及无家可归的流浪者。他寻找离群索居的形象（我们大抵是以这样的眼光看待这些人），能够将这些形象看作并表现为与自然相通的形象。自然人脱离我们通常意义上的意识，却展现一种意识的模式，这种模式既意图将自然当作对象，又要最终融进那个对象。人的力量的隐匿处是过去，在童年。唯有记忆能带人去往那里，然而纵使记忆也会衰弱，最终消逝。不可避免的成长将这位自然主义诗人与自己的过去隔绝，他四下顾视，在疯子、流浪汉、龙钟老人身上看见天真意识之中那些动人的象征。在他们身上，他汲取最绝望的慰藉，一种几乎不再苦痛的死的暗示。

二、《序曲》

《序曲》成稿于1805年，出版于1850年，在华兹华斯逝世之后。诗题是由华兹华斯遗孀拟就，对华兹华斯而言这只是“献给柯勒律治的诗”。1850年的文本在华兹华斯近半个世纪的修改之中经历过数次增减，因为1798—1807年代的华兹华斯并不是《教会十四行诗》（*Ecclesiastical Sonnet*）里歌颂乌里森（Urizen）的华兹华斯，年长的华兹华斯那些纠正年轻的华兹华斯的尝试并不总是好的。1850年的文本展现了更娴熟的技艺，但也时或显露天主教徒审查员的痕迹，竭力要把这个私人神话修改为倾向英国圣公会教义的诗歌。正如华兹华斯的现代编辑欧内斯特·德·瑟林考（Ernest de Selincourt）论道，最重要的更改莫过于将：

那时我在万物的深处崇拜，
按我灵魂的要求……
我感觉，别无其他

（XI, 234—238, 1805）

改为：

那时我在万物的深处崇拜，
118 按虔诚的命令……
我感觉，观察，思索

（XII, 184—188, 1850）

在修改之间，华兹华斯失去了弥尔顿的传承，也就是深执个人灵魂的创造力自治。华兹华斯随即也失去他本人尤其崇尚的东西，即依赖感觉到的经验，区别于接收来的虔诚或随经验而来的抽象。我在下文将引用1850年文本，但在适当的地方，我也会提及1805年版本。

这部诗的十四卷在持续经历了一系列更为重大的危机和更新之后，最终达到了高潮，就此而言，其形制近似史诗结构。前八卷组成一大诗章，以第八卷题名“回顾——爱自然引向爱人类”为总括。第九卷、第十卷、第十一卷带着这种对人类的爱走向了它自然的结果，也就是华兹华斯“在法国的逗留”，以及他对法国大革命的参与。第十二卷、第十三卷写的是随之而来的危机，即华兹华斯的“想象力，如何受损与恢复”。第十四卷，也即“尾声”，是华兹华斯想象力的高潮，它将读者带回诗歌开端。这个“尾声”把华兹华斯和柯勒律治描绘为“自然的先知”，相互协作的劳工，他们致力于拯救人类：

我们爱过的，
其他人会爱，并且我们将教他们如何去爱；
指导他们人类的头脑如何变得
比他居住的尘世美好一千倍

布莱克若读了这节，想必会嘉许，尽管他大概会不清楚华兹华斯在何处解释过那种“美好一千倍”的景象。在某种程度上，华兹华斯也会认同布莱克对其自然的辩证法的怀疑态度。布莱克评论华兹华斯的诗歌片段《自然对象的影响》（“Influence of Natural Objects”）时说，“自然对象以往总是并且而今依然削弱、灭绝我的想象力”。当外界刺激过度彰显之时，华兹华斯确实也只能哑然。杰弗里 · 哈特曼论道，纵使在华兹华斯这里，“诗歌也并不是神圣化行动，自然也不是被神圣化的当前外在对象”。自然对象仅在不再作为纯粹的外在对象、渐渐退出其对象地位之时，才能释放华兹华斯的想象力。

我[先前]谈及过“相感应的微风”这个浪漫主义隐喻。《序曲》 119
的起句扬起乐境之风，其风既能创造，又能摧毁。华兹华斯无需向这位神灵呼告，因为它先于他的祝祷。起初吹的是和风，一种福祉，隐约知觉其赋予这位新摩西逃出被比作埃及的伦敦之时的欢喜，这位新亚当可以说：

大地全然在我眼前。
一颗欢快的心，不畏惧它自己的自由，
我四下看；我选中的向导
最好莫过于一朵流云，
我不会迷路。

亚当和夏娃绝无欢喜，如同两个相恋的孩子，手挽手走进眼前大片土地，选择一块休憩地，他们的向导是神意。华兹华斯寻找一个寂静处，以求创作的安定，以写作史诗，并且他选择自己的向导。他不需要摩西的云柱作向导，因为他不会迷路。在他眼前，自然是慷慨的，而且他面对的选择只能是善的各种模式。因此，《序曲》的开端全无焦灼：危机是在过去。不同于《失乐园》和布莱克的《耶路撒冷》，《序曲》是凯旋之歌，而非经验之歌。布莱克将华兹华斯所歌唱的称为“经由安排的天真”（organized innocence）。

风吹在华兹华斯身上的时候，他在体内感受到了相感应的微风，那风随即变成

一阵风暴，一种多余的力量，
烦扰着它自己的创造。

华兹华斯解释说，这恼人的多余实是因他

不曾习惯

将当前的快乐唱成一支歌。

他虽重复尝试，由于风神伊俄勒斯的惩罚之助，他的和声在零落的声响里驱散，最后变作沉默。这里重要的是他的反应。没有绝望、没有失落感，唯有一种恬淡的信心，笃信他的灵感自此便成永恒：

“那就这样罢；
除却眼前的好，何苦多想别的？”

那么，我们若试图在《序曲》里寻找一次危机，而不是寻找一场危机的历史，我们便误解了这部诗歌。《序曲》不是悲剧诗歌，而是自传式神话制造。主宰《序曲》的是记忆的自然奇迹，作为自我借以获得拯救的工具。在华兹华斯诸创造之中，最神妙的是更新“时间点”的神话，这是《不朽颂》和《丁登寺》的重要元素，而在《序曲》里，想象之力在此奠定其全部基础。

唯有在一种意义上，我们可以说《序曲》的故事是神秘的，那就是而今对于我们大多数人来说，华兹华斯的自然是个谜。对于华兹华斯来说，自然首先是所有感官的**施予**——在所有时代里慷慨地为我们的辨识力提供的一切。与布莱克一样，华兹华斯是瑰异的现象学大师，也即是说，他能够从表象看见真实。与亚伯拉罕一样，华兹华斯是一个圣约的家长，而在他这里，这是现象的表象与人类心灵的契约。倘若人类的心灵——在其平常状态之下——挚爱、信赖现象世界，那么世界就永远不会背叛它。在这里，背叛从性爱和婚姻的语境中汲取了一些意义的力量。人若背叛自然，便是接受了诸种否认想象至上的模式之一。而自然若背叛人类，便是在人回归自然之际，自然不再赋有更生的德性。人类回避自然那个实是想象力的最高行动的慈爱拥抱，转而投向"推论"这个残酷的情人。自然就转离人类，不再作为乐境状态，而变成敌意、外在的对象。华兹华斯从不曾把自然看作更阴险的形象，诸如布莱克的妖女娃拉（Vala），或者济慈的美人（Belle Dame）。在《生命的凯旋》（*The Triumph of Life*）中，雪莱将华兹华斯式描写为令人迷惑的"纯粹光芒的形状"（Shape all light），借以将卢梭的想象力的神圣火星踩入死的尘土，从而将华兹华斯的传统推至顶巅。雪莱也借用华兹华斯的人与自然的圣约记号——彩虹，在《生命的凯旋》中将其用作象征，先行于美丽又狂暴的自然形象。

《序曲》——也是华兹华斯在其最伟大年代所创作的全部诗歌——的内在问题，是诗人创造想象力的自治问题。正如我们所见，诚可说，这是英国浪漫主义诗歌最致命之处的最关键问题。纵使华兹华斯这位自然的先知，也因其灵魂持续仰赖于自然而惶惑不安。正如希伯来传统的所有先知，他坚执神灵世界及其人类英雄之间彼此依赖。由于自然的衰朽，势必会产生相感应的微风。我们的
121 有死之身执意要通过诗歌而得拯救。华兹华斯在年轻时代侍奉自然，只须睿智地被动。然而在成年期维持自己（以及自然？），便要求一种自内而发的自发性。然而这种自发性若过于昭著，一如在《序曲》开篇，自然就会拒受侍奉，这个相互的创造——也就是这部诗歌——从而就不能继续往前。

哈特曼分析这个问题时说道："自然保持主动权。心灵纵在最

自由之际，依然是自然气候的一种深沉情绪。”华兹华斯的问题从而便成为一个辩证的问题，因为他所寻找的正是那第一术语，这术语十分容易被超越。这第一术语不是诗歌，因为在《序曲》开端的自然断然不容它成为第一术语。这第一术语也不可能是自然，因为它绝不能容忍自身被容纳——至少不是在眼前，纵使那容纳它的是自然化的想象力。布莱克没有耐心侍奉原初想象力（the Primary Imagination），而华兹华斯的诗艺的全部秘密正是侍奉这个原初想象力，深信它最终会应允融入更高的模式。

哈特曼认为，华兹华斯的辩证法的第一术语“既非自然，也非诗歌。勿宁说是胚胎之中初显端倪的想象力——自然的短绌令它哑然，但也令它渐而强壮”。诚然，关于华兹华斯的自然观念，这是我们所能守持的最佳平衡，除非我们认同一种更极端的看法。高尔基说，托尔斯泰与上帝打交道的那些方式，使他想起一句古老的谚语“一窝两熊”，我们也可以将这句谚语应用于华兹华斯之于自然的关系。倘若华兹华斯和自然坚持以自身的全部体积而存在，不待良久，华兹华斯的诗歌便不再有足够空间以容纳这两者，显然自然为华兹华斯让出空间。这两相争强虽在暗地，华兹华斯却明显地受到遏抑，并且他的成就也受拘限。在弥尔顿那里，诗歌与上帝之间存在悬而未决的对抗，却远不似华兹华斯的诗歌与自然之间这场暗中角抵如此俄延。若非这场争竞，华兹华斯可能会尝试写作民族史诗。正因如此，他只得以卢梭的模式写作，这个漫长的忏悔写作也许能够抽绎他之于自然、之于自己的诗歌使命的关系。

《序曲》的自然实是华兹华斯所要成为的目标，也即伟大的导师。因为自然是如此强大的导师，它须首先向自己传授克制，将其即时性转换为一种在场，以免压垮它的人类学生。华兹华斯意欲将它看作一种中介在场，一种运动和精神。自然太强大之时，就会威逼，先欲成为崇拜的对象，继而——正如所有类似的对象——欲成为一个会罄竭的现实的中介，一个会被消耗殆尽的生命。华兹华斯深知偶像崇拜的危险，深知彼此利用的险恶辩证。他仅想要一种关系，一种生命遭际生命的瞬间与瞬间的面对，一次对话。就这方面
122 而言，他是雪莱关于自然想象的宗师。

《序曲》试图分辨当前与记忆中的外在世界。华兹华斯的想象力的自相矛盾的自由，必须避免被缚于当前世界，而须寻求记忆世界的领地。在布莱克那里，想象力努力要摆脱掉外在世界和记忆中的世界，欣喜仅在终极的胜地——想象之地。布莱克不作求索，而只是对抗不属于纯粹想象的一切，内在或外在于他的一切。华兹华斯有求索，关于这个求索，布莱克的旁注已作出清晰的警示，即寻求他自己的想象力的自治。哈特曼表示，自然对华兹华斯的特别恩遇，便在于**逐渐地**为他展开他自己的自由，因为他的求索毕竟是迫于无奈。他实不愿摆脱自然。这个观点实是基督教解读历史的方式的错位形式。华兹华斯的“自然”被读作圣奥古斯丁的“历史”，由于两者皆是神恩呈现为渐进主义的变种。

《序曲》里隐而不显的悲剧是华兹华斯对于自己想象力的解放的抗拒。华兹华斯看见无数端倪，但通常不肯追究。在无比雄辩的自然形象面前，他默然噤声。写作《丁登寺》之后，他也不再尝试列举任何特定地点为想象中心。他将万物的秘密力量弥散到尽可能广阔的景致，请措意对照他的弟子雪莱，站在布朗峰下呼喊“力量就在那里”。当然，在华兹华斯这里，异象呈现也并不是突如其来的，

这与雪莱和布莱克笔下的情形迥异。华兹华斯没有先知的狂喜，而是恍惑的想象缓慢地愈演愈烈，直待光芒最终以浩然之势而至。

在布莱克那里，以及最终在雪莱那里，想象力从自然得自由是一大凯旋。而这样的自由令华兹华斯不安，他认为不宜如此过早地舍弃时间和空间。在布莱克那里，平常知觉的事体，初级想象的世界，是障碍，而不是行动；在华兹华斯这里，这是胜似行动的东西；这是沉思，清晰地观看事物，就是开始缕析泮涣且混乱的感官世界。将其中一些清晰的事物陶炼到更简单、更清晰的整体，便是在感官中抽绎想象的感觉。布莱克的反抗是绝对的。他将这些看作被动之举，看作对活死人的世界的屈服，那样的世界局促得不足以容纳更人性之人的磅礴想象。

《序曲》的世界绝妙地适宜于华兹华斯年轻时的独特心灵。纵使在彼时，这世界是以挫败或畏惧影响他，它也不断地教导这位年轻诗人。前文已探讨过诗歌开卷描述的写作的困顿。他虽撇开了 123
这些失败——归因于即时的诗兴，然而令他更忧苦的是似乎找不到足以赋写史诗的主题。但纵使这个空缺的沉思，也被自然一并拯救，因为自责之际，他便被带回记忆之中，那些记忆不仅赋予他唯一适宜的主题，而且真正地推动了这部诗歌向前发展。诗人心灵的成长，在周遭美妙宇宙的滋育之下，在他作出温和的自我非难之时，势必成为他的诗歌主题：

是因为这，
那一条所有河流当中最美的，喜爱
将它的呢喃融入我乳母的曲调。

正如德文特河曾经淌过他的梦境，这条河而今唤起他的回忆之流，将成熟的诗人领回过往的解脱。潺湲河水在全诗流淌，映衬这部长诗的迂回进程。华兹华斯提及“我的心灵的河流”，并且警戒这条河的支流不能溯源到一个个源头，而是外界现象慷慨赋予的全部感官之流。

诗歌的第一卷和第二卷呈现孩子遭遇各种未知的存在模式，自然的生命既与我们同一，又湛然相离。华兹华斯的心灵的原初力量，其之于早期文化和童年的神话制造的契近，全然袒露在一桩记事之中。在这里，少时的过失紧随自然报应的暗示：

坏事做成后，
我听见沉寂的山峦间，
低沉的气息从我身后而来，还有
无法察识的动静的声音，脚步
静默得如踩过的草皮。

我们若将此解读为孩子的意识向外界的投射，那就是误解了。他听见了那声音，便足以保证其真实性。与此类似，他仅凭手指攀悬在一只渡鸦窝上，听见风中一声离奇的声音，在看着不似大地之天空的天空下，觉察一个绝不寻常的动作。在这样的时刻，他更属于元素力量的宇宙，运动和精神的宇宙，而不属于我们
124 的宇宙。

关于参与其他存在模式的少年记事，最极致的是著名的偷船事

件。“偷窃行为和恓惶的快感。”在这里,孩子气的顽皮之下隐藏着性爱元素。男孩起劲地将船桨划进静寂的湖水,月光照在他身上。身后陡然立起一座峭壁,而那里原本只有地平线:

巨大的山石,黑黯、巨大,
似乎以自愿的直觉力量,
抬起头来。

这个可怕的形状,似乎赋有活物的目标感,迈着规整的步伐,自他身后而来。他逃奔,归还小船,此后数日,关于“未知的存在模式”的感觉魔祟着他:

再不留熟悉形状,
不留树林、大海或天空的
愉悦形象,没有绿地的色彩;
只有巨大威武的形状,不似活生生的人,
白日里缓缓地在风中移动,
夜里纠缠我的梦。

这是最根本的异教,如此原始简单,以致我们若不歪曲便不能作出更复杂的描述。这颇似布莱克的提坦精神,以“天神”(Zoas)这种巨人形式在实质上属于我们的世界里游荡。这里尤其值得注意的是,自然所给予的世界从男孩那里暂时撤回,因为文本在这里暗示,我们熟悉的自然之美是一份礼物,非自然的人,便不能保存这份礼物。

在此引入交互性这一主题，并且通过滑冰事件加以强调。滑冰之时，将自己的身体交给风，而相应得到的回报是被容许观看（在某种意义上）地球绕太阳的运行。

在诗歌第一卷结束处，华兹华斯觉得心灵复苏，他已找到“一个主题 / 绝无仅有，目标明确”。但第二卷的最关键诗章仍然冲破了目标，并且明白地展现了这个主题的野心如何之大：

而我会承受
如果夜随着即将来临的风暴而变黑，
在某块岩石之下，耳听音符，
那是古老大地的幽灵般的语言，
或者在遥远的风里找到模糊的栖处。
我自此取饮想象的力量。

聆听风声是一种原始的占卜，但男孩倾听大地这种原初语言之时，所渴望的并不是关于未来的粗陋预言。华兹华斯接着道，这其中的欣喜十分有益，但并不是因为它的内容：

而灵魂，
记起她曾如此感觉，但感到什么，
却不记得，存留一份可能崇高的模糊感觉，
随着感官渐渐成熟，她确实渴望去往那里，
随着感官仍然渐渐成熟，仍然感觉，

无论它们获得什么，它们仍然
有可追求的东西。

《序曲》里再找不出哪处能比这段更切中基调，更好地概括华兹华斯的全部诗歌。他不会始终记着，遭遇自然之时，他的灵魂感受了**什么**。他记得灵魂**如何**感受，正是这份记忆保持那可能崇高的模糊感觉，从而渲染他的伟大年代的所有诗歌。随着灵魂的感官能力成长，灵魂便面临变得满足的危险，不再渴望，但会因为这可能崇高的感觉而免于陷入那样的沉睡。就其渊源而言，这种崇高感无涉于对他人的爱或同情，并且与人类苦难也无关联。这是一种个人的伟大感，一种仍不为孩子所知晓的喜悦和轻松。在第八卷之前，《序曲》多半专注于仅深受外在自然影响的内在世界，而逐渐强烈的对他人的意识仍然暂时被搁置。

通过接触其他孤独者，孤独的灵魂走向外界。华兹华斯在第四卷写道，当孤独在有着适当的人类中心的心灵上留下印迹时，它是最具威力的。华兹华斯领一个浪游的老兵到收容所后，请求他不要再流浪，而是去寻求他这种处境所要求的救助。这流浪汉露出“无血色的温和”，答复他的规劝：

“我信赖天上的上帝，
信赖自我头顶经过的他的眼。”

在这里，接受关于人类互惠的第一堂课之后，华兹华斯的叙述
复转入内心，但这次是要澄清自然与文学（第五卷）之间在想象上 126

的关联，集中讲述关于启示和生存的梦。他坐在海边阅读《堂吉诃德》，开始思索诗歌和数学是真实性的终极领悟者，赋有“永恒生命这一至高特权”。他读得睡着，做梦。周围是满眼沙土的无垠荒原，他无比惶恐，直待看见一个贝多因人骑着单峰骆驼而来，方才心下稍安。这阿拉伯人扛着长矛，一只胳膊下夹着一块石板，另一手擎起一只灿烂无比的海螺。阿拉伯人对他说，这石板是“欧几里得的几何原本”，那海螺“更金贵”，是诗歌。华兹华斯听从阿拉伯人，把海螺贴在耳边，听见：

> 一阵响亮的预言的和声；
> 一曲颂歌，以激情唱出，预告
> 大地儿女被洪水毁灭，便在跟前。

这个阿拉伯人的使命是埋藏“这两册书”，即石板与海螺，以便免于洪水退去那一日。诗人意欲跟上他，参与这项事业，但他急急而去。华兹华斯跟在后面，心下迷惑，因为眼前这个阿拉伯人看似堂吉诃德，继而变回阿拉伯人，然后“两个都不是，又两个都是”。深海的水笼罩着他们，而那水却似“一团晶莹的光芒”。华兹华斯惊醒，看着眼前的海，身畔的书。

这梦境赋有美妙的暗示，激发了 W. H. 奥登在《焦躁的洪水》(*The Enchafed Flood*)中运用这个象征构造，生动地实践浪漫主义的图像学。与华兹华斯在其他诗歌里所使用的水的象征手法不同，这里的洪水既威胁想象力，也威胁抽象理性，那位半堂吉诃德式的人物逃离审判的洪水，而华兹华斯如同先知阿摩司，在其他诗歌之中是欢迎这洪水的。在《不朽颂》里，华兹华斯将想象力放置在吃水线，孩子们在岸边嬉戏这段神妙的描写为这首诗提供了解放的异象。海螺既属于理性的陆地，也属于启示的海洋，属于原初的结合，这因此让它成为诗歌想象最理想的典型。尽管阿拉伯人说海螺比石板更金贵，但是这节诗显然赋予几何和直觉真理以同等崇高的价值。不过，将石板比拟为数学理性这一形象十分接近布莱克笔下的乌里森（Urizen）象征；乌尔罗（Ulro）是与石板相关联的。华莱士 · 史蒂文斯使用的“岩石”这一象征，在精神上更接近华兹华斯。他这块岩石，如同华兹华斯的石板，实是人生的灰色地带，诗歌必须令这灰色绽放花朵。

我们或者可以探索梦境在此事件之中无穷尽的意义，或者可以 127
转向华兹华斯自己的解读，而如此便又将我们更带近《序曲》的意图。这里最关键的是华兹华斯如何近乎将自己看作这个堂吉诃德式的阿拉伯人。他幻想这是一个鲜活之人，“因爱和感觉而发痴，心念因无休的孤独而稽滞”。华兹华斯担忧，他的感性若过于强大，从而将理性制伏，这样一种命运就会降临己身。至于这个阿拉人的命运，诗歌虽称其为疯狂，“疯子那切切的焦灼”，颇似华兹华斯在《序曲》中流露的焦灼。二人皆欲挽救想象力，免使它坠进沙漠和大海的深渊——人类与自然完全隔绝，和被自然完全吞没。然而这位阿拉伯人似堂吉诃德，他所作的是无望的冒险，因为洪水会淹没一切。华兹华斯希望，在他徐缓而流畅地抵达眼前的自由的这桩旅程里，他自己的冒险会释放上天的治愈之水。

在这个梦境之后，便是《序曲》当中想象力的第一处大突破。在第六卷，诗人叙述夏天徒步去往阿尔卑斯山。他渴望穿越阿尔卑斯山，但自己也并不知晓这渴望从何而来。或许是渴望借克服他所能遭遇的最伟大的天堑，使得日渐成熟的想象力从自然得解脱。他找出了这次阿尔卑斯之旅与法国革命的开端之间的类似之处：

> 而当时在我的心中，自然是至高无上者，
> 雄伟的形状，攫住少年的幻想，
> 赋予不寻常的希望以特征。
> 在众国度不论哪个时代的普遍平静里，
> 我的心必定痴迷类似的渴望；
> 可是在当时，欧洲因欢喜而震颤，
> 法国站在金色时辰之巅，
> 人性似乎得以重生。

人性的重生预告华兹华斯自己的“不合常规的希望”。至于他所寻找的可以影响自己想象力的个人革命，华兹华斯似乎并没有意识到它的发生。他说那是一种“隐隐的焦渴”，“鲜有消解的时刻”，并且导致一种判然不同的忧伤。他取譬真正越过阿尔卑斯山这段插曲来解释这种焦渴。他迷了路，“指向云端的希望”都落空，因为一位农人告知，他已越过阿尔卑斯山，却全然不曾留意这桩伟大的
128 成就。猝然间，宏愿受挫的时刻转而被当作变形的中介：

> 想象力——冠以这个称呼的力量，
> 通过人类语言可悲的缺憾，
> 那可怕的力量自心灵的深渊升起，

似没有出处的蒸汽,陡然间,
卷裹独行的旅人。

心灵那份受挫的期许令它变成无形的深渊;想象力**从中而起**,并且自孕自生,如同陡然间劈空而起的蒸汽,“没有出处”,卷裹独行的旅人。然而想象力仍然属于我们,纵使在濒危时刻,它似乎与我们陌生:

　　　　　　　　我迷了路,
不费力地停止,以突破;
然而对我这有意识的灵魂,而今我可以说——
“我承认你的荣耀!”

华兹华斯怅然若失之时,因期许与实现之间的鸿沟而产生的眩晕将他牵絷,令他心里不留丝毫超越这股沮丧的冲动。然而**此时**,缅想当时,他懂得看清灵魂的所向披靡的期待能力的荣耀:

　　　　　　　　在如此的僭越力量之中,
当感觉之光熄灭,但光闪之间,揭示
不可见的世界,伟大便在此栖居,
在那里停泊;不论我们年轻或老衰,
我们的命定,我们的存在的心灵和家园,
与无限同在,并且唯在那里,
带着希望,永远不灭的希望,

努力、期待、欲望，
以及永远将要来临之物。

纵使在这里，在邻近神秘领域的诗行间，诗人的着重点仍是自然的。想象力僭居受挫的心灵之位，感官之光暂时熄灭：也就是说，不再感知对象世界。**但是**（这是诗人提出的附带条款），正是由于感官之光一时熄灭，更伟大的光芒一晃，豁然揭示不可见的世界。自然征服自然，而感官被自然之教导超越。在这节诗里，超越是最关键的元素，因为在想象力所实现的超越之中，便是人类伟大的居所
129 和港湾。“更多！更多！这是误会的灵魂在呼唤。略少于全部便不能满足人类。”布莱克说出这句相应的话。华兹华斯强调无限，因为在他看来，想象力精通或依赖无限性。在致诗人兰德（Landor，1824 年 1 月 21 日）的信中，他将想象定义为这样一种过程，在其中“万物彼此遗失，畛界消失，襟怀渐高”。在《序曲》前面部分歌颂“一种可能崇高的模糊感觉”（第二卷，第 317—318 行）的那一段之后，我们可以添附上这节诗“永远将要来临之物”的感觉。这样一种感觉构成灵魂的“战斗旌旗”，在其下，它既不求荣耀，也不求战利品，抑或自我满足，因为它是：

思想里的祝福
是它们自己的完美和回报，
强大的是她自身和福祉，
将她隐藏，如尼罗河的浩浩洪水，
流自阿比西尼亚云朵的泉源，

浇灌埃及全地。

这是称颂有创造力的灵魂的自治及其终极价值。有创造力的灵魂从自孕自生的雾中诞生,正如尼罗河的洪水出自的云遮雾障的高山。创造之水沛然倾泻,灌注心灵的深渊,赋其以灵魂的一些冲劲、期许和欲望。

在这个启示之后,华兹华斯随即能够自由地勾勒“伟大的启示录的特征”。他走在山里的邃岸幽谷,自然向他揭示其恒常的外貌与永恒的终极形式之间的统一:

　　不可衡量的、林木腐烂的高山,
永远不会被腐烂,
瀑布那静止的水流,
在每一道转弯的狭隘峡口
风阻挠风,困惑、凄凉。
大雨自清澈的蓝天泻下,
在我们耳畔呢喃的岩石,
在路旁说着话的黑色潮湿的峭崖,
似乎它们之内有一个声音,
狂暴的溪流那令人悚然的昏眩景象,
那不羁的云和上天的区域,
喧嚣与和平,黑暗与光——
全似单个心灵的工作,
同一张脸的五官,一棵树上的花;

伟大的启示录的特征，
永恒的类型和象征，
最初的，最后的，中间的，没有尽头。

这里如此出神入化地集聚了如此丰富的蕴藉，我们诚可将之读作诗人对于现象和不可见世界之间的终极关系的一种总结。森林永在腐朽的过程，但这个过程永不会中止，而只会持续到世界末日。瀑布直泻而下，却是看似静止。自不同方向刮来的风是相互对抗的，在峡谷里两相持衡。那些风受挫、困惑、孤凄。这些描述将风人性化。湍流、岩石、峭壁以声音参与这个述说，咆哮的水声渲染了人类骚动的特征。头顶，无垠的高天以雍睦安谧衬托底下的熬煎，以明亮衬托底下的幽暗。那在上的与在下的，便似出自一个统一心灵的工作成果，被比拟为一张脸的面部特征，一棵树的花朵，或其一或两者皆是。因为人类与那自然的，二者都是被揭示的伟大真实的特征，是永恒的同等的典型和象征。那股推动人的力量，也是驱使自然的力量，合并起来，人和自然是真正的形式，并且纵使最后的审判也不能超越这个真正的形式。在自然的引导之下，华兹华斯领受这个生存的暗示，然而启示的要点不仅是自然的，而且更是人性的。诗人在这里描述的不是自然，而是一种他无法命名的力量，这股力量契合《丁登寺》所歌颂的"更深刻融溶的某物"。

第六卷臻至顶巅之后，诗歌在第七卷坠进居留伦敦的深渊。

孤栖之际，华兹华斯才能有奔逸的想象力，不过《丁登寺》犹推崇"寂然、忧伤的人类音乐"，一种仰赖于社会的人类之爱。波特尔

（F. A. Pottle）在评述这个背景里的华兹华斯时说，尽管诗人“心怀万分好意，却从来不能以想象的模式应对密集的人群。如果他必须以想象理解大都市的生活，那么也须得在午夜，或凌晨，那时街上空寂无人，或至少在恶劣天气里，那时外面极少有人”。华兹华斯随人流走在拥挤的大街，心绪蕴结，感觉路过的每一张面孔都是一个谜。眼前一个景象猛地令他愕然：

> 一个盲乞丐，面庞端直，
> 靠墙直立，胸前挂着一张纸， 131
> 解释着他的故事，从哪里来，他是谁。
> 惊于这个景象，我的心灵飞转，
> 便似被瀑布的力量冲击。

嚣杂的人群不能驱动诗人的想象力，开启他的想象力的是人群中一个孤独的人。华兹华斯说，乞丐挂的那块可怜的标牌，乃是我们所能知晓的极限内容的恰当典型，关于宇宙，或我们自己的内容。不过，这不是乞丐突然现身这一景象所彰显的想象意味。这位乞丐与《决心与自立》里那位捉水蛭的老人一样，他令心灵设想启示录的水流状态，令心灵接受人与自然之间最终相通的暗示。捉水蛭的老人容易做到这一点，仅需通过做他所做的，他虽衰落，却依然赋有人形，完全融进那片衰萎得荒芜却依然是自然的景致。盲乞丐的景象是他周遭的阒然人群。他坐着，“面庞端直”，这一细节暗示内心的端直，也象征了外相佝偻的捉水蛭老人的坚忍。在满目满耳的纷乱嚣闹之中，他的标牌渲染一种人类疏离和个人存在的神秘的静默景象。

在这个凄凉的形象之后，诗人心怀喜悦地转入第八卷，起首宣告他重归自然，历述诗歌前半部的历程，由对自然的爱走向对人类的爱的诸阶段。承接前一种爱与后一种爱的人物是一位牧羊人，男孩华兹华斯赋予这个牧羊人以神话力量，看他是禀赋自然人的德性，一个无须经历生中之死的亚当，无需第二次重生。牧羊人通过强化其领地的特征就可以影响它：

> 我感觉他在自己的领土里的存在，
> 好似一个大公或主子，或一种力量，
> 或天才，在自然、在上帝之下，
> 在场主持：当他在那里时，
> 最严苛的孤独更显得威风。

这个形象给予华兹华斯信念的支撑，“相信我们可以成为的”。牧羊人就像天使米迦勒，甚至像康伯兰的老乞丐，是有能力想象的人，将他与大地相系的纽带十分牢固。

对人类的自然之爱引领华兹华斯，而这爱也引领先知卢梭的法国追随者以自然人的名义而革命。华兹华斯一位从事这项事业的
132 朋友，米歇尔·保普伊（Michel Beaupuy，或者如华兹华斯在第九卷第 419 行将其名字拼写为 Beaupuis），是革命队伍的高级军官，一次路见饿损干瘠的女孩，他向华兹华斯说道：“我们就是为了反对**那个**才打仗。”就是这么简单；华兹华斯评价他道：“人，如人一般地爱。”

1850年的《序曲》删去了华兹华斯和安妮特·华伦（Annette Vallon）的悲剧爱情故事，在1805年的《序曲》里，以瓦德拉库（Vaudracour）和朱莉娅（Julia）为化名讲述了这段恋情。华兹华斯删除这段爱情故事，大抵并非出自审美原因，尽管其中大半描写使人读来深感痛苦。然而其中也有丰富的意蕴，以近乎深情的口吻描述激动的回忆，并且这整桩爱情，纵使掩饰在化名之下，对于诗人的灵魂成长依然赋有重要的意义，纵使他似乎不曾如此看待。华兹华斯从不曾在任何其他诗歌里这样说及自己，这样的目光所看的不是自然，而是一个女人：

他眼前的心灵
充满了幻想；他眼看着
一个幻景，并且他爱他看见的东西。

我们也不愿错失机会目睹这位自然先知的动人之处，看他在黑夜里"借助一架梯子"，实现一次幽会。

华兹华斯和安妮特因英法两国的战争而分离。在诗中，瓦德拉库和朱莉娅因父母反对而分离。在真实人生里，分离所导致的后果多半隐匿。男人华兹华斯有一桩美满的婚姻，然而诗人华兹华斯似乎并非无恙。朱莉娅去了修道院，瓦德拉库发了疯。无论在《序曲》诗中还是诗外，无论在场还是不在场，这段恋情都是整部诗歌的一道豁隙。对华兹华斯来说，受羁的记忆尤其危险；而伪造矫托的记忆令想象力陷入绝境。

以迂回手法叙述感情危机之后，华兹华斯在第十卷和第十一卷转入了意识观念的危机，关于他的道德本性的至高考验。英国与法国革命队伍交战，华兹华斯体验到了深切的震动，一面歌颂革命，一面眼看“千千万万英国同胞倒下”，体验到了那种阴霾的感觉：

在最后的庇难所——我自己的灵魂里，感受
不忠的背弃，如死一般。

随之而来的是因恐怖，因作为侵略者的法国而激起的惊骇。华兹华斯如飘蓬无依，革命的信念被辜负，他试图以抽象思考替代信
133 念，决意盲目地笃信分析能力的灵效。依他自己的话说，就是掉进
了机械论者和唯物主义者的乌尔罗，掉进了一种与他的思考、感觉模式截然相异的理性主义：

时或相信，
时或怀疑；不休地，
因冲动、动机、对与错、义务而茫然，
规则是什么，认可自何而来；
及至，要求形式的**证据**，
在一切之中寻找，我失去
所有信念的感觉，最后，
苦楚，因种种矛盾而疲倦，
绝望之下放弃道德问题。

爱自然，从而爱人类；爱人类，所以为人类革命而心怀希望，而那希望受挫，便坠进非自然的深渊。在这深渊里，诗人的姊妹前来拯救，使他得以葆持“与真实自我的救赎沟通”，一如他在《丁登寺》祈求于她的。在另一处，他殊绝地迸发对于柯勒律治的爱——这部诗便是献给他的——诗人祝福他的友人也得到类似的救赎，使他重得“健康、欢喜、冲淡”。在第十二卷和第十三卷，他继而叙述衰颓危机的最后阶段，想象力和趣味的损伤，以及最终得以重生。

“盲信新偶像崇拜的人”，他

狂热地劳作，以将我的心
与她从前力量的所有泉源隔绝。

堕落的终极标志是他开始以应用于道德世界的分析观念审视可见宇宙。在《丁登寺》所描绘的审美冥思里，眼睛学会睿智地保持被动，因此我们了解了万物的生命。因为和睦的力量，因为喜悦的深切力量，眼睛变得安宁。丧失这些力量之后，陷于危机的诗人便慑于眼睛的威势：

我回忆起那段时间，
在那时，肉体之眼，在人生的每一阶段，
是我们的感官的最专制者，
它获得了如此强大的力量，
以致在我的心灵里时常据有
绝对的主宰。 134

对视觉表象的畏惧符合华兹华斯对于外在世界的崇拜，尽管这畏惧以吊诡的形式呈现。因为自然真实的视觉表象是易变的，而华兹华斯苦苦寻求着一种永不幻化的自然真实。在他看来，那种真实就在自然表象之内，并且因自然的渥恩，眼睛已赋有豁达的被动，从而能够迹踪终极真实的特征，或者用《丁登寺》的话来说叫“半创造”。眼睛必须分享，而不是企图占有，因为一旦有占据，便不能有真实，不能有相互给予的契约。因此，这种启示录般的感觉通常是听觉，正如在《不朽颂》里，或是看和听的有机融合，这正是诗里的婴孩所赋有的。哈特曼颇具启发地将此归结为“一种心灵在其中几乎无需外在动因而理解自己的想象，在这里，相比其知觉的对象，它同等地真实，同等地不可摧毁”。

两股外力将华兹华斯从肉眼的威势之下拯救出来，并且逐渐拯救他受损的想象力。其一是前文提及的多萝茜。其二是诗人所谓的“时间点”的创造性教义或神话：

> 我们的生存里，自有一些时间点，
> 以明确的卓著，存留
> 一种更新的德性，从那里……
> ……我们的心灵
> 得到滋养，在暗中得到修复。

这种德性潜伏在那些人生插曲之后，而正是那些插曲令我们知晓，个人的心灵如何以及在何种程度上主宰真实，而外在感官只是心灵的仆人。华兹华斯给我们两桩事件作为范例，不出意料的是，两桩皆取自童年。在第一个插曲里，他在父亲的仆人的引导鼓励之下，在山上学骑马。他们不幸走散，他惊恐而下马，拉着马走下瘠硗的荒野。他绊进一处谷底，曾有杀人犯在这里被绞死。行刑的痕迹大半已消失，但当地人仍然迷信地清理周围的杂草，将杀人犯的名字以硕大字迹刻写在草皮上。男孩看着眼前景象，然后拔脚奔逃，蹒跚而行，头晕目眩，迷了方向：

接着，再爬上荒芜的公共牧地，看见
山脚躺着一个光秃的池塘，
远处山巅的灯塔，更近处，
一个女孩，头上顶着水罐， 135
似乎艰难地迈出步子，迎着风头前行。
实际上，那只是平常的景象；
但我大约需要不为人类所知的色彩和词语，
以描绘那视觉景象的萧瑟，
那萧瑟，在我四下观看寻找失踪的向导之时，
笼罩了这沼泽地和光秃的池塘，
灯塔矗在伶仃的山顶，
劲风吹得女孩气馁，吹乱她的衣衫。

我们会说，在这样的境况下，男孩对草地上的新鲜字迹、腐烂的绞架的恐惧，是“自然的”。然而这“视觉景象的萧瑟”，却是更复杂的感觉。那公共牧地是荒凉的，山脚的池塘光秃秃，正如华兹华斯在

《决心与自立》——这是围绕“时间点”而写作的诗歌——遭遇捉水蛭的老人的那个池塘，好似敞向苍穹之眼。头顶水罐的女孩抵御风，一如在第六卷那段启示录般的诗节里，不同方向的风彼此相峙。男孩眼见的一切，荒野、光秃秃的池塘，孤丘驻立的独杆灯塔，经受大风狂袭的女孩与她的衣裳，都是同样地萧瑟，然而这些现象的裸露和脆弱，虚豁地承受自然的不可遏制的力量，融合为一种统一的景象。这些现象彼此交融，并且融进它们为之奉献的力量之中。

目睹之际，男孩不能在这个视觉的萧瑟景象里寻得丝毫慰藉，但他将此存留在记忆里。日后，他重返此地，在热恋的幸福时刻，身旁是心爱之人。此时，这幅同样的景象激起璀璨的想象，那绚烂的光彩因那些记忆所留存的力量而更崇高：

　　于是，感觉前来相助感觉，
种种力量看护我们，
如果我们曾经有力。

灵魂——依然记得从前如何感受，但不记得感受了什么——葆持可能崇高感的力量。想象力穿越记忆，挪用意象的力量，净化这番景象原本所赋有的萧瑟。这股力量于是便成了对那不可摧毁之
136 物的暗示，因为它既战胜了原初的自然萧瑟，也战胜了时间之流。

这力量是不可摧毁之物的，可是诗人能否保持这力量？我们复听见失落的绝望预兆：

　　　　　过去的日子，

几乎是从人生的黎明回归于我：
人的力量的隐匿之处
敞开；我接近它们，但它们关闭。
而今我时或瞥见；而当年岁过去，
或许全然不能看见。

时间点的功能是珍藏过往的精神，以便未来得以重生。就生的意义而言，这些时间点是纪念碑，赋予诗人依然能够感觉的东西以实质和生命。就死的意义而言，这些时间点成为纪念碑也是一种无意且遗憾的反讽。

诗人给予的另一时间点的范例，其繁复胜于前一事件。他和兄弟离开家，走向原野，急切想看被牵来的那些帕弗雷马，它将驮他回父亲的房子去。他攀上悬崖顶，俯瞰马匹可能会来的两条路：

那一天
风雨、阴霾、狂暴，我坐在草上，
半遮蔽在一堵秃墙下；
右边伏着单独一只绵羊
左边立着一株雕残的山楂。

他和身边这些同伴一起等待，雾霭时或散开，使他看清底下的原野。此事之后，他的父亲去世，他回想这次守望，以及心怀希望之时的焦灼：

之后，风，夹着冰雹的雨，

还有所有恶劣的天气，
那单只羊，那独株山楂，
石头秃墙传出的荒凉音乐，
林木和河流的声响，
自那两条道上升起的山雾
以不容置疑的形状前行；
所有这些，俱是类似的景象和声响，
是我时常回想的，从那里汲取，
137 好似从井里汲水。

当时他想些什么？在这个情景里，我们首先意识到自然风景的裸露。男孩的身体半掩在光秃的岩墙下。在他身边，一只绵羊在这裸露的庇护所避风，另一边是独棵山楂树，已在风雨之中凋萎。大雾四起，弥漫所有风景。从这眼脆弱的自然身分的泉井，所能掬取的便是——正如前面的事件——领会存在永恒不变，领会自然和人身之中的生命不会消逝。在我们内外的这个生命，必须经受天气，不论是风雨、黑暗，还是荒凉，然而这生命若以深情的笃信敞向这些自然力量，便不会被殄灭。

如此被时间点打磨得“温和”、“平静”之后，他对自然的信念得以恢复，诗人能够凯旋宣告：

我看到，
我再一次在人类身上看到欢喜的对象，
纯粹的想象力和爱的对象。

至此，他作好了准备，承接这部诗歌的启示录般的结尾，也就是第十四卷攀登雪墩山与山巅为他揭示的景象。全诗的结构止于异象时刻，这个异象安置在一座山巅，与月亮和底下易变的世界相关联，但也与其上永恒的世界相关联。诗人被升腾的想象之雾环绕，举目看月亮悬在碧空。雾霭漫漫横亘，如结实的蒸汽，尽眼力所及，宛然一片静止的海洋。沧海中央，蓦然出现一道罅隙，自罅隙之间：

升起无数河川、激流、溪水的轰鸣，
以一个声音咆哮？
在大地和海洋之上听见，并且，在那个时间，
星空也感觉到，因为似乎是这样。

在此之前，华兹华斯诗歌里的雾霭是想象力的象征，自此之后，雾霭便是启示录的象征，最后审判之洪水的汇聚。即使在异象消退之后，那浩荡之水仍然留有余响，令人仍然感受其力量，甚至一时令星空变色。关于这个景象，诗人说道：

　　我想到，那种雍穆的知性的典范，
它的行为与财富，它所拥有的、渴望的，
它本身是什么，将会变成什么。 138
在那里，我眼见一个心灵的象征，
它以无限为滋养，思索黑暗的深渊，
意图聆听其种种声音，涌出到沉默的光里，

那一股持续不断的涌流；一个心灵
通过领会超验的力量而存续。

他眼前的景象是“雍穆的知性的典范”，月亮则象征心灵凝望沉思那黑暗的深渊。月亮宰治其下变迁的万物，从更大识野的无限性汲取能量，以获得超越变迁的暗示。月亮犹如诗人萌动的意识，仰望不可摧毁的苍穹，仰视海一般的雾霭，暗示我们所知世界的短暂性（暗示这世界会再度遭受洪水），以及洪水的审判之后世界最终持久。华兹华斯抓住艾略特所称的“转动世界的静止点”，领悟其月亮般的意识与雍穆的知性之间的关系，那份领悟而今感受到人类心灵的互通力量，但同时超越人类和自然。华兹华斯在这里给予我们的是他的上帝意象，接近但丁在《天堂篇》结尾那个殊绝的形象，其中唯一差异在于这里的景象依然无比自然。尽管那揭示的并不是自然，而是力量，但这股力量的呈现并非奇迹，而是自然过程和视觉表象的强化。日后，在《漫游》里，华兹华斯不会再如此信任诗歌的力量，从而不再有如此自发的宣言，不再看见如此人性的意象。在这里，收拢《序曲》各端诗绪之时，他对于自己的技艺，对于自然解脱的个人神话，都有笃定的信心。他以这份信心创造了足能荡涤人生的伟大诗歌，引用华莱士·史蒂文斯的诗歌来说：

一种灵药，一种激励，一种精纯的力量。
这首诗以真率又召回一种力量，
139 那力量赋予万物以真率的善。

塞缪尔·泰勒·柯勒律治
（1772—1834）

一

柯勒律治是一位乡下牧师排行十四的幼子，是早慧又孤独的孩子，是他家里最矮最丑的那个。他年少时爱做梦，颇有些脾气（依他自己所说），九岁时便遭丧父之痛（所有孩子当中，他最受父亲宠爱）。父亲逝世后不久，他进入伦敦基督公学（Christ’s Hospital），这所出色的学校提供了他所需的培养，并且也在这里遇见日后成为散文大家的查尔斯·兰姆，二人结下终生的友谊。柯勒律治年轻时就成了诗人，并且深爱一位校友的姊妹玛丽·伊万斯，可惜没有结果。

在剑桥耶稣学院，柯勒律治起初学得甚好，但他的禀性并不适宜学术训练，从而未能出色。他拖着一身债务逃离剑桥，应募从军，化名为赛拉斯·汤姆金·康伯巴奇（Silas Tomkyn Comberbache）这个不朽的名字加入了骑兵团。虽然他在替骑兵团的朋友写情书这一点上颇为有用，但他总是摔下马，除了打扫马厩，便一无是处，骑兵团准许他的兄弟们将他买出。他回到剑桥，但他特有的罪恶感妨碍了他在学业上用功，1794 年离开剑桥时，他没有得到学位。

作为一文不名的年轻诗人，抱持十分极端的政治观念和独特的宗教思想，柯勒律治与当时同样极端的诗人罗伯特·骚塞（Robert

Southey）结为契友，而今人们看骚塞是深受拜伦讽刺诗非难的桂冠诗人。这两位爱写诗的年轻人规划着他们所谓的“大同社会”（pantisocracy）。倘若有些适宜的年轻女士，最好再添上几个佳妙的同道，他们大概会在神奇的宾夕凡尼亚萨斯奎哈纳河畔建立农耕文学部落。在骚塞的敦促之下，柯勒律治与不甚颖悟的莎拉·弗里
140 克（Sara Fricker）大同式地订婚，而骚塞则将与其姊妹成婚。大同社会死于襁褓之中，柯勒律治及时醒悟，可怜地发觉处身不称心的婚姻，他人生的不幸莫过于此。

他转而投向华兹华斯，二人在1795年便已结识。他的诗歌影响华兹华斯的诗歌，并且帮助后者臻至其特有的模式。若说柯勒律治的诗歌消失在华兹华斯的诗歌之中，这句话绝不过分。我们将《抒情歌谣集》（1798）看作华兹华斯的作品，然后其中三分之一（就诗集的长度而言）是柯勒律治的作品。在《老水手行》之外，《丁登寺》是这册诗集之最，但这首诗极大地受惠于柯勒律治的《午夜之霜》。我们鲜少见到华兹华斯称赏或鼓励这位友人写诗，而且他一向嫌忌《老水手行》，而《忧郁颂》和《致威廉·华兹华斯》更是不可避免地令他不安。看待华兹华斯的诗歌之时，柯勒律治全无私心，却只得忍受挚友对自己诗歌抱负的无视。

由于文学必然关乎性情和本性，此事不容易说得公道。柯勒律治与济慈一般迷人（在一些读者看来，也似雪莱）。拜伦至少总是令人痴迷，布莱克以其孤峭雄健的姿态成为想象力的英雄。而华兹华斯的性情，一如弥尔顿或但丁，并不能激起一般读者的向往之心。沃尔特·佩特说，柯勒律治赋有一种“谲异的魅力”。他似乎将自己做成失败的神话，这一点实在令人惊怪，尤其是当我们综观他的诗

作之时。

然而正是他的人生及其在诗歌上的自弃，仍然使我们相信应当在他身上寻找天才之失败的寓言。他最好的诗歌都是在 1797—1798 年间创作，这一年半之间，他每日与华兹华斯晤面，然而纵然这些诗歌最好，也俱是片段，唯有《老水手行》这一首完整的诗。他的人生图式也是残碎的。从韦奇伍德（Wedgwood）那里得到一笔年金之时，他便离开华兹华斯和多萝茜，去往德国学习语言和哲学（1798—1799 年）。归国后未几，他便走入凄惨的中年，尽管当时仅二十七岁。他搬到华兹华斯家附近，再度铭心又惆惋地爱上莎拉 · 哈钦森（Sara Hutchinson），她的姊妹玛丽于 1802 年成为华兹华斯的妻子。他自己的婚姻已是无望，健康急剧衰颓，或许是心理原因。他开始喝鸦片酊，以忍受痛苦，从此成瘾，再不能完全戒断。1804 年，他前往马耳他，以求康复，但两年后便归来，身体状态跌至谷底。与柯勒律治太太分居之后，他移居伦敦，开始从事其他职业，做讲师、文人、期刊编辑，同时生活的困苦日渐恶化。1810 年他与 141
华兹华斯发生无可避免的争执，二人于 1812 年表面和好，但是真正的友谊及至 1828 年才得以恢复。

自 1816 年以来，柯勒律治住在詹姆斯 · 吉尔曼（James Gillman）医生家，以便能够继续工作而不至于病垮。柯勒律治过早地衰颓，诗歌创作期已尽，此时进入作为批评家和哲学家的人生主要阶段，他的历史地位便缘于这个最后的人生阶段。这篇关于其诗歌的导言不能多谈这方面的成就，正如也不能多谈他早年的散文成就。余下的问题是他作为诗人有何成就，1807 年之后他何以不再写诗？ 1807 年之后，华兹华斯仍在写诗，尽管大多写得糟糕。自三十五岁以来，柯勒律治写了寥寥几首诗，虽都极赋力量，但都是应景酬寄。鉴于他的想象力量不曾衰落，难道他的诗歌意志也不曾衰落？

柯勒律治的一大诗歌抱负是写作一部以恶的起源为题材的哲学史诗，一组歌颂日、月、自然力量的颂诗。这些高超的计划迟缓却断然地破灭了，继而他梦想写作一部《哲学巨著》（*Opus Maximum*），这部集大成的著作旨在调和唯心主义哲学与基督教的正统真理观念。尽管他仅写出这部作品的一些片段，却完成了不少的工作——关于神学、政治理论、批评的思考，这些思想日后深刻地影响了维多利亚时代保守的英国思想界，并且以迥异的方式影响了以爱默生和西奥多·帕克（Theodore Parker）为先驱的美国超验主义。

柯勒律治作为诗人的真正成就，可以分作迥异得惊人的两类——说是惊人，因为这些诗歌几乎是同时创作。其一是魔性的，势必也是较出名的，也即《老水手行》、《克丽斯德蓓》、《忽必烈汗》。其二是“谈话”式的，包括名副其实的对话式诗歌，其中《伊俄勒斯之琴》和《午夜之霜》是最重要的代表作，还有一些散漫的颂诗，诸如《忧郁颂》和《致威廉·华兹华斯》。最后创作的一些片段，如《地狱边缘》和《极点》，属于对魔性模式的回归。似柯勒律治这样禀赋不凡的诗人，却仅创作了九部重要的好诗，令人不免痛惋，然而这两类诗歌的独特性多少弥补了著作单薄这一遗憾。

魔性模式的诗歌，冲破了柯勒律治因自己的道德畏惧而给想象的冲动所设置的正统审查，从而抒发了肺腑之言。这类诗歌之间的统一元素是魔法般的冒险图式，冒险的目标是意欲调和诗人的自我意识与关涉神宥的更高存在。幸喜这个和解发生在所有这些诗歌之外。老水手企及一种净化状态,但不能超越那净化过程。克丽斯德蓓遭女巫吉若丁侵犯,但这也是一种净化,而不是获咎,因为她十 142
足的天真是她唯一的缺陷。在自己诗歌最震撼的地方,柯勒律治不禁拟用阿波罗重生的状态——双眸炯然、长发拂拂的少年——但他打消诗人的天堂这个意象,仅将其判为又一种净化。

对话类诗歌虽各有迥异的模式,但都是直接地表达一个共同的主题:归家的热望,不是回到从前,而是回到哈特·克莱恩以巧丽的措辞所说的"经修缮的婴孩期"(an improved infancy)。正如魔性类诗歌,这里每一首诗都接近一种替人受过和炼狱赎罪的意味,柯勒律治身处其中,必须遭受失败或苦难,才能让他心爱的人可能得以成功或者体会喜悦。这里更有一种含蓄的暗示,就好似他若能替人赎罪,他就会在此生被接纳进一个真正的家。

华兹华斯以其原初的力量,自如地支配主观世界,帮助他的读者学习感觉这种难学的技艺,而柯勒律治特意让自己被主观性打败,并且甘愿写作自白式的诗歌。然而纵使他不能似华兹华斯那样帮助我们学习感觉,他也使得我们理解,他自己对于现实的感觉有多么深刻。从某种意义上说,他的诗歌是失败的证词,屈服于影响的焦虑和对自赞自乐的畏惧,但也是文学赋予我们的此类证词之中痛恻得最隽永的诗歌。

二

柯勒律治说:"从心理上说,意识是个难题。"他又惆然添道:

"几乎所有一切都还没有实现。"凯瑟琳·考本以及其他学者为我们展示了他实现的程度。我在这里关注一个更辛酸的问题,反复思考作为诗人的他,何以没有实现更多。关于柯勒律治的为人和写作的焦虑,尤其是过去的负担及其之于诗歌的牵制,沃尔特·杰克逊·巴特最近作出了令人信服的思考。我偏离巴特的思路,转而强调"何为焦虑的诗学"这个关键问题,每一个迟后的强大诗人都要借这个误读过程替自己开拓想象的空间。

柯勒律治原可成为如布莱克或华兹华斯那般强大的诗人。他原可成为伟大幽灵弥尔顿须迎战、须克服的又一强敌,但那种结果绝对需要展开一场似布莱克的《四天神》或华兹华斯的《漫游》所摆开的巨人般的战役,并且那位先辈的胜利,也如同其对布莱克的《耶路撒冷》和华兹华斯的《序曲》的抵抗一般,仅是勉强胜出。然
143 而柯勒律治不曾给我们留下这样的诗作。在这篇导言结尾,我会作一番揣想,构想那些诗作原本可以是什么模样。我首先将奥斯卡·王尔德作为我这场探究在文学批评上的先辈,他所抱持的光辉耿耿的原则是,最高批评在对象中看见非其原貌的东西。接着我将引援王尔德的先辈沃尔特·佩特,在我看来,他撰于1866年的文章《论柯勒律治的作品》至今仍是论述柯勒律治最好的文章,此后一百年的各家评论也无一能够超越。佩特深知自己从柯勒律治那里获取的教益,也深知柯勒律治带给他的焦虑,并因此获得了对柯勒律治更深入、更细致的认识。佩特这位伟大的伊壁鸠鲁批评家激烈地反对"有机类似"(Organic analogue)这个概念,但也看出这个概念是柯勒律治作为创造者的深刻焦虑的产物。因此,我先探讨佩特关于柯勒律治的论述,继而立即转入柯勒律治的内心,试看柯勒律治如何

激切地拒不浸染强大诗人必备的残酷。

柯勒律治和佩特皆明悉，这份残酷表现为近乎唯我论、自我中心的崇高，或者弥尔顿那神一般的姿态。自1795年以来，柯勒律治就理解、深爱、妒嫉那位自弥尔顿之后最伟大的崇高典范——华兹华斯，心中既欢喜，又忧悒。他几乎不由自主地不断地研究这位真正现代的强大诗人的光耀。我们无从得知他所给予华兹华斯的，是否胜过他所得到的，但他有个迷人且烦人的弱点，那就是他总是需要更多的爱，超过他所能得到的，不论他能得到多少："我需要的只是被爱，/ 而我爱着的人，我是真真地爱。"

佩特说柯勒律治有种"诡异魅力"。他理解但抗拒这股魅力，因为他要以"相对精神"（relative spirit）的神圣之名，反对柯勒律治陈旧的"绝对精神"（absolute spirit）。在一段致柯勒律治的落落大方却浮泛的赞辞里，佩特说道：

> 柯勒律治的文学人生，致力于无私地反对将相对精神应用于道德和宗教问题。他无处无休地试图去理解绝对，去有效地印证绝对，要叫人认可绝对。柯勒律治的追求没有成功，可以说，这对他来说是幸事，因为这项求索实是反抗愈发强大的心灵本身，……因他选择这个颇多争议的问题，因他要印证绝对的决心，他的诗才被削弱了，或者说是被修正了。

佩特说，对绝对的印证——抑或是我们可能会说，对正统基督
教思想许可之外的所有二元论的拒斥——确实不能作为19世纪初 144
的诗歌素材，试读诸如《日出之前的赞歌，于沙莫尼山谷》（"Hymn

before Sun-Rise, in the Vale of Chamouni”）这样的诗歌，我们大抵会赞同佩特的看法。他认为华兹华斯胜过柯勒律治甚至歌德之时，我们也会认同他的推许，称赏华兹华斯“无瑕的性情……它将他对潜藏于自然中的知性的确信限定在情感或直觉的范围之内，并且将其限定于完美艺术所容许的灵秀、雅驯的表达”。佩特继而说道，柯勒律治将华兹华斯的直觉换作一个哲学观念，这意味着柯勒律治的诗歌须比华兹华斯的“更激烈、更赋自我意识”。佩特认为，如此一来便意味着，鉴于要追求审美效果，在相对精神里，不必将哲学思想太当真。而柯勒律治过于当真的一个思想便是“有机类似”，我们继续阅读佩特这篇文章，便会越发明了，这位审美批评家一路娓娓道来，实则意在驳诘这个有机类似原则。他援引柯勒律治关于莎士比亚的描述：“一个人性化的自然，一种融融晏晏的理解，赋有自我意识地将一种力量和隐微的智慧推至深于我们意识的深处。”佩特以辛辣的语气评论道：“现在，‘绝对’在艺术领域得以印证，而思想开始凝固。”佩特又以煊赫的气矜说道，柯勒律治“模糊了艺术的真正兴趣”。借由将艺术作品比拟为有机生物，柯勒律治准确地描绘了艺术作品所给予我们的印象，却“不曾道明艺术作品得以创造的过程”。

在《镜与灯》里，艾布拉姆斯反诘佩特，替柯勒律治辩护，认为柯勒律治清楚自己的主要问题是“要运用有机生命的类似解释创造心理那种自发的、由灵感所激发的以及自我演化的东西，但他自己并非绝不融通地执守这个手法，以至于抑损预见和选择这对相反属性所带来的后发事件”。尽管艾布拉姆斯认为佩特“见识浅”，在我看来，胜利恐怕还是属于支持相对精神的那位，因为佩特并非主张柯勒律治不知运用有机类似的危害之处，而是认为不论在这里或他处，这一见识不能为柯勒律治带来救赎。这里的关键在于柯勒律治——而不是莎士比亚——是否能够“自觉地将一种力量与隐微的智慧推至深于我们意识的深处”。佩特的申诉绝非空洞，因为柯勒律治在评论莎士比亚、但丁、弥尔顿之时，时时重复其绝对原则，也就是说诗歌从诗歌本身之内生长，诗歌的“完整性不在想象或构想之中，而在总体和绝对存在的内在感觉之中”。正如佩特所说，“那种虚诞的内在性是贫瘠的”，因为“这种内在性将我们远远拉离我们所能看见、听闻、感觉的东西”，因为这内在性骗取感觉和情感的胜利。在此，我推举佩特的智慧，不仅是要反对柯勒律治——我虽与 145
佩特一样对他深怀钦慕——而且也是要反对仍守持柯勒律治的绝对精神的形式主义批评。

柯勒律治如此渴望绝对，这种令人蹇踬的饥渴到底有什么想象来源？1831 年 8 月 9 日，在逝世前三年，他在笔记本里写道：“自从最早能够记事以来，我就有种对于无力的权能的意识——对于在内心有一种软弱感的不平常权能的感知、经验……现在这种感觉更是强烈无比，当我的所有幻想，在它们仍然完全时，好似被引回**内心**，通过对它们的镇摄、浓缩而得到一种力量的模拟替代。”这里又出现佩特所谓的贫瘠与虚诞的内在性，只是其呈现的背景比有机原则的背景更黯淡。

这个背景便是弥尔顿的“死的宇宙”，柯勒律治将“生中之死”（death-in-life）理解为“**分**的悲惨”（the wretchedness of *division*）。我们若身处那样的宇宙，那么“我们看自己是各自分离的存在，将自然置于心灵的对立面，正如客观之于主观，事物之于思想，死之于生”。柯勒律治说，如此分离地存在，就是“一颗无灵魂的恒星，我的存在接受不到任何光芒或影响，**我如此畏惧的这样一种孤独，甚至不能将这样的孤独归给神性的自然**”。我们可以说，这就是柯勒律治的“反崇高”，是他对强大诗人的影响焦虑的回应。在他的心里，对于唯我主义的畏惧，胜过对自己的想象力不能够拔萃的担心。

正如其他浪漫主义大诗人，柯勒律治的原初先辈诗人是弥尔顿。但这里需补充一个说明。所有这些诗人——布莱克、华兹华斯、雪莱、柯勒律治（唯济慈例外）——都认为在弥尔顿之外另有一部更崇高的诗歌，然而因其作家是一个民族，而不是单个诗人，又因其在遥远的古昔，其伟大便不足以镇摄想象力，除非是将这部作品看作那原初先辈本身的，而所有创造悉出于他。在这些诗人之中，唯有柯勒律治沾染了一种双重的崇高的影响焦虑。在弥尔顿那蕴藉肃杀恐怖的美之外，另有一种更肃杀的美。1796 年 12 月 1 日致塞勒瓦尔（Thelwall）信里，柯勒律治写道：“弥尔顿岂不是比荷马、维吉尔**更崇高的**诗人？他的人物岂不是装扮得更崇高？难道你不晓得，弥尔顿的《失乐园》大概没有**一页**不是从《圣经》借来形象的？我承认且庆幸**基督**仅要求理解力和情感，但是我要说，阅读以赛亚或圣保罗致希伯来人的书信之后，荷马和维吉尔叫我觉得**驯服**得腻味，弥尔顿本人也是勉强可读。”但柯勒律治极少说这样的话。弥
146 尔顿似乎经常化为一种终极影响力，在我看来，这是再切当不过的做法。1796 年，柯勒律治在评论伯克《致一位高贵的公爵》（*Letter to a Noble Lord*）时写道：“弥尔顿没有活在我们这个时代，实是诗歌之幸……”在此，柯勒律治转向了他关注的要点，而我们要切记他的原则：“莎士比亚潜在地代表了所有人，除了弥尔顿之外。”这

又引向另一条更含糊的原则，它是根据柯勒律治1811年11年28日的演讲流传下来的："莎士比亚化为万物，自己又完全融合万物，而万物、形相俱化为弥尔顿——这位诗人永在我们心头，让我们极其满足，因为他所表现的东西丧失了显著独特性。"尽管柯勒律治诚挚地承认自己极其满足，但也承认失落感。弥尔顿的伟大是以柯勒律治的至爱之物为代价，他深知他的一元论渴望可能会淹没那一种差异原则。在柯勒律治看来，弥尔顿本人就是神话般的单子（monad）。评论《失乐园》第三卷开端的呼告光芒之时，柯勒律治说："在基督教的所有现代诗歌里，存在着一种本性有罪的下意识，一种外界事物的飞逝，心灵或主体比客体更伟大，沉思占据威势。《失乐园》最崇高之处是弥尔顿袒露心灵之际，心灵创作自己，衍化其本身的伟大；实情如此，当他引入仅以客观美取悦眼目之物时，此物起初便似扞格不入。"这段话可作如下概括：在没有弥尔顿的地方，自然便是一片贫瘠，而重要意义在于，弥尔顿被容许作这样的孤独者，柯勒律治怵惕得不敢想象神圣存在竟是这样的孤独者。

汉弗莱·豪斯（Humphry House）详述道："柯勒律治对自己的诗歌谦逊得出奇，并且这是一种相当离奇的谦逊，时或更似卑微与用心过深。"正如豪斯所说，柯勒律治对于出版诗歌深怀忌惮，及至1828年五十六岁时，他仍不曾出版一册像样的诗集。华兹华斯的态度自然于事无济，哈钦森姊妹和多萝茜无疑是附从华兹华斯的态度。柯勒律治的眼前是华兹华斯，从前又有弥尔顿。料想柯勒律治大抵知道《丁登寺》大半缘自《午夜之霜》，但他从未表露过。难道非得转投心理学猜想，才能推究究竟是什么羁縻了柯勒律治，或者是否还有更可靠的援助？

在《文学传记》里，柯勒律治不大客气地评判过他的前华兹华斯时代的诗歌，尤其是《宗教沉思》（“Religious Musings”）这类。然而我们若要探究柯勒律治蓄志未酬的缘故，便须从这里着手——倘若果真有空间，在这里，在《民族的命运》（“The Destiny
147 of Nations”）残章（而不是1817年胡乱拼凑的版本）、《流年颂》（“Ode to the Departing Year”）、《悼查特顿之死》（“Monody on the Death of Chatterton”）的早期版本之中寻找。自从华兹华斯降临柯勒律治的人生以来（据说类似自天而降的“认识你自己”的训诫，实则更似弥尔顿之光的新形式），柯勒律治的诗歌抱负从此便有了另一种顾忌。我们需先探讨弥尔顿的阴影之于柯勒律治早期诗歌的影响，而后方能看清他成熟时期与影响的抗争。

柯勒律治以其独特的自毁方式，赋予《宗教沉思》这样一个确凿的副标题：“一首拉杂的诗，写于1794年圣诞前夕”（A Desultory Poem, Written on the Christmas Eve of 1794 ）。“Desultory”的拉丁语词根本意是“纵跃”（vaulting），柯勒律治有意识地要让诗歌跳跳蹿蹿，他的想象力却在“纵跃”，因为《宗教沉思》赋有迥彻的寄托雄心。“现在正是时候……”诗歌以此起句，直接回应弥尔顿的《基督诞生颂歌》（“Nativity”），但它所紧接的并非歌颂，而是契近《失乐园》最崇高的诗章，尤其是第三卷的呼告。正如创作于1802年的《日出之前颂歌》（“Hymn before Sun-Rise”），这首诗作为诗歌的至大缺陷在于不肯停止欢呼，在仅四百多行的定稿里，我竟数出了一百多个感叹号。无论你觉得柯勒律治这习惯令人腻烦，还是可爱，都不重要；他就是不能停止呐喊。他呐喊，因为他在纵跳，他是崇高之跳高运动员，并且在心理上无法回避这一点。我引用这首诗最后一节，阅读这节诗之时，我带着兴味，也带着迷惑，因为我判定不了这里原本可以写得多好，尽管似乎读来颇为糟糕，但至少是糟糕得崇高的。这一节绝不乏味，不似华兹华斯的乏味的糟糕，譬如《漫游》里常见的无以复加的糟糕，甚或《序曲》之中众多片段（承认这一点就是邪说！），那些我们急急略过的诗行，直到又读到佳妙之处，顿时感觉松气，又有了劲头。在这节诗里，柯勒律治以古怪的口吻效仿贝克莱呐喊——“人生是遮掩真理的幻想”——之后，看见“笼罩的云散去”，上帝在光芒之中现身宝座。柯勒律治因这幻象而狂喜，骞腾而轩翥，要加入那幻象之中：

> 沉思的圣灵！你盘旋在上，
> 用不倦的目光注视无涯的源泉，
> 洋溢着创造的神祇！
> 你赋有柔韧易塑的力量，能将事物融合，
> 以掀起的浪涌，
> 席卷过更为整体的、物质的众生！
> 至圣的上帝！
> （若是无限心灵的单子又如何？）
> 我也许会走上我永生的旅程，
> 终有一天将加入你神迷的唱诗班！ 148
> 在那之前，且让我聆听动人心弦的颂歌，
> 驯服我这年轻的、初学者的思想，
> 啊，是的，乘着冲向天际翱翔的沉思的翅膀，
> 我呼吸爱的灵气，创造万物、无所不在的爱，

它的黎明在我的心灵里灿烂地升起，
一如伟大的太阳，当他把阳光
撒满霜冻的河面——欢喜的河水
流向光束，一边流动，一边呖呖地啭鸣。

学者们同意，这段不甚明了的诗节以某种方式糅合了早期的上帝一位论教义和后期正统教义，以及贝克莱、约翰·哈特利（John Hartley）、牛顿、新柏拉图主义的影响，可能另有不少奥义。一般读者多半会想到弥尔顿，并且所料不错，因为在这里，只有弥尔顿才是关键，余下的都不重要。柯勒律治所呼告的灵是弥尔顿的天使，尽管他们的职能似乎更繁复。柯勒律治笃定地跟自己以及我们保证，他的道路是不朽的，他最终会成为弥尔顿式的天使，从而也可能是无限心灵的一粒单子。与此同时，他要研究弥尔顿的"令人心悸的诗歌"。除此之外，他所需要的就是爱，而这爱实际上就是他呼吸的空气，阳光犹如诗歌之流从他的灵魂照耀而出，而他则流向自然的太阳，那太阳无异于上帝。我们如若思索这里的诚挚是多么慥慥笃实，如若想到柯勒律治的真正的诗歌道路，便会不禁中心震动。因震动而如何？或许因内心震动而记起柯勒律治的一句话："很多人，尤其在人生之初，汲汲然渴望人生的终点，而忽视一路的艰难；还有另一类人，眼里别无所见。那第一类人有时可能会失败；而后一类人鲜有成就者。"不论这句话对于其他人来说是否真实，没有哪个诗人能够成为强大的诗人，除非他从一开始不顾一路的艰难而往前走。他随即便会遇上那些困难，其中一大危难就是先辈和激励者作势要将他包摄，一如在《宗教沉思》以及其他前华兹华斯时代的诗歌里，柯勒律治被弥尔顿包摄。在这里，我要先谈谈其他的东西，然后再转回到柯勒律治的诗歌，因为我的论述要着眼于诗歌影响这一魅奇、使人迷溺却又险象迭生之地。在这种境地中，我仅借着一点光亮探索，而这点光也并无出处。

我并不以为诗歌影响仅是自然发生的事情，仅是思想和形象从前辈传至后辈诗人的过程。在那种观点看来，影响是否导致了后世 149
诗人的焦虑就只是性情和境况的问题。诗歌影响从而被削抑为考源（source-study），例如洛斯（Lowes）以及后来的学者关于柯勒律治的研究。对于此类研究，柯勒律治自是不屑，我以为大多批评家能够看出这样的研究领域只能是贫瘠的。此类研究于我一无教益，而我所谓的诗歌影响研究是将考源的里子翻出来。依我看来，真正的诗歌影响研究的首要原则是，没有哪位强力诗人有什么渊源，没有哪首强大诗歌仅是隐涉另一首诗。一首强大诗歌的意义是另一首强大的诗歌，是一位先辈的诗被误解、修改、规避、扭曲并经受后来诗歌的喜好和偏见，在此意义上，诗歌影响实则就是误读，一位诗人因先辈的诗歌不断地**找着**（finding）他而苦恼，“找着”一词借自柯勒律治。然而，即使是这样的误读，也只是新诗人迈出的第一步，在这个早期阶段，先辈诗人的影响洪流把他冲向更普罗米修斯式的阶段，在此阶段，他寻求着自己的火种——尽管这火种须窃自先辈诗人。

我认为，强大诗人试图将其所继承的遗产化为能够辅佐自己的东西，而不会因为先在性导致失败的焦虑而将其抑制，从而不能展现自己的诗才，其人生的周期便要经历六个阶段。这些阶段是修改方法（revisionary ratios）[1]，为了简洁起见，我为这些阶段任意取了些名字，这些名称于我极有用，或许也可能有益于他人。我在此罗列这些名称，附以描述，但不加范例解释，因为这里仅能做简略概述，随即便须回到柯勒律治的诗歌。简述仅是备用，以应用于柯勒律治这个范例。

1. **克里纳门**（Clinamen），即诗歌误读。我从卢克莱修那里借来了这个词。卢克莱修使用此词指原子的偏离，它使宇宙得以发生变化。后世诗人通过发挥 Clinamen 来阅读先辈诗歌，并以此偏离先辈诗歌。这一过程表现为后世诗人的诗歌的修正运动，这暗示着先辈诗歌及至某个特定点之时是准确的，而企及那个点之后，本应偏离，也即应精确地偏向新诗歌所趋的方向。

2. **苔瑟拉**（Tessera），即完成和对峙。此词并非取自马赛克制法——此词仍在这门工艺里沿用——而是取自往古的神话崇拜祭仪，意为身份认证的凭据。譬如一只小罐的散碎瓷片，众瓷片相拼，重新拼合这只罐子。后世诗人以这样一种方式阅读先辈之诗，也就
150 是使其光华犹存，却隐含截然相反的意义，便好似先辈未能走得更远，从而正好以对抗性的方式“完成”先辈的诗歌。

3. **克诺西斯**（Kenosis），这是一种分裂的手法，类似我们的精神用来抵抗重复冲动的防卫机制。从而，Kenosis 是与先辈决裂的行动。此词出自圣保罗，意指耶稣甘愿从神降格为人之时所作的自我卑抑，或者倾空。迟来的诗人貌似倾空自己的诗兴，想象的神性，

① 因“ratio”一词原意广泛，这里译者根据自己理解改译为“方法”，而不取已有的“修正比”、“窜改比率”等译法。

似是贬抑自己，好似不再作诗人，然而这种抑退应合先辈的退萎之诗而行，从而使得先辈诗人也随之倾空，因此迟来的诗歌的退缩便不似表面所见那般绝对。

4. **魔性化**（Daemonization），这是应合先辈的崇高而起的朝向个人化的反崇高行动。我袭用的是此词在新柏拉图主义中的意思，指一种非神非人的中间存在，附身于天才诗人以作辅佐。迟来的诗人将自己敞向一种在他以为是先辈诗歌之中的力量，而这种力量实则并不属于先辈，而是属于在先辈之外的存在。他在自己的诗歌之中如此行事，如此处置自己与先辈的诗歌之间的关系，从而将先辈的诗歌的独特性化为平常。

5. **阿斯克西斯**（Askesis），这是旨在达到孤独状态的自我净化行动。此词虽常见，但我是取自如恩培多克勒等前苏格拉底术士的践行。后来的诗人不再似 kenosis 阶段那样作“倾空”的修正行动，而是作削减：放弃自己的一部分人性和想象力的禀赋，从而使自己有别于他人，包括先辈诗人。他在自己的诗歌之中实现 askesis 的方式是，他那样处理自己的诗歌之于先辈诗歌的联系，以致先辈诗歌也遭受 askesis；先辈诗人的天赋从而也受削减。

6. **阿波弗里达斯**（Apophrades），或者叫“死者回归”。此词原指雅典人的凶日或不吉的日子，时值这些日子，死者会重回生前的住宅。后来的诗人在其最后阶段，已经承负了沉重的近乎唯我主义的想象的孤独，又将自己的诗歌如此地向先辈的作品敞开，乍见之下，我们大约会以为他已兜回原地，又回到之前泛滥的学徒阶段，回到 clinamen 与其他修改方法诸阶段之前。然而此时他的诗歌向先辈诗人敞开着，在曾经敞开的地方，那玄妙的效果在于，新诗人的造 151

旨不会使我们以为他的诗歌是由先辈诗人所写,而是使我们以为迟来的诗人写下了先辈最典型的作品。

我以为,每一位后启蒙时代的强大诗人——为方便起见,在英国可以说是弥尔顿之后的强大诗人,其人生作品都遵循着这六个修改方法,通常呈现出周期性。现在我转回正题,柯勒律治赋有成为强大诗人的潜能,然而拒绝走完这个过程而成为那样的人。这迥异于布莱克、华兹华斯,以及之后的诸大诗人,及至我们时代的济慈、史蒂文斯。然而他的作品纵使零碎,却依然展现——非他所愿地——这个修改过程。我在这里也是别有用心,特意要以柯勒律治为例,因为他看似最不符合我所描述的周期。但这个表面现象使他比其他诗人更适合用于检验我的影响理论。

先试看柯勒律治第一首成熟的诗歌,看这首诗之于弥尔顿的 clinamen,这个柯珀式转向让柯勒律治写出了对话式诗歌,尤其是《午夜之霜》。哈兹里特引用柯勒律治于 1798 年春与他说的话,评判柯珀(Cowper)是最好的现代诗人,意指自弥尔顿以来最好的,布莱克也持这样的看法。汉弗莱·豪斯为我们展示了《午夜之霜》与《任务》("The Task")之间的关系——愉快的关系,不会导致焦灼,在这份关系里,较强的诗人挪用较弱的诗人。柯勒律治挪用柯珀的方式,便跟挪用鲍尔斯(Bowles)、阿肯赛德(Akenside)、柯林斯(Collins)的方式一样,他在这些诗人身上发现能够助他逃离弥尔顿之洪水的线索,那漭沆泛滥,淹没了他的《宗教沉思》。一如《任务》,《午夜之霜》将弥尔顿柔化,在摒弃所有崇高的背景之中驯化他的风格,从而得以偏离弥尔顿。在这首诗的结尾,柯勒律治起而祝福幼子，从某种意义上说，他是在“误读”亚当向夏娃的动人宣告：“与汝燕谈，吾浑然忘却时光”，但缓和了亚当陶醉的示爱口吻所蕴含的更阴沉的弦外之音。或者更简略地说，与柯珀一样，他倒并非将弥尔顿人性化——那是布莱克、华兹华斯、雪莱的正面苦战——而是将弥尔顿纯真化，或者更婉转地说，是以那样一种方式解读弥尔顿，好似弥尔顿是以一种更纯真的方式去爱。

接次的修改阶段是对抗性的补完，或者叫 tessera，柯勒律治仅在为数戋戋的包含着泛神论思想的片段里尝试过。这些片段躲过了他的正统基督教审查者，包括《伊俄勒斯之琴》后来补缀的诗行，抑或《这椴树凉亭，我的牢房》第二节末尾所蕴涵的意象。以其对于隔离的惕惧，对于统一的不息追求，柯勒律治不能经受任何修改 152
的冲动，这一冲动势必令他颠翻弥尔顿，或者鼓起勇气完全成为那神圣的父辈。

在我看来，接下来的修改方法 kenosis，抑或倾空自己，在柯勒律治的诗歌里使用得极其过度，因为老水手的总体状态只能是重复冲动，诗人通过写作这首诗而替自己消除这股重复冲动，然而那也只是暂时的消除。柯勒律治一直有意以恶的起源为题材写作一部史诗，但是我们可能会发问，柯勒律治——倘若被追问的话——会将恶的起源搁在自己内心的何处？他的老水手既非意志邪僻，甚至不忤逆，而仅是愚蠢而自用，他的罪行所推动的精神机制被描述得如此含糊，以致终究无法加以分析。我会提出这样的问题：柯勒律治写作这首诗，究竟试图（不一定是有意识地）替自己做些什么？这问题并不是肯尼斯 · 伯克所谓的试图替作为个人的自己做一些事。而是，诗人柯勒律治试图为作为诗人的自己做些什么？我的答案是：试图通过卑抑他的诗歌自我，从而卑抑弥尔顿的诗歌自我，使得自己从弥尔顿的影响之下解脱。老水手并非倾空自己，他以空洞起始，继而借苦难获得一种原初想象力。然而对于柯勒律治来说，这首诗是一种 kenosis，而这里被抑制的是弥尔顿关于恶的起源的崇高叙述。从忤逆及至愚昧，从夏娃的自我增益的意识及至老水手极其微末的意识的痛苦醒悟，这其间就是一种抑削。

继而，为成熟之中的强大诗人腾出想象空间的修改方法是反崇高，我称此境界为 daemonization，我以为这就是《忽必烈汗》和《克丽斯德蓓》之于《失乐园》的关系。相比《老水手行》，这两首诗歌更典型地展现柯勒律治以**魔性**力量留下的痕迹，纵使《老水手行》的旁注昭然呼告新柏拉图的魔灵。鸦片是柯勒律治人生中的复仇恶煞或阿拉斯托耳，是他的黑暗或堕落天使，是他结交弥尔顿的撒旦的体验。鸦片之于他，便似流浪和讲述道德故事之于老水手，也即是重复冲动的个人赋形。《忽必烈汗》对于天堂的欲念，吉若丁对于克丽斯德蓓的欲念，这些俱是柯勒律治对弥尔顿的带有修正色彩的魔性化的具体表现，都是柯勒律治的反崇高。至于诗歌天才，酝藉的精神本身，柯勒律治必须视之为魔性，当这是属于他自己而不属于弥尔顿的天才。

正是在修改周期的这一阶段，柯勒律治开始毅然避开强大诗人
153 势必要采用的残酷。他没有守持**魔性化**，心内充满了圣洁的惨怛。他闭上双眼，置身于**魔性**中介的界线之外，并为自己所作的大胆的性爱描述而惊愕，未写完《克丽斯德蓓》。他朝向下一个修改方法，也就是我所称的 askesis，或者净化进入孤独，假借他人的名义而抑制自己的一些想象力量。如此行事，他预示了济慈在《海伯利昂的

陨落》（“The Fall of Hyperion”）中的图式，因为在askesis中，他抵抗的是一个合成的诗歌父辈的影响，也就是弥尔顿与华兹华斯的合体。他在askesis阶段创作的伟大诗歌有《忧郁颂》和《致威廉·华兹华斯》。在这些诗歌里，批评家已为我们展示他如何急剧地修改华兹华斯的姿态，以及柯勒律治须净化多少自我方能令此修改得以可能。我仅想再补充一句，这两首诗歌皆无比敏感且绝望地误读了华兹华斯，一如它们也以同等的敏感和绝望误读了弥尔顿。至于《忧郁颂》的意义，一如我们须在其之于《不朽颂》的关系里寻找，我们也须在其之于《黎西达斯》的关系之中寻找，纵使《致威廉·华兹华斯》将《序曲》同化为《失乐园》。柯勒律治陷入不自觉的二元论之中，渴望一元论的整体性——如他相信在弥尔顿与华兹华斯那里所发现的，从而在这个askesis阶段，他拒而不看自己对那合成的父辈诗人作了多少涤除。

不幸的是，自此之后，柯勒律治仅给我们留下寥寥几首有质量的诗作，并且大多数算不得出自强大诗人——也即纵跃崇高之人。柯勒律治拒绝走完强大诗人必须完成的误读的全过程之后，便不再有写诗的雄心。然而也有一些出色的例外，譬如后期手稿片段《地狱边缘》，以及显然更迟后的片段《极点》。在这里——我以为也仅是在这里——柯勒律治在其最后阶段体验到了强大诗人所得的殊异回报，也即我所谓的apophrades，或者死者回归：不是反崇高，而是一种否定的崇高（negative Sublime），如同叶芝《最后的诗》（*Last Poems*），或者史蒂文斯的《岩石》（*The Rock*）。否定的崇高确实是柯勒律治这些片段的模式，并且为我们指示，柯勒律治若容许自己侵染足够的刚愎的冲劲——任何伟大诗人在歪曲其伟大先辈之时必须展示的——他会创作怎样的诗歌。《地狱边缘》和《极点》显示，柯勒律治最终可能会成为歌颂弥尔顿之深渊的诗人，成为魔神（Demogorgon）的诗人。纵使这些诗歌仅是零碎的片段，却也使我们读后会以略微不同的眼光阅读《失乐园》第二卷；这些片段使得柯勒律治有资格在弥尔顿的混沌之中占据一席之地。

佩特以为，柯勒律治之所以屈从有机类比，是因他过于强烈地渴望永恒，正如兰姆也是这般评价这位老同学。佩特也引用德·昆
154 西对于柯勒律治的总结："他想要更好的面包，胜过面粉做的。"我想添一句，柯勒律治也渴望诗人之间——以及人与人之间——一种永恒的慷慨，然而在这样一个诗歌世界里，每个诗人须为突显自己的呼吸而抗争，并且出类拔萃必须以先辈和同代人为代价，故而不能允许这样一种慷慨。稍更改德昆西的话来说就是，或许柯勒律治也想要一种无须误读就能创作出的更好诗歌。

那么，我会说这个有机类比，纵有其对于诗歌创作过程的种种实践方面的忽视，却无比地吸引柯勒律治，原因在于这个原则似乎排除了影响的焦虑，并且使得诗人不但得以避免似自然生长一般展开，而且避免以他人为代价而发展。尚且不论有机类比之于文学批评的价值——我与佩特一样，相信这其中弊大于利，但它为柯勒律治提供了一套理论根据，使得他避免为诗歌发展而必须迈出的心灵步伐。正如布莱克可能会说的，柯勒律治的想象力断然将自己在繁殖阶段连根斫刈，或者借用布莱克的另一意象，柯勒律治躺在有机类比之床睡去，好似那是清谧之地月光之下的柔软沙发。

我们在其中失去什么？柯勒律治若能更强大，会赋写怎样的诗歌？他的《笔记本》罗列的是《〈恶的起源〉、〈一部史诗〉、〈致太阳〉、

〈月亮〉、〈自然力量〉——六首颂歌》,比这些更动人的是以罗马人毁灭耶路撒冷为题材的史诗的草稿。而更惊人的是《笔记本》里一则1802年的记载:“弥尔顿,一首挽歌,以参孙之诗的合唱韵律——但更多韵脚/——诗歌影响——政治—道德—约翰逊博士/。”请措意这则记载的日期——仅在《忧郁颂》初稿的数月之前,并且他可能已经开始构思《弥尔顿,一首挽歌》(*Milton, a Monody*)。1802年3月,威廉·布莱克寓居海利的费尔法姆(Felpham),全心创作《弥尔顿:一部两卷本诗歌,为上帝对待人类的方式辩护》(*Milton: a Poem in 2 Books, To Justify the Ways of God to Men*)。在《弥尔顿,一首挽歌》这则简短、玄奥的记录里,柯勒律治写下“诗歌影响——政治—道德—约翰逊博士”。我们可以揣度,最后一点是驳难约翰逊在《诗人列传》里对于弥尔顿的评价。倘若柯勒律治写下这个驳难,柯珀和布莱克必定赞同。柯勒律治说“诗歌影响”,我们会记起这就是布莱克的《弥尔顿》的一大主题,在其中,诗人弥尔顿的阴影等同于遮掩约柜的基路伯,那伟大的遮掩者,身赋传统的全部邪恶之美,从而抑制人类新鲜的创造性。布莱克的《弥尔顿》里,诗中有些地方颇似挽歌,但不是对弥尔顿的哀悼,而是弥尔顿自己发出的孤独言语,彼时他从早熟的永恒(他在其中并不快乐)坠落,以便再次在堕落的时空里抗争。不过,在我看来,《弥尔顿,一首挽歌》大 155
抵是以柯勒律治早期的《悼查特顿之死》为模本,所以应是柯勒律治对这位伟大先辈的哀悼。我不敢揣测柯勒律治是否敢将弥尔顿等同于遮掩约柜的基路伯,等同于遮拦柯勒律治进入诗人天堂的天使或恶魔——如布莱克恰在同一时间所想象的。我唯愿柯勒律治写下这部诗歌。

我忖想，说柯勒律治不曾给我们留下他原该创作的诗歌，这样的话是不知感激，正如而今最好的柯勒律治学者不时地如此提点我们。纵是如此，在自知不当而先告罪之外，我还是要说，他仅给我们写下十来首好诗。因此，在文章结尾，我将试图描述，以柯勒律治的天才而言，他欠了我们一部怎样的诗歌，而我们则亟需且将一直需要这样的诗歌。我会坚持认为，英国浪漫主义盛期诗人的最精粹成就在于将弥尔顿的崇高人性化。然而当我们仔细讲究以最艰巨之工实现这一人性化的作品之时——布莱克的《弥尔顿》和《耶路撒冷》，华兹华斯的《序曲》，雪莱的《解放了的普罗米修斯》，济慈的两首《海伯利昂》，在某种程度上，甚至可以包括拜伦的《唐璜》——终究仍会让人感觉其中欠缺某种品质，而弥尔顿虽气象森然，却饱含这种品质。这种品质本身虽算不得是一种柔情，却使弥尔顿赋写了夏娃，我们多么需要浪漫主义诗歌创作一个夏娃的后裔。相比另外五位伟大的浪漫主义诗人，柯勒律治以其情性，以其微带阴霾的知性，更能为我们创作浪漫主义盛期的夏娃，将弥尔顿那最深情、最动人的元素尽然人性化。种种焦虑遏止柯勒律治实现这一稀罕的成就，而影响的焦虑绝不是这众多焦虑当中最轻微的。

三、《老水手行》

在所有人类话语之中，诗歌（潜在地包括其批评）不必简化。柯勒律治在《老水手行》里讲述一个故事，这个故事分明源自浪漫主义的一大典型：流浪者，烙印着该隐之印的人，或者嘲讪基督之人，他必须在罪孽和苦难的永恒轮回之中赎罪，相比其通常模糊的对象和来源，痛苦折磨显得过度。这个典型人物也出现在布莱克和济慈的诗歌中，而在华兹华斯、约翰·克莱尔、托马斯·洛弗尔·贝多斯那里则更为根本。在柯勒律治、拜伦和雪莱这里，这样的人物更赋蕴藉，变成了如此迷人的个人神话，以至于我们简直不知应当先在诗人的人生中还是先在他的作品中去寻找。

《老水手行》属于该隐和流浪的犹太人（the Wandering Jew）这些故事的传统，但又不曾简化为这些故事。这首诗是哥特式复
兴的后期表现，其最初版本显然涉及珀西（Percy）的《英诗辑古》 156
（*Reliques*）里的民谣《流浪的犹太人》，然而当我们试图以诗歌本身描述这首诗时——这正是批评之事，其历史来源容易将我们误导。

老水手，目光炯然，执拗，欢喜去婚宴魔祟，从一种惨淡的意义上说，他是赞唱祝婚歌的人。然而他说话的对象不是新娘或新郎，而是新郎的亲戚当中的某位漂亮男子。他暗示，适逢婚典喜庆的时候，他的故事最耐人寻味，但是对于在圣礼之下结合的两个人，这个故事又是不相干的。这故事的最合适的听众是那个迫不得已的人；其功能是训导。故事里的道理只能由站在门槛外的人传递给婚宴的未来分享者。

水手的航海世界纯粹是悬想。航海被风暴卷往南极，卷进一个比经验的自然世界更简单、也更富剧烈变动的领域。进入冰的海域，举目绝无生命，遽然间，一只大鸟穿过雪雾飞来，这是一只信天翁。这只信天翁双翅三四米长、身躯一米有余，那一身白羽毛就已十分惊人，那腾飞的劲道，简直是造化的慷慨赐予。无论它是怎么来的，柯勒律治也不作解释，任由它玄虚，诗里这只信天翁似免费礼物来到水手这里。水手们念着上帝之名朝它呼喊，好似它是人类；他们

拿食物驯养它，那些东西都是它从不曾尝过的；他们与它嬉耍，好似它是婴孩或宠物。他们将它与自己的运气直接相联系，因为眼前冰块在破裂，起了南风，他们启程向北，回归平常世界。继而，诗歌的第一桩大事猛然陈列在我们面前；绝无预想或显然的动机，叙述者杀死信天翁。

这桩谋杀实在没有由来，不过鸟的现身也是没有由来。貌似无动机的恶意这种传统可以追溯到莎士比亚的伊阿古（柯勒律治将他视为悲剧诗人，但他控制的是人，而不是词语），弥尔顿的撒旦，以及爱伦·坡、梅尔维尔、陀思妥耶夫斯基的主角，并且也出现在纪德、加缪以及其他新近作家笔下。这个传统始于恶魔式的事物（带着些许普罗米修斯主义的色彩），在19世纪后期发展成为一种生机论，它与反抗运动的人的社会形象交汇，在我们这个时代成为一种暴力，但它却印证个人的存在，从而转移了自我的彻底绝望。柯勒律治的水手属于这个传统，其阴暗的先辈包括了诸如该隐、流浪的犹太人、犹大这样的人。王尔德、叶芝、D. H. 劳伦斯将犹大的出卖行为描绘为维护自由的窘急之举。

157 这个传统的共通特征是窘急地维护自我，以及渴望一种擢升的身分感。这便是水手以生中之死的炼狱方式带给自己的；而对于他的同伴而言，他仅为他们带来可怕的死亡，以及随他的半救赎而来的物理意义上的死中之生。

对《老水手行》的数种具有影响力的现代解读都试图引入原罪观念和堕落神话，从而替这首诗歌洗礼。然而这位水手的可怕行动并不叛逆，而行动的效果也没有改变其行动的本质。他身上绝无人心天然的堕落，并且杀死信天翁这一行动也并不足以象征那种要求以神学语言加以表述的堕落。柯勒律治在《席间闲谈》(*Table Talk*,1830年5月31日的记录)表示,这首诗已道德化得太露骨(思及其虔诚的结尾),并说道:

> 应似《天方夜谭》里那个商人坐在井边吃枣的故事一样没有道德说教,他吃枣子,将壳儿扔在一边,呵,瞧!一个妖怪冒出来,说他得杀死这个商人,因为他的枣壳儿砸瞎了妖怪儿子的眼睛。

《老水手行》看似确实赋有这种诡怪的道德逻辑;你颇随意地射死一只信天翁,正如你信手抛掉枣壳。无来由的犯罪这个传统另有一个特征,也即强调随意,与因果关系形成截然对比。在《梵蒂冈地窖》(*Les Caves du Vatican*)里,拉夫卡迪奥(Lafcadio)着手进行一桩无动机的犯罪时说道:"叫我好奇的倒不是事件,而是我自己。"拉夫卡迪奥和老水手并不(预先)关心紧随行为而起的后果;对于这两人来说,行为是孤立的现象,是纯粹的行为,脱离动机或后果,本身单独存在。然而水手学会不作孤立,诗歌也会使我们学会——倒不是该往哪里扔枣壳,也不是爱所有大大小小的生灵——在想象力的流动的融溶之中联合所有现象、行为和事物:

> 我们身内、身外的同一生命,
> 是寓于一切活动之中的灵魂。

批评家们频频指出老水手非凡的消极忍耐。华兹华斯第一个评论说老水手“无作为，却总是承受他人的作为”。老水手不仅极少行动（他射过一次箭，看见风帆之时喝过一次自己的血以便开口呼喊，祝福过一次），而且他对于事件通常不作反应。诗中热烈的情
158 绪或道德陈述大多出自柯勒律治绝妙的散文旁注。老水手只是十足的观察者，而不是有任何情感触动的人。纵有种种奇事和恐怖降临在他身上，他在诗歌第 4 章才抵达宣泄情感的高度，而那时他也正好是被**孤独**所驱使才宣泄。孑然与死人同处，置身低于人类的生命的黏液包围中，起初他憬然寤寐一般，感受灵魂的煎熬，继而领会人类与低于人类的存在之间的对比，最终豁然领悟意料之外的美。在他经受孤单磨难的第七夜，月轮升空，他的重要时刻也随之来临。散文旁注以无比绝妙的言辞——似乎触及了艺术的极限——恰到好处地表现了这个重要时刻：

> 在孤单和凝滞之中，他向往移动的月亮，向往那些虽似静止却往前而动的星辰；无论在何处，蓝天属于它们，并且被指定为它们的憩息地、它们的故国、它们的天然家园，它们无需通报便可进入，就像是被期待到来的主人一样，然而它们仍然有着一种无声的愉悦。

为了得到救赎，他只能将这种对月亮和星辰的向往转移到周围的孤单和凝滞，方式是将自己自然地融入周围环境，并且在其中发现喜悦，而这份喜悦则暗示了他要与浩大深渊里的生灵一道分享的生命。这部诗歌最胜绝的诗节描述了他对月亮和星辰的爱转化为对“上帝为伟大的平静而创作的造物”的爱的过程。

月亮升上天际，
一路不曾停息：
她轻柔地上升，
近旁一二颗星辰——

她的光辉嘲弄闷热的海，
俨然四月白霜漫地；
但在船身那硕大的阴影里，
着了迷的水不息地燃烧，
默然而红殷殷的火焰。

船的阴影之外，
我看着水蛇：
它们游移，似一道道闪耀的白光，
它们扬头之际，那精灵般的光，
碎成雪花，纷纷落下。 159

月光**嘲弄**海洋，因为那正在腐烂却依然酷热的水面（月亮适才升起，严酷的太阳的炙热仍不曾消退）好似铺满“四月白霜”。水蛇散发的光芒被描绘为精灵一般，并且“碎成雪花”掉落。月亮和白霜是《午夜之霜》结尾的意象，它们彼此既给予也取走光芒。正如《忧郁颂》里晶莹动人的雾岚，这光芒也是既象征创造的喜悦，也象征现象宇宙的同一生命。

此时水手在他所形容的黏液（绝不是失实的形容）之中看见美和快乐：

哦，快乐的生灵！没有哪种语言
足以宣告它们的美：
爱从我心头喷薄，
懵懂之间，我祝福它们：
那好心的圣徒定是可怜起我来，
我便懵懵懂懂地祝福它们。
与此同时我祈祷；
而从我的颈项，信天翁
如此自由地掉落，如同铅块
沉入大海。

他的意识依然被动；他"懵懂地"为它们祝福。作为一种神圣时刻，纵使在浪漫主义诗歌之中，这一节也尤其奇特。一个次于常人的人，从来不曾将自然看作生命、喜悦、爱的神圣想象，却骤然间宣告自然界最根本的生命形式是令人喜悦的，是值得他爱惜的。正如柯勒律治在后期诗歌《积极的否定》、《地狱边缘》、《极点》之中无比畏惧的混沌，纤细的海蛇也几乎是没有形体的。然而这些生灵赋有色彩和美，它们是鲜活的，正如布莱克所坚持以为的那样："一切鲜活的生灵都是神圣的。"这里是《老水手行》的高潮时刻，也是柯勒律治诗歌最重要、最赋想象的成就。在这里，也唯有在这里，他全然信赖想象力，而他的想象力也不会辜负他。

与《忽必烈汗》不同,《老水手行》并不是关于诗歌的诗歌。那赋形的精神,或者二级想象,并不是这首诗的主题,虽然近来有批评家试图作这样的解释。水手的失败,以及最后的救赎,都属于原初想象,即“无限的‘我是’的永恒创造行为所包含的有限心灵的重复活动”。上帝看着自己的创造,认为它是好的。老水手这才学会在自己十分有限的心灵之中重复知觉和创造的永恒行为。这个觉悟 160
诚然不会使此人的灵魂开始行动;老水手没有学会归置经验,以求在平衡经验之后从经验中解脱出来。他被经验所害,继而便沉迷于永恒地以语言重复那个经验。倘若老水手成为诗人,他会写下这首诗本身。他看见真理,但这个真理没有使他得自由。他回归人生,仅成为原初想象的原教旨主义者,他不休地重复自己得救赎的故事,以及故事里他所能理解的一则训诫:

那最爱大大小小的生灵的人,
祈祷也最灵验;
因为那爱我们的亲爱的上帝,
造出这一切,爱这一切。

另一训诫稍复杂,但也同样地朴素。柯勒律治写作这首诗,以作为对于老水手的经验的另一种回应,因为以爱同一生命(One Life)而得到净化的经验便是他自己的经验。更高的想象力为真理赋形;更低的想象力只是通过自然从上帝的赋形精灵那里取走真理。这首诗称颂其创造者自身那种创造性欢愉所具有的不息力量。然而这首诗也预示其创造者的终极命运,那整个灵魂的行动最终会屈

从沉滞。作为神学家和哲学家的柯勒律治找到了比老水手找到的
161 更乐意的听众，然而他所追求的却与老水手无异。

赫尔曼·梅尔维尔
（1819—1891）

《白鲸》

“你能用鱼钩钓上利维坦吗？”这是上帝嘲讪约伯的问题，亚哈船长的答案会是雷霆声中的一声：“能！”约伯的上帝赢了，亚哈输了，巨大的白色利维坦游走，身上虽扎了鱼叉，却拖着亚哈随它一道去了。然而亚哈最后那段卓绝的话却拒绝承认白鲸是征服者：

> 我躲开太阳啦！啊，塔什蒂哥！让你那锤子的敲击声再传到我耳里吧！啊，你们是我的三座顶天立地的高塔，你们是固若金汤的龙骨！你这唯一能令神灵望而却步的船身，你这坚实的甲板，伟大的船舵以及永远指向大地中心的船头，——即使死亡也依旧保持着荣耀的船呀！你是否非消逝不可，不与我一起？我是否连一丝失去船只的船长的骄傲也没有了？哦，孤独的生之上的孤独的死！此时此刻，我无限的崇高就蕴藏在我无限的悲痛之中！啊，啊！我生命中经历过的所有风浪呀，你们都从那遥不可及之处涌来吧，来把我这死亡的浪尖推得更高！我要向你席卷过去，你这毁灭一切，又让人不可战胜的大鲸；我会和你纠缠到底，即便是在地狱的最深处，我也要把刀子插进

> 你的身体;为了发泄我的憎恨,我要将最后的气息啐向你。把所有棺材和灵柩都沉到这大水池里去吧!既然两者都不属于我,就让我被撕得粉碎吧!尽管我无法摆脱你,但我还是会不停地追逐,你这该死的大鲸!**所以**,我根本用不着鱼矛了。①

除了对莎士比亚、弥尔顿、拜伦的隐涉之外,这里回荡着的还有
162 梅尔维尔豪迈的自我呼应,那正是麦普尔神父布道的结尾的余韵:

> 他垂着头颅,将话语顿住,一会儿后,又抬起了脸庞,注视着众人,双目中闪现出欢悦之极的光芒,同时用极其热烈真挚的声调高声喊道:"可是水手朋友们呀!每一回哀恸的反面,肯定会有一回欢愉,并且欢愉的巅峰会胜过哀恸之深渊,主桅顶部的高度不正胜过了低矮的船内龙骨吗?希望他快乐——一种高昂的并且是由衷的快乐——那违抗大地上高傲的主宰者及船长,而且每次都体现出毫不动摇的本质的人。希望他快乐,那个当这肮脏狡诈的尘世之舟已在他脚下沉没,可他健壮的双手仍然支持着自个儿的人。希望他快乐,那个维护真理毫不留情,杀光、烧尽、消灭所有邪恶,虽然这些邪恶是他自议员及士师的礼服下搜出来的人。希望他快乐——极度的快乐,那个否认其他的法律或主宰,仅仅承认我主耶和华,仅仅爱戴上帝的人。希望他快乐,那在大海浪涛汹涌澎湃中坚定不移,固守着这经年龙骨的人。希望他快乐永远及喜悦常驻,那个即将奉献自己的性命,但是在临死亡时仍然说出这样的话语的人——我

① 《白鲸》,晓牧译,百花洲文艺出版社,2014年版。

的主啊！我最初知晓的是你的处罚——打入地狱，还是长生不死，我即将死去。我曾经力求实现回归于你，超过回归于这个尘世，超过回归于我本人。然而，如今这一切都无任何意义。我将长生不死保留与你，因为凡人的寿命是不可能超过上帝的。①

麦普尔神父的挚诚自“欢愉，欢愉的巅峰”转入“一种高昂的并且是由衷的快乐”，升至“极度的快乐”的忠诚于天堂之人。亚哈那程度相当却充满对抗意味的挚诚自“三座顶天立地的高塔”转入“无限的崇高就蕴藏在我无限的悲痛之中”，最后抵达“把我这死亡的浪尖推得更高”。之后，裴廓德号沉没，沉没之际，塔什蒂哥往主桅钉一只大鹰，这大鹰不是“仅忠诚于天堂之人”的象征，而是撒旦似的一同带走“天堂活生生的一部分”。亚哈与麦普尔神父一样令人钦慕，诚然亚哈是英雄，与其说他像撒旦，不如说他更具普罗米修斯精神，而且我们大可不必似众多批评家那样去得出这样的结论：在麦普尔神父与亚哈的姿态之间，梅尔维尔选择前者。威廉·福克纳于 1927 年声称其最大愿望便是《白鲸》是由他创作的，并且称亚哈的命运为“似乎心灵的各各他变得不可更改 / 岿然独存，犹如青铜铿锵地坠入毁灭”，继而以他特有的风格道：“这才是人该有的死亡。”

正如福克纳所暗示，正如基督的各各他，亚哈意欲使他的各各 163
他替踉跄的亚当偿赎所有苦难，这确实有黑暗的一面。梅尔维尔在一封著名的致霍桑的信中写道：“我写了本邪恶的书。”这句话大概不是戏言。一般读者不太会爱上亚哈。读者敬畏、激赏亚哈，无数

① 《白鲸》，晓牧译，百花洲文艺出版社，2014年版。

学者批评家以道德摈斥这位偏执狂英雄，这两种见解之间的失衡相当大。亚哈似乎比弥尔顿的撒旦更能激惹批评家。以实玛利大约是替梅尔维尔传声，始终不渝地强调着亚哈的伟大。亚哈自己也是如此，在第119章“蜡烛”这个无比神妙的章节中，他面对圣艾尔摩之火，说道：

> 啊，火神啊，我虽然不是波斯人，但我和他们一样曾经崇拜过你，我的身上到现在还留着疤痕，这是我在受圣礼时你把我烧伤的，直到现在，我才真正理解了你，你这一尘不染的神，我现在明白了，对你的崇拜被你当作是蔑视，无论人们多么爱戴你，崇拜你，你都不正眼瞧一下，只是因为稍感厌恶，你就要把所有的一切都灭绝。现在，即使是最胆大的傻子也不敢面对你的目光。我相信你有一种神奇的力量，然而，只要我还有一口气在，我都会和命运抗争，去反抗那些压迫和无时无地不在的控制。在这处处要讲人格，但处处又没有人格的社会中，我就是一个具备真正人格的人，虽然我的力量是那么渺小，然而，我知道我从哪里来，又想到哪里去，只要我还活着，那么任何的威逼利诱都不能损害我的高贵的人格，这是我的一种权利。但是，战争给人带来痛苦，仇恨使人忧伤。假如你只是给我一点点爱，那我都会感激不尽，我会跪下来吻你的脚趾。如果不是这样，你用你的神权来压制我，即使你使出所有的力量，用尽所有的招数，那我们也不惧怕你，啊，你这一尘不染的神呐，你用火给我带来生命，我就是火神的亲生儿子，现在，我把火还给你！[①]

① 《白鲸》，晓牧译，百花洲文艺出版社，2014年版。

如果说亚哈有宗教信仰，那便是来自波斯的宗教，也就是琐罗亚斯德教，但梅尔维尔不曾为那无害的火赋写过琐罗亚斯德颂歌，让亚哈颂唱。就精神和实质而言，亚哈的祈祷显然是诺斯替的，因为那道光被奉为是既模糊又摇摆不定。亚哈自知那明亮火光的明亮之灵并非来自异教的神，而是来自造物主（Demiurge），他似将造物主截然两分为“爱的最低形式”与“最高……纯粹天力”。面对这个辩证甚或自相矛盾的灵，亚哈将自己定位为一种人格（personality），而非道德角色（moral character）：“在人格化的非人之物中，一种人格出现了。”作为一种人格，亚哈迎对“人格化的非人之物”，他出人意料 164
地将其称为父亲，而此物也因更无知而敢于藐视亚哈：

> 我承认你有神奇的力量，这些话我已经说过，我不是违心地说出来的，现在我也不会放下这些绳索。你把我的眼睛弄瞎，但是我可以用手摸索着走路，你把我烧成灰烬，那我就接受成为灰烬这一现实。尊敬的神呐！请接受我这样的一个瞎子的挥手致意吧！我不想接受这一切的惩罚，闪电在我的脑袋里发光，我的眼睛疼得厉害，我的脑袋就像被刀砍下来一样，它在地上翻来滚去。啊，啊，虽然我的眼睛瞎了，但我还是要同你说话，你就是闪电，你从黑夜之中跳出来，而我却是黑夜，我是从闪电中跳出来的黑夜，我是从你的身体里蹦出来的黑夜。我的标枪坏得已经不能用了，看呐，快看呐！到底看到了没有？你的身体还在不停地燃烧，啊！你这受世人尊敬的神呐，是这样的高高在上，我现在为我的家族赢得了荣誉，然而你，你只是我闪电

一样的父亲，我想念的母亲，我还从未见到过她。这一点，你真的是太残酷了，我的母亲到底是怎样被你凌辱的，这是我想知道的，然而，你本身比这件事情更神秘！我更想了解。你不知道自己从哪里来，你就说自己是前无古人，后无来者的。你不知道你是如何降生的，你就对人说你从来就没有降生过。我对我的出生和经历一清二楚，但是你却不知道你自己的身世，啊！你不是无所不能吗？这世上竟然还有你所不能超越的东西，你这清明的精神，相形之下你所有的永恒只是时间，你所有的创造只是机械。透过你那燃烧着的身体，我的眼睛似乎看到了一切。虽然这一切都还是朦朦胧胧的，啊，你这灼人的火呀，你这久居深山的隐者呀，你也有自己都想不通的困惑，你也有自己的别人无法分担的伤心事。我看清了你，我的祖先。这让我悲喜交加，不知道是该悲伤，还是该以你为荣，跳吧，尽可能地跳起来吧，让火焰冲上碧蓝的天，我要和你一起跳起来，唱起来，我要拥抱你，我虔诚地崇拜你。①

正如批评家们一直以来所认识到的那样，《白鲸》的想象焦点，因而也是梅尔维尔的全部想象的焦点，就落在第42章“鲸之白色”。这里是以实玛利的思索，而不是亚哈的思索，然而它距离亚哈又有多远？以实玛利自己就是半个诺斯替主义者：

这个看得见的世界在很多方面是在爱中形成的，而那看

① 《白鲸》，晓牧译，百花洲文艺出版社，2014年版。

不到的一面则是在恐怖中形成的。[①]

这句非凡的句子更接近卡莱尔，而不是爱默生，它引出了以实玛利这段遐想的最后一段： 165

但至今我们还没搞明白这种有魔力的白色，不知它为何使人心存恐惧，而且更为奇怪同时又具有更多不祥之兆的是——为何正如我们所见，白色既象征最有意义的神的力量，是神秘的基督教面纱；但事实上，它又使最令人觉得恐怖之物的威慑力增强。当我们看到银河的白色渊底时，不由得想到，它是否依靠依稀的轮廓来把宇宙冷漠的空虚和无穷掩盖住，从而在我们身后下手，决意要把我们毁掉呢？或者从本质上来说，与其认为白色是一种色彩，倒不如认为它很显然没有颜色，同时又是所有色彩的组合？是否由于这类原因，在白茫茫的雪景中有一种无言却意义深远的空虚——无神论中的一种无色和全色，从而令我们畏惧呢？然而，当我们想到自然哲学家的又一种理论时，就会联想到人类其他颜色，例如各种严肃或美好的图饰，晚霞照射下的漂亮的天空和树林，好像镶有天鹅绒的花蝴蝶以及少女美如蝴蝶的脸蛋儿，可这些只是些骗人的把戏在外表上涂抹着，固有的本质中却没有。因此，被人类奉为神灵的大自然如同妓女一样完全是由于化妆才有了现在的样子，她们迷人的吸引力中隐藏着尸骨，假如我们继续深入讨论，仔细考虑一下神奇的宇宙吧。虽然它有很多色彩产生，有了不

① 《白鲸》，晓牧译，百花洲文艺出版社，2014年版。

> 起的光学原理产生，可它自己却始终是白色的或是无色的。假如它作用于物体时没有中介，那它会用本身空泛的色彩去点饰所有事物，甚至是玫瑰花和郁金香，认真考虑一下这一切吧。这个瘫软的宇宙如同一个癫痫病人一样在我们前面躺着，并且如同拉普兰固执的旅客一样不肯把有色眼镜戴上，因此，他们那双令人同情而又背叛自己的眼睛一旦看到被亘古不变的白色包围着的四周所有景物时，就知道自己瞎了。白鲸就是这些事物中的一个象征。那么，你还怀疑对白鲸的疯狂而执着的追捕吗？[①]

以实玛利“色彩的可见空缺”一词成为白色的比喻，“一种暗哑、空洞的白色”，这个词近似华莱士·史蒂文斯《秋日的黎明》里
166 的海滩景象：

> 这里，做可见的，就是做白色，
> 是白色的固体的存在，
> 是极端主义者在一项练习里的成就……
>
> 季节更替。一阵冷风冷却了海滩。
> 沙滩上漫长的线条更长、更空荡，
> 聚起一片黑暗，却没有落下。
>
> 而且墙上生长的白色略欠生动，

① 《白鲸》，晓牧译，百花洲文艺出版社，2014年版。

行走的男人在沙滩空白地转身。

梅尔维尔和史蒂文斯皆在“无色而又包含所有色彩的无神论”跟前退却，并非因为他们是有神论者，而恰是因为二人皆笃信且畏惧造物主。以实玛利疾呼“你还纳闷这疯狂的追捕么？”之时，驳倒了所有道德的或心理分析的批评家，他们谴责亚哈的不道德或者是精神昏乱。毕竟，是梅尔维尔以布莱克的模式创作了两首出色的四行诗，题为《一首12世纪的诺斯替伕诗残章》：

建一个家庭，造一个城邦，
盟誓之事依旧相同：
事实最终永不会削弱
他那古老残酷的宣示。

在这里懒惰是天堂的同盟，
能量是地狱之子：
好人从他的清澈水罐里倒水，
却灌满含毒的井。

在这里，诺斯替主义溢于言表，而我们感觉一阵寒意，因为纵使异端教义也令我们觉得偏激，过于清晰地替我们作下安排。也许《钟塔》（“The Bell-Tower”）也有些偏激。撇开其中畸重畸轻的修辞，撇开来自莎士比亚、弥尔顿、拜伦的过度影响，《白鲸》绝不偏激。它依然属于我们民族史诗里更黑暗的那一半，它补充着《草叶集》

和《哈克贝利·费恩历险记》，后两部作品自是更稳健，然而皆不能
167 凌迈或遮蔽梅尔维尔那可见的黑暗。

沃尔特·惠特曼

（1819—1892）

一

沃尔特·惠特曼的诗歌对于他的人生的影响是绝对的：可以说，再找不出这种作品与作者密切相关的更纯粹范例。惠特曼的家庭有极为复杂的精神病史，他的兄弟姊妹命途多舛，因此沃尔特的成就似乎是个奇迹。

1849年，惠特曼在他三十岁时返回老家，放弃了新闻记者的事业。他阅读写作，与父兄一道做木工，在1854年的笔记里，我们可以看出他已着手创作《草叶集》，尽管当时其父老沃尔特·惠特曼开始病衰。1855年7月初，惠特曼自费出版《草叶集》第一版。7月11日，他的父亲逝世。十日之后，拉尔夫·沃尔多·爱默生给惠特曼寄来了对诗人所赠《草叶集》的精彩回复。

惠特曼和艾米莉·狄金森仍是最伟大、最晦涩的美国诗人。纵使是在21世纪初，这个事实仍如同在19世纪时一般确凿。狄金森的诗歌是很难理解的：自威廉·莎士比亚和威廉·布莱克以来，在所有英语诗歌当中，她有着最强大、最具原创性的心灵。惠特曼并不具有不寻常的概念力量，在这方面，他不能胜过丁尼生。然而一如丁尼生，惠特曼是比喻语言的一大天才。在美国诸大诗人当中，他的后裔的风格判然不同：华莱士·史蒂文斯、W. C. 威廉斯、埃兹拉·庞德、T. S. 艾略特、哈特·克莱恩、约翰·阿什贝利、阿门斯。然而他们都继承了惠特曼那种微妙的修辞，他那种“难以理解的对 as 的规避”（华莱士·史蒂文斯语）。

显然，惠特曼的人生与他对所有比喻资源的详尽掌控之间有着明显的关系。惠特是靠自学成才，他的正式学业于十一岁中止。而后他进了印刷厂作学徒，继而晋升为印刷商、编辑。惠特曼 1855 年
168 出版的《草叶集》的书页，更似 19 世纪美国报纸的版面，而不是传统印刷的诗集。威廉·布莱克也是靠自学成才，早年是雕版工的学徒，因此布莱克的页面模式始终是雕版、彩色烫金的抄本式。惠特曼晚年才读到布莱克，对两人表面的类似及深层的差异很感兴趣。《草叶集》这个极多元的题名首先反映的是 19 世纪印刷商的行语。叶是书页，也是一摞摞的纸张，草则是印刷厂填充页面之间的废料。虽然惠特曼时或佯装直白，但“草叶集”这个表达却无比令人迷惑地富于比喻意义。叶子是西方传统的诗歌意象之一，代表个人生命的脆弱，自荷马、维吉尔、但丁、弥尔顿、雪莱，一路绵延至华莱士·史蒂文斯所谓的“叶子的虚构”。在《以赛亚书》和《诗篇》里，草是肉身，因此“草叶”可能是我们有死的凡人最典型形象的双重象征。

对惠特曼来说，草是最重要的虚构，《我自己的歌》第六节对此有绝妙的敷演。在“草叶”这一庞大混合的隐喻之外，惠特曼的主导比喻是他所谓的“木签条”（tally），即一根枝条或插枝，譬如哀悼

林肯的诗里的丁香枝桠，或者菖蒲，就是白菖蒲的馥郁的地下茎，或者《草叶集》1860 年的第三版“菖蒲篇”中所收录的带有明显同性恋倾向的诗歌里的原初阴茎象征。

而今，同性恋研究学科跻身女性主义批评、多元文化主义以及其他所有“憎恨学派”的行列，因此尤其值得指出的是，与其说惠特曼是同性恋诗人，不如说他是自体恋诗人（autoerotic）。他以手淫作签条记录，以自我实现来完成诗歌。《我自己的歌》的第 28—30 节，以及《自发的我》都是要例。

惠特曼渴望的无疑是同性恋，然而这些渴望鲜有（倘若有的话）实现的时候。这里的约束并非来自社会，而是缘自个人：“让我的身体碰触另一个人的身体，是我所能忍受的极限。”惠特曼虽在八个兄弟姊妹中间排行第二，但他年轻时就担起给其他七人当爹又当妈的责任，其中四人精神错乱，或近乎精神失常。这使他养成了典型的惠特曼式的立场：慷慨地敞向他人，然而一旦他的自我可能遭受毁灭，他就旋即退缩。

惠特曼本人与作为一个粗人、作为典型的美国诗人的沃尔特·惠特曼之间的关系错综复杂，其特征依然不能为文学批评所阐明。这一关系激发着惠特曼诗歌中伟大的原创性，他创出一种惊人的心灵图式，他将它分为三大组成部分：“我的灵魂”、“我自己”、“真实的我”（也称为“作为我自己的我”）。惠特曼的灵魂是其未知的本性、气质（ethos）或性格（character），它取自爱默生的“超灵” 169
（Oversoul）。最终成为美国诗人的粗人沃尔特，则是《我自己的歌》里的“我自己”：

沃尔特·惠特曼，一个宇宙，曼哈顿的儿子，
激越、肉感、放浪形骸，吃饭喝水、繁育后人。
不是感伤者，不高于、不远离平凡男女，
如自负一般地谦虚。

那自我，或者叫外置的性情，是一种虚构，也就是说，受到启示要将我们一并归结的那个玄奥的沃尔特："灵感通过我而汹涌澎湃，潮流和指标要也通过我。"[①] 而真正的、个人的自我则颇不同：

虽然受到拉扯，我仍作为我而站立，
感到有趣、自满、怜悯、无所事事、单一，
俯视，直立，或屈臂搭在一无形而实在的支架上，
头转向一旁望着，好奇，不知下一桩事会是什么，
同时置身于局内与局外，观望着，猜测着。[②]

《当我与生命的海洋一同退潮》("As I Ebb'd with the Ocean of Life")的海滩上，嘲笑诗人沃尔特的便是那个真正的我。黑暗魔鬼或者黝黑的兄弟，"作为我自己的我"符合惠特曼诗对于起源的伟大比喻：黑夜、死亡、母亲、大海这四重比喻。自此之后，这个浩大而融汇的隐喻便萦绕着此后的美国诗歌，在华莱士·史蒂文斯和哈特·克莱恩那里尤其重要。这个隐喻在惠特曼的异国继承人那里也赋有同等重要性：英国的 D. H. 劳伦斯、葡萄牙的费尔南多·佩

① 原文为：Through me the afflatus emerging and surging, through me the current and index. 见《我自己的歌》，赵萝蕤译，上海译文出版社，1987年版，第49页。

② 《我自己的歌》，赵萝蕤译，上海译文出版社，1987年版。

索阿、西班牙的费德里科·加西亚·洛尔迦、智利的巴勃罗·聂鲁达、阿根廷的豪尔赫·路易斯·博尔赫斯、墨西哥的奥克塔维奥·帕斯。

自1855年以来，惠特曼的诗歌塑造了他的人生。《我自己的歌》激发了《轮渡布鲁克林》（“Crossing Brooklyn Ferry”），此诗转而催生了《海上漂泊》这首哀歌，以及致亚伯拉罕·林肯的悼诗《当丁香花终于在庭院里盛开之时》的灵感。1855—1865年这个伟大时代之后，惠特曼才华渐尽。他的最后二十七年生命，及至七十三岁生日前两个月逝世，都黯然地展示着他早期诗歌的崇高力量是如何将他耗空的。

二、《我自己的歌》

华兹华斯称颂听觉的连续性，而忧惧视觉中止。爱默生在自
卫式地中断视觉时，找到了一条比欧洲传统愿意或需要的样子更剧 170
烈、更直接并且尽然崇高的道路。他最伟大的弟子惠特曼，最后的美国游吟诗人（American bard），比其老师，那位先知，更好地说明了如此本土化的压抑之荣耀与灾难。

至于惠特曼，我引证的文本势必是《我自己的歌》，但我将仅探讨五十二个诗节当中最崇高的部分，尽管我会先勾勒整部诗的修改图式，因为从本质看，惠特曼的自我的传奇确实遵循了英国浪漫主义危机诗歌的模式，尽管他也对这一模式作了爱默生式的扭曲。我用速记法罗列《我自己的歌》的修改方法图式：

诗节:第 1—6 节, Clinamen,在场和缺席的反讽
第 7—27 节, Tessera,举隅法,部分代表整体
第 28—30 节, Kenosis,倾空的转喻
第 31—38 节, Daemonization,高与低的夸张法
第 39—49 节, Askesis,内与外的隐喻
第 50—52 节, Apophrades,前与后颠倒的僭越。

若要完整地勾勒这个图式,就会占用过长篇幅,但不妨暂且勾勒一个大轮廓。开篇六节显然是称颂,而所称颂的想必是被压抑之物的回归,是灵魂与自我、原初之物与对抗之物之间的神往心醉的结合,或者简单地说,他们称颂的是汇聚、爱默生式的自我知遇以及随际而起的自助所具有的美国式崇高。前六节里原该以压倒式气势在场的东西,便是惠特曼批评叶芝时所说的伟大诗人“对自己强有力的挤压”,然而在这些诗行间,读者遭遇的却是缺席的形象,而不是在场的形象。读者确实不可避免地被引向这个使人惊疑的看法:诗人的缺席是如此圣洁的虚空,以致永远不能指望他的在场能够填满这虚空。惠特曼防御地以反向行动(reaction-formation)开篇,反对他的先辈爱默生,在修辞上并不是做题外文章,或者德国浪漫主义反讽所谓的“永恒的旁白”,而是更尖锐、更简单的言意相离的反讽。惠特曼说“我歌颂”之时,他是在狡黠地意指:“我声称扩张之时却在退缩。”因此在第 2 节,他避免受到所有外来的芬香的迷醉,却自恋地偏爱“我自己的口气”。在第 4 节,他这种典型且美妙的规避愈发强烈,那真正的自我,“作为我自己的我”,以截然相反
171 的姿态对待诗人仅在表面歌颂的拥抱和冲动:

虽然受到拉扯，我仍作为我而站立，
感到有趣、自满、怜悯、无所事事、单一，
俯视，直立，或屈臂搭在一无形而实在的支架上，
头转向一旁望着，好奇，不知下一桩事会是什么，
同时置身于局内与局外，观望着，猜测着。

如果这个辩证的规避就是偏离爱默生的clinamen，那么这里企图清空的是什么样的负疚呢？爱默生与惠特曼的美国式崇高之间是否有足够显著的差异，以使惠特曼有足够空间去呼吸？若要回答这个问题，从而转回到《我自己的歌》的图式，我便又得就对抗性理论和美国式崇高说些题外话。我意欲解释清楚的是，在第5节里，惠特曼描写他的自然与灵魂的拥抱之时，何以要诉诸透明这一意象，在第6节里，何以如此坚定地在伊壁鸠鲁和卢克莱修的唯物主义传统之内写作。伊壁鸠鲁说："何物之间不可知"（The what is unknowable），惠特曼则说，他回答不了的孩子的问题是：**这草是什么？**但他以诗歌的方式给出答案，以一系列瑰异的比喻——犹豫不决的霍普金斯深喜这些比喻——作答，这些答案源自荷马："它现在又似乎是墓地里未曾修剪过的秀发。"[①] 及至我们读到那惊人的、无比美国式的诗行："这枝草乌黑又乌黑，不可能来自年老母亲们的白头。"[②]

在《草叶集》1856年的第二版里，惠特曼直接致词爱默生，承

① 《我自己的歌》，赵萝蕤译，上海译文出版社，1987年版，第12页。

② 同上，第13页。

认“正是你，真正原初的船长，拔锚启航，直觉、积极正面，提供最早的报道，任何其他报道的内容都逊色，自此之后，多年以来，千万万海港的水手，往来的每一次转舵之际，还会讲述更多”。然而惠特曼追求力量，从而不能守持这份完全确凿的赞辞。1863 年一则私人笔记虽洋溢着对于这位先辈的景慕之情，但所描绘的爱默生却甚微妙，倘若尼采描写爱默生，也不能写得这般精湛：

> 我以为，未来的美国，在漫长的一列诗人和作家之中，虽见到更激昂、更都丽的东西，但它不会认可有什么能接近此人，他是这一队列的真正创始人——定然再没有比他更纯、更净、更贴切、更敏捷的人了，毕竟再没有比他更美国化、更有本土色彩的人了。他赋有最精致的趣味和审慎，总是不让脚趾踩到界
> 172 外，因为他超越界限，你会看见那底下隐藏的癖性——或许是美国式的，要去拂逆、越规。

在惠特曼创作《典型的日子》(*Specimen Days*, 1882)之时，误读的后果已将他掳获。爱默生便被诛伐为仅是崇拜权力的绅士，对于惠特曼的影响只不过持续“一个多月”。五年后，惠特曼公然撒谎：“我写《草叶集》之前是否读过爱默生根本不重要。事实上碰巧的是，我**没有**读过。”惠特曼继而颇窘急地说道：“《草叶集》的关键词语是**身体**，它**包括**所有，包括理智和灵魂。爱默生的关键词语是心灵(或理智或灵魂)。”我稍后探讨惠特曼对爱默生的公开偏离时，再详说这最后一句话，但我想再从《典型的日子》引一段最真实确凿之词，以结束对惠特曼对爱默生的评价的讨论：

> 爱默生主义的最好部分在于培育自毁自灭的巨人。谁甘愿追随他人？潜伏在每一书页之后。从未曾有哪位老师辛勤地扶持学生独立起来——再无更名副其实的演化论者了。

在这里，惠特曼展示了对抗性的理论，用的是那个不可避免的对爱默生主义（或者美国式崇高）的比喻：“自毁自灭的巨人”。纵使我们察觉这比喻实是爱默生所创造，也无需惊讶。在《论自助》之中，这是爱默生的关键概念，而惠特曼创作《我自己的歌》之前，必定**已读过**这篇文章：

> 我佯装为景象和暗示所迷醉，但我没有迷醉。无论我走到哪里，我的巨人与我一起。(……)

现在我终于转回《我自己的歌》开篇的六节诗。这六节诗纵然貌似称颂爱默生对自己的实现，却也彰显了其自身对爱默生的偏离。惠特曼并非似爱默生的思想诗人，而是更为传统意义上的诗人（此词虽听来颇怪），他似乎默然神会，知道以诗歌表现一种欲望比表现一桩行动更强大（也即少些拘限）。因此，《我自己的歌》开篇以对自我的诸多碎片的聚合、自我与灵魂的聚合的欲望，替代了聚合行为本身，且先不论那是些什么行动。惠特曼意在创造独特的模式，然而他若不先与爱默生——断裂的先知——断裂开来，便不能 173
创造。可是如何才能甩脱一种本身便诛伐所有影响的影响？爱默生主义自我驱策，培育自毁自灭的巨人，而这位众巨人当中最庞大的巨人，在近乎所有修辞模式、在精神的每个动作里痛苦地看见自己。对于这种痛苦，惠特曼与梭罗都能感受到。

就《我自己的歌》开篇的强调，以及惠特曼在《典型的日子》关于先辈与年轻人之间的颉颃而言，显然惠特曼原本是打算否认爱默生所作的灵魂与自然的区分，从而偏离爱默生。在爱默生的区分里，自然包括所有非我（the NOT ME），“自然与艺术，所有他人与我的躯体”。惠特曼的我（ME）必须包括他的躯体，或者说，他要这样说服我们。他所写的，将会在1881年被定名为《我自己的歌》，而不是《灵魂之歌》，甚或《我的灵魂之歌》。然而在诗的第5节，他的灵魂与他的自我拥抱，这次拥抱令事物的枢轴显得透亮，而非晦暗，古怪地使“你，我的灵魂”成为主动的搭档，而自我，“另一个我是”，则在这桩求爱之中变得全然被动。我们若将灵魂转译为“性格”，自我转译为“人格”，就会发现极难将如此被动的人格等同于第20节的“沃尔特·惠特曼，一个宇宙，曼哈顿之子 / 激越、肉感、放浪形骸，吃饭喝水、繁育后人”。显然，在惠特曼这里，自我之中的两种元素，以及自我与灵魂之间，皆有一道分界线，而就做人、做诗的意义而言，前一种区分才是重要的。的确，在我看来，爱默生起初正是在第一种区分之上拯救了惠特曼，从而使得惠特曼有可能成为诗人。惠特曼的“真我”或“作为我自己的我”，除却黑夜、死亡、大海这个母性的三位一体，永远不能承受其他碰触，同时，粗人惠特曼学会了爱默生的呼号：“接触！”惠特曼身上有着一种崇高的气质，这种气质让他以过度赞美身体的方式实现了对爱默生的伊壁鸠鲁式偏离（克里纳门）。爱默生对于两个主题，并且也只有这两个主题，是无话可说的，那便是性和死亡，因为他的心灵太健康，从而认为对此二主题皆无可谈论。爱默生没有性问题，对于死亡，则持斯多葛主义的态度。

现在我回到《我自己的歌》的图式，对比之下，在性与死亡这两点上，惠特曼绚丽纷缛、委婉凄恻，始终有道不尽的言语，在这方面而言，他不仅是哈特·克莱恩、华莱士·史蒂文斯（或许这一位更令人惊讶）以及我们时代的阿什贝利、阿门斯的先辈，而且也是诸如海明威及其矫矫不群的门生诺曼·梅勒这等性爱与死亡的晦涩文章家的先辈。惠特曼超轶众人，将性爱与死亡联作连环，当作一种尊贵的提喻法，以表示所有存在，这就是《我自己的歌》第7—27节的比喻手法。在第24节中，一股逆转为对立面（reversals-into-the-
opposite）的漫延全宇宙的潮汛达到极点，这是自我的一种对抗性的 174
完成，在美国诗歌里再找不出俦匹，内中震动人心的既是其威重，也是其哀调，凌越任何现代诗人欲借提喻法思考和表现的尝试。阅读这两句诗，读者会犹豫不决，是该称赏这宣言的浩荡力量，还是该称赏其精确如此：

把加在门上的锁拆下来吧！
甚至把门也从门框上拆下来！

谁侮蔑别人就是侮蔑我，
不论什么言行最终都归结到我。

灵感通过我而汹涌澎湃，潮流和指标也通过我。

我说出了原始的口令，我发出了民主的信号，
天啊！如果不是所有的人也能相应地在同样条
件下得到的东西，我决不接受。

借助我的渠道发出的是许多长期以来喑哑的声音，
历代囚犯和奴隶的声音，
患病的、绝望的、盗贼和侏儒的声音，
“准备”和“增大”轮转不息的声音，
那些连接着星群的线索和子宫与精子的声音，
被别人践踏的人们要求权利的声音，
畸形的、渺小的、平板的、愚蠢的、受人鄙视的人们的
声音，
空中的浓雾，转着粪丸的蜣螂。[①]

可以说这惊人之笔成全了那个提喻，它濒临转喻（metonymy）的倾空，提点我们所有比喻和心灵防卫机制的变迁无常。在这一节诗里，惠特曼的防卫首先是狂想的逆转，在其中，他自己对于接触他人的恐惧如此地转逆，以致绝不可能以外在形式颠覆他的疏远。这便好似是，他通过吸纳每一个外在自我，吸纳每一个被社会、历史甚至自然所离弃的东西，来拒绝那拒绝、否定那否定。说某人不接受任何无法拥有其势均力敌的对立面的东西，诚然就是说此人不接受来自外在自我的颠覆，不接受否定或拒绝。可以说，惠特曼以他所禀赋的趋向对抗式的完成的强烈冲动，在第25—27节这三个恢奇

① 《我自己的歌》，赵萝蕤译，上海译文出版社，1987年版，第50页。

的诗节里终结其诗歌的 tessera 阶段。因为在第 25 节里，自然向诗 175
人反击，而他则已强壮得足以招架，然而在第 26 节、第 27 节，他开始疲顿，转而忍受精神的消极滑落，从而妨碍了在第 28—30 节激昂的 kenosis，或者倾空他作为诗人的生涯。第 27 节末尾，惠特曼坦承道：“让我的身体碰触另一个人的身体，便是我所能忍受的极限。”在第 28—30 节，惠特曼式倾空似乎将手淫当作自我的转喻简化，在这里，碰触代替整个存在，通过颂扬诗人所湿润的泥土去寻找一种可怜的救赎：

> 我的一刹那和一点滴使我的头脑清醒，
> 我相信湿透了的泥块会成为情侣和灯光，
> 一个男子和妇女的肉体是要领中的要领，
> 他们对彼此的感情是顶峰又是花朵，
> 他们会从这一教训中无限地孳生，
> 直到它能够创造一切，
> 直到一切的一切都使我们欣喜，我们也使它们欣喜。①

这一段开启第 31—38 节，是我们的文学之中最可畏的性压抑，美国式崇高迄今为止的最伟大范例。我无意分析这种崇高的荣耀，而是要品鉴第 38 节的巅峰时期，也即暴烈地跌入深渊。惠特曼将父亲创始的力量和宇宙的手足情谊一并融进自己，以骇人的驰辩（“我就是那人，我历难，我曾在那里”，以及“痛苦是我的一套替换衣裳”）为爱默生的抵偿付出可怕的代价。确是有得必有失：

① 《我自己的歌》，赵萝蕤译，上海译文出版社，1987年版，第65页。

够了！够了！够了！
我惊得有点不知所措了。靠后面站吧！
给我一点时间醒醒我那受过打击的头，让我从昏睡、梦乡
　　和呆滞中休息过来吧，
我发现自己已到了犯一次通病的边缘。

我竟然能忘记那些嘲笑者和侮辱！
我竟然能忘记那簌簌落下的眼泪和大头短棒和铁锤的
　　打击！
我竟然能换一种眼光看待我自己被钉上十字架并戴上血
　　污的王冠。

我现在记得了，
我重温了被撇在一旁的那一小部分，
176 石墓把托付给它的别的坟墓的死者增加了好几倍，
尸体复活了，创口愈合了，锁链从我身上滚落。①

爱默生曾预言会有一个中心之人（Central Man），颠覆基督“伟大的失败”，坚执“我们要求胜利”。惠特曼比他的先辈更骠悍，既敢将自己看作那个伟大失败的重复，也敢将自己看作复活的胜利：“我重又充满了无上力量在前进，成为一个平常而又漫长无比的队伍里

① 《我自己的歌》，赵萝蕤译，上海译文出版社，1987年，第93—94页。

的一员。”[①] 我们该如何看待狂妄如斯的崇高。纵有“平常而又漫长无比的队伍”这个自欺，惠特曼也不得不说：“我和深渊。”然而惠特曼的压抑却更伟大——势必如此——因为其居先性的关键正是对于爱默生的依恋。关于这种依恋，我打算在结论再详谈，这里先完成《我自己的歌》修改方法的后期草图。

第 39—49 节试图以崇高的方式巩固自我，在这里，惠特曼以独特的方式为我们展示浪漫主义盛期的隐喻，他的自我作为内在，向自然世界问话，而自然世界则作为外在而回应。在华莱士·史蒂文斯贴切地题为《美国式崇高》的诗里，可以看到这种转换视角的终极或简化形式的缩影：

可是我们如何感觉？
我们慢慢习惯了气候，

习惯了这地方和气候；
并且崇高降到
灵的自身，

灵和空间，
空洞的灵
在空荡的空间。

也就是说，崇高降落至我内心的深渊，而我正停留在空间的深

① 《我自己的歌》，赵萝蕤译，上海译文出版社，1987年版，第94页。

渊。在第 49 节，惠特曼版的崇高降落完成了其伟大的 askesis：

我听见你们在那里悄语，啊，天上的星星，
177 啊，恒星——啊，坟上的青草——啊，不断的调换前进，
如果你们不说什么，我又能说什么呢？

至于那秋天的森林里躺着的混浊水潭，
从萧瑟的黄昏的悬崖上下降的月亮，
摆动吧，白天和薄暮时的闪光—在污秽中的腐烂的黑茎
　　上摆动吧，
伴随着枯枝发出的带着呜咽声的呓语摆动吧。

我从月亮那里上升，我从黑夜那里上升，
我看到那惨淡的微光是正午时日光的反照，
不管起点大小我要在稳定的中心处出现。①

在这里，中心的平稳仅借助崇高化的修辞对应得以企及，那便成为对两种光芒——太阳和月亮——的隐喻，其中太阳势必作支配，以爱默生的“平稳与中枢”为其步调。在这里，我重拾先前提及的诗歌崇高化的惯例。这个崇高化的方法实是一种拘限，因为它所聚焦的，也就是被规避的，仅是为不允许现身而被记取，以它物为替身而出现。惠特曼没有展示他所记得的，他那个神化的梦，成为比单纯的自然之太阳更伟大的耀眼日出。而令他舍弃这种自主的光

① 《我自己的歌》，赵萝蕤译，上海译文出版社，1987年版，第127—128页。

彩，接受一种视角化，一种“白天和薄暮时的闪光”平衡。在诗歌非凡的结尾，即第 50—52 节——这几节可说是奇迹般地僭越了先前所有一切——他恢复了这种 askesis。然而惠特曼进一步转喻式的逆转（metaleptic reversal）与华兹华斯与丁尼生的模式不同，他的模式令读者而不是诗人承受负担。在他这里，读者而非诗人须直面挑战，将迟来逆转为先在。在《轮渡布鲁克林》中，惠特曼会将这个挑战塑造得完美，正如在被收进《草叶集》1856 年第二版时被贴切改成的标题《太阳下落的诗》（*Sun-Down Poem*）那样。在这里，《我自己的歌》第 51 节挑明这场挑战：“我走之前，你会说话吗？你会不会已是来得太晚？”在爱默生的文章里（我对爱默生的痴爱，绝不输于任何一位读者），关于即将来临的中心之人的描述，绝无似这般强大，绝无似第 55 节里惠特曼的自我表现。我摘录爱默生 1846 年 178
4 月的一段笔记，作为他关于中心之人的最伟大预言：

他，或出于不知如何准确命名的绝望，有人称之为那新的（Newness）——正如希伯来人不喜说出此词——他潜伏、隐匿，他是成功、真实、喜悦、权势——他就是组成天堂者，就是调和种种不可能者，弥补缺陷、抵赎罪孽或将其变作道德，将拥挤的过去埋藏在遗忘里，将诸种宗教、哲学、民族、个人沉陷在传说里；颠倒意见和名望的天平，将科学抑为意见，将瞬间的思想变作通往宇宙的钥匙，未来历史的蛋卵。

……一切俱相类——天文学、形而上学、剑、锹、铅笔，或者仍不曾发明的器具或技艺——这就是那发明者、价值赋予者、价值本身。那将来临的就是**他**，或者说，**他**若不会来临，便再无将要来临者:**他**在我们称颂**他**的时刻消失。我们若焚烧那些因我们称颂**他**而谴责我们的人,**他**就现身他们当中。神圣之新。锄与锹、剑与笔、城市、图画、花园、律令、圣典,这些工具只因被他偶尔借用而受人珍重。天文学、音乐、几何、社会制度、封建制也是如此——我们怀虔诚的心亲吻**他**的衣角,误把衣角当成了**他**。那衣角在我们的嘴唇上化作灰尘。

这新是河流,或者是新的压抑,潜伏、隐匿,在深处通过从埋藏与陷落的过程汲取形象。然后这股魔性力量投射过往,内投未来,但**不在现在**,而是仅在**即将来临**的领域:“**他**在我们称颂**他**的时刻消失”,更甚者,在我们的嘴唇上粉碎的并不仅是他的衣角。作为这种新,惠特曼甚至更不可捉摸:

> 那苍鹰从我身旁掠过而且责备我,他怪我饶舌,又怪我迟
>   迟留着不走。
>
> 我也一样一点都不驯顺,我也一样不可翻译,
> 我在世界的屋脊上发出了粗野的喊叫声。
>
> 白天最后的日光为我停留,
> 它把我的影子抛在其他影子的后面,而且和其他的一样,
>   抛我在多黑影的旷野,
> 179 它劝诱我走向烟雾和黄昏。

我像空气一样走了，我对着那正在逃跑的太阳摇晃着我
　　的绺绺白发，
我把我的肉体融化在旋涡中，让它漂浮在花边状的裂
　　缝中。

我把自己交付给秽土，让它在我心爱的草丛中成长，
如果你又需要我，请在你的靴子底下寻找我。

你会不十分清楚我是谁，我的含义是什么，
但是我对你说来，仍将有益于你的健康，
还将滤净并充实你的血液。

如果你一时找不到我，请不要灰心丧气，
一处找不到再到别处去找，
我总在某个地方等候着你。[①]

那只苍鹰责怪惠特曼迟来，“迟迟逗留”，但是诗人与苍鹰一样，都是“不可翻译的”，也即他的欲望是永恒的，始终凌驾行动之上。在那里，日暮之际，惠特曼擒拘白日的末梢，将现时消融在当下，并且散逸他自己的在场，及至溶溶曳曳，化作空气和大地，化作我们须呼吸的气，我们须行走的地，诗人内化我们的未来，并且走在我们之前，等候我们赶上他。在我们这份共同的求索里，他那么遥远地领先，因此也大可以稍作停留，尽管他不会跟我们说他会等在何处。

① 《我自己的歌》，赵萝蕤译，上海译文出版社，1987年版，第131—132页。

他的主要比喻仍然是草，但这个比喻而今成了僭越的比喻，因为这是尚未生长却“将要生长”的草。这样一个比喻蕴蓄了胜似爱默生的承诺，也即“我们称颂**他**的时刻”，这个中心之人不会消失。

在文章收束之际，我回头谈论第31—38节里惠特曼的美国式崇高，尤其要提及第33节那段豪壮的行进，诗人说：“我与我的理想同行。”这里引用一段向着崇高的无畏登攀：

> 午夜我在后院里很孤单，很长时间头脑走了神，
> 步行在朱迪亚古老的丘陵地带，美丽而温柔的上帝在我身旁，
> 飞快地穿过空间，飞快地穿过天空和星群，
> 飞快地在七个卫星之间和大圆环里穿行，直径为八万英里，
> 和带着尾巴的流星一同飞奔，和它们一样抛掷着火球，
> 携带着那肚里正怀着它自己的母亲满月的孩子，新月，
>
> 冲击着，欣赏着，计划着，热爱着，叮咛着，
> 不断变换着方向，出现了又不见了，
> 我日夜走着这样的道路。
>
> 我访问了各个天体的果园，观看了产品，
> 观看了亿万个红熟的果实，也观看了亿万个青涩的果实，
>
> 我像一个流体，像一个能够吞咽一切的灵魂那样一次一

次飞翔，
我道路的方向在探测深度的测锤下方。

我取用物质的东西，也取用非物质的东西，
没有一个守卫能截断我的去路，没有一条法律能阻
止我。[①]

作为夸张的进程，唯有《最高虚构笔记》中坎农（Canon Aspirin）的飞翔可与此诗相比。惠特曼的天使之飞举，打破物质与非物质之间的区别，因为他的灵魂——如他的精确描述——“流畅、嗢咽”。类似地，坎农的天使之飞翔打破事实与思想之间的界限，然而由于坎农的灵魂更受系拘，因此，恰是在惠特曼决不可能失败的地方，这位迟来的天使惨败。坎农将秩序加诸现实，惠特曼则发现或揭示秩序，因为他是在发现自己（纵使他不是揭示自己，尽管他不断地宣称他随即就要揭示自己）。我要略微变换先前的问题，用以结束此文。相比他的先辈爱默生，或者门生史蒂文斯，惠特曼的美国式崇高何以更壮阔、更劲悍？换用误读的语言，这就是说：惠特曼的诗歌压抑，为何以及如何比他这个传统里的其他大诗人更伟大、更有力？

在其最崇高的变形里，惠特曼的自我全然吸纳先辈的力量，从而实际上便也遗忘了先辈的力量，反而展现出了后辈的力量——他自己的力量，或者说，在惠特曼这个例子里，我们宜说是他的诸多自己的力量。在爱默生**敦促**遗忘居先性的地方，惠特曼则苦心孤诣，**实实在在地**遗忘之，纵使以相当大的代价去遗忘。爱默生说，“我和

① 《我自己的歌》，赵萝蕤译，上海译文出版社，1987年版，第76—77页。

深渊”；惠特曼说，“我自己的深渊”。后者势必更崇高，啊，甚至更加
181 美国。

列夫·托尔斯泰
（1828—1910）

《战争与和平》

1

作为莎士比亚之后最擅长现实艺术的作家，托尔斯泰在其表现技艺中融合了往昔两位最强大作家的扞格不容的力量：《伊利亚特》的诗人，《创世记》与《出埃及记》中的亚伯拉罕、雅各、约瑟、摩西的故事的原初讲述者。或许因为托尔斯泰比莎士比亚更契近荷马与雅威作者，从而他会那么悖妄地批评莎士比亚。诚然，再无哪位莎士比亚读者会以为《哈姆雷特》、《麦克白》、《李尔王》絮烦又伤风败俗。鉴于哈姆雷特与约瑟夫，或与《撒母耳记下》的大卫之间的共同之处，远胜似他与阿喀琉斯或赫克特的共同之处，因此，托尔斯泰何以能够接受《伊利亚特》的道德观，却不能忍受《哈姆雷特》的，就成了一个深奥的谜。我猜想，托尔斯泰受莎士比亚的表现艺术影响太深，因此不能忍受坦承这种无法避免的影响。在安德烈王子身上，我们看到更多何斯佰而非拜伦勋爵的影子。甚至在皮埃尔身上，在他喜剧的那一面，也反映了莎士比亚而不是荷马或《圣经》的自然主义。倘若你的人物因经历而产生的变化，少于因聆听自己对于经历的反思而起的变化，那么你就是莎士比亚在摹仿艺术上的创新的又一传人，纵使你万分迫切地坚执，你的真实感是以道德为中心，而莎士比亚则不是。

莎士比亚和托尔斯泰的共同之处是《圣经》，而不是《伊利亚特》，并且在莎士比亚的戏剧当中，最能触怒托尔斯泰的原该是《特洛伊勒斯与克丽西德》（*Troilus and Cressida*）。嗟乎，享此恶劣荣耀的竟是《李尔王》，同时使人愕然的是，唯有福斯塔斯使托尔斯泰信服。饶是如此，最伟大的作家之于彼此的影响时常是吊诡的。在
182 1908 年的文章里，亨利・詹姆斯将《战争与和平》与萨克雷的《纽卡姆一家》和大仲马的《三个火枪手》联系到了一起，因为这三部作品俱是“臃肿、松垮的大怪，充满……偶然和任意的诡怪元素”。二十年前，詹姆斯曾视托尔斯泰为“一个怪物，羁轭于其伟大的题材——全部人类生活——如同一头大象被用于驮运，被轭于一间马车房，而不只是马车”。

詹姆斯要求“一种绝对精巧构思的艺术”，这看似冲撞了托尔斯泰的著名质询——**何为艺术**？——但这只是假象。纵使阅读译文，我们也可看出，**作为艺术家**，托尔斯泰凌迈于詹姆斯之上，便似荷马超越维吉尔，莎士比亚令本・琼森相形见绌。《战争与和平》的人物表现赋有权威性，以及对于我们不禁要称之为真实的东西的把控，只有寥寥数位作家才能和托尔斯泰一样写出这种真实：荷马、《圣经》、但丁、乔叟、莎士比亚、塞万提斯，或许可添上普鲁斯特。菲利普・拉夫曾精彩地评论过“批评家在托尔斯泰天气里的酣喜”。这里用得最妙的是“天气”。正如我们的宇宙，《战争与和平》也有天气，但无人会说，如浪漫主义盛期的诗人或陀思妥耶夫斯基那样，

托尔斯泰创造了一个异宇宙。在我们这个托尔斯泰的地球上，而不是在虚幻的领域，你受难而死，或欣然而活。

马克思主义批评家卢卡奇勉强承认，在某些时刻，托尔斯泰确实冲破束缚，进入了“判然不同的、具体的既有世界，如果这世界得以铺展为一种全体性，那么它便全然不能为这部小说的范畴所容纳，这就因此要求一种艺术创造的新形式：更新后的史诗形式”。卢卡奇否认托尔斯泰赋有将之造就为全体性的才具，而他所抱持的意识形态使他对待托尔斯泰的态度不甚豁达。诸如《哈吉·穆拉特》这样的短篇小说，诚然便是如此一种全体性，但是《战争与和平》这部一千三百多页的巨著，固然不能以如此长度实现一种绝对的全体性，但仍然给予我们“判然不同的、具体的既有世界”。托尔斯泰实现了 19 世纪小说家理应无法企及之事：揭示我们日常现实的诸方面，他若不曾先看见这些方面，我们便永远也看不见。狄更斯和巴尔扎克创造非凡的幻景——我们渴望将其收纳到真实里，托尔斯泰则更似莎士比亚——相似得超过他自己所能容忍知悉的程度，他令我们相信，摹拟看似本质的自然，便已绰绰有余。

分析不能穷尽莎士比亚，这多半由于他的修辞艺术近乎无穷。而分析不能奈何托尔斯泰，因为他的修辞也呈现那自然的效果。在托尔斯泰的人物身上，你须斟酌他们的决定论与自由意志之间的平衡，因为他坚持这是你理应做的工作，而你却沉迷于他的叙述力量、他的角色无可避免的说话和思索模式，从而忘记质询情节的结构， 183
或者占据故事的叙述声音的单独形象。假若詹姆斯、福楼拜、乔伊斯三人一道被视为小说家的典范，那么托尔斯泰便不是小说家，而似是更阔大、更重要的某类事物，就此，我们没有适宜的名称，因为卢卡奇坚持认为,“伟大的史诗是一种系于历史时刻的形式”,此话无疑十分贴切,何况那样的时刻既不属于托尔斯泰,也不属于我们。

2

W. 加雷思·琼斯强调,与其说《战争与和平》是托尔斯泰所讲述的单一叙述,不如说是众多叙述构成的网络,仿若将我们每个读者当成安德烈王子,对于故事,既乐意聆听,又泰然看待。或许这正是安德烈王子在小说里的主要作用,也就是作为托尔斯泰读者的理想表率,正如皮埃尔可能最终成为托尔斯泰理想的故事讲述者。以赛亚·伯林和马丁·普莱斯皆透彻地阐释过托尔斯泰的英雄人物是怎样接受“事物的永恒关系与人类生活的普遍结构”(伯林语)并最终告捷,成为万物皆不足以挠其心的人。如若这仍然不足以完全描述第十五卷里发生改变的皮埃尔,其间的缘故便是托尔斯泰的出神入化的自然力量,而不是他那些最优秀批评家的窳弱。托尔斯泰叙述皮埃尔解放后出狱,继而患病痊愈之后,回到莫斯科,在玛丽公爵小姐家与娜塔莎重逢;批评家如何能够传达这其中的认知智慧,或者那虽深自敛抑却依然使人读之竦然的哀调?皮埃尔认出陪伴玛丽公爵小姐的持服侍女是娜塔莎,而且他爱着娜塔莎之时,实难想象还有比托尔斯泰的描述更微妙的艺术:

> 在一间点着一支蜡烛的不太高大的房间里,公爵小姐和一位身着黑色布拉吉的女人坐在一起。皮埃尔想起了玛丽亚公爵小姐身边常有女伴相陪,但是,这些女伴都是些什么人,皮

埃尔不知道,也记不得了。“这是一个女伴。”他向身着黑色布拉吉的女人看了一眼,在心中想到。

公爵小姐立即起身迎接并伸出了手。“是啊,”在他吻了她的手之后,她仔细端详皮埃尔那张已改变了的面庞,说道,“我们这不是又见面了,他在临终之前的那些日子里,经常谈到您。”她说这些话时把目光从皮埃尔移到面容羞涩的女伴身上,女伴的羞怯表情使皮埃顿时吃了一惊。

“得知您平安无恙,我十分高兴,这是很久以来我们接到的
唯一的好消息了。” 184

玛丽亚公爵小姐又不安地向女伴看了一眼,并且想说点什么,但是皮埃尔打断了她的话。

“您可以想象得到,有关他的情况,我连一点都不知道,”他说,“我还以为他是阵亡的。我所知道的一切,都是从别人,从第三者的口中得知的。我知道他遇见了罗斯托夫一家人……多么巧的命运啊!”

皮埃尔说得又快又兴奋。他看了一眼那个女伴的脸,他看见,她以特别表示关切的、迥非寻常的目光注视着他,这是在交谈中常可见到的,他不知道为什么会感觉这个身着黑衣的女伴是一个可爱的、善良的、顶好的人,她不会妨碍他和公爵小姐推心置腹的交谈。

然而,当他的最后一句话提到罗斯托夫一家的时候,玛丽亚公爵小姐的脸上表现出更加困惑不解的表情。她再次把视线从皮埃尔身上移到身着黑衣的女士的脸上,她说:

“难道你真的认不出她了吗?”

> 皮埃尔又一次看了一下那个女伴的苍白的、瘦削的、有一双黑眼睛和奇特嘴唇的面孔。从她那极为关切的眼神中，可以看出，含有一种亲切的、他久已遗忘的、十分可爱的神态。
>
> “不，不，这不可能，”他想，“这不是一张严肃、瘦削、苍白、显得老了一些的面孔吗？这不可能是她。这只是相似罢了。”然而，此时玛丽亚公爵小姐说：“娜塔莎。”于是，那张眼神极为关切的面孔，困难地、吃力地，好像一扇生锈的门被打开了似的，露出了笑容，从这敞开的门里突然散发出一阵芳香，令皮埃尔陶然欲醉，这是他久已忘却的，特别是在此时此刻完全意想不到的幸福。芳香四溢，香气袭人，皮埃尔整个身心被这种芳香所包围，被完全吞没。当她莞尔一笑时，已经不再有什么怀疑了。这正是娜塔莎，而他爱着她。[①]

单看这一段话，便是无比简洁、直接、真实，而放置在其背景里，映衬这部宏大小说的力量时，这绝对就算得上是精巧构思的艺术了。亨利·詹姆斯并不能跻身伟大文学批评家的行列，且先不管他的拥趸如何地推崇他。托尔斯泰、狄更斯、沃尔特·惠特曼，这三人与詹姆斯对他们的判断之间绝无略微相似之处，虽然他晚年追悔不该那么提惠特曼。若说最高的艺术终究令我们始料不及——纵使我们跟随皮埃尔一起学习着他人生这个中心时刻的奥秘和意
185 义——那么没有哪一种小说艺术能够超越托尔斯泰，就连普鲁斯特也不能够。“伟大的艺术作品因其能为每个人所亲近且理解，才能称其伟大。”这部小说的这一时刻确实印证了这个简朴的托尔

① 《战争与和平》，盛震江译，中国对外翻译出版公司，2010年版。

斯泰式原则，然而我们也不能忘记，李尔王与葛罗斯特（一癫、一眇）之间的对话，并不能为每一个人所亲近且理解，并且触及到了连托尔斯泰也不能企及的艺术极限。可惜托尔斯泰不能或不肯容纳《李尔王》、《麦克白》、《哈姆雷特》的超越与非凡，却不曾排拒约瑟及其兄弟的《圣经》故事，或者阿喀琉斯和赫克托尔之间的争战，这实是一种大悲。托尔斯泰对莎士比亚的摒斥，或许是莎士比亚的表现力量迄今所得的最嵬巍的赞颂，纵使辞气如此纡曲。 186

马塞尔·普鲁斯特

（1871—1922）

《追忆似水年华》

1

正如雪莱认为那样，乱伦最具诗意的情势，性妒嫉最具小说式的情势。正如弗洛伊德是我们时代的道德家，普鲁斯特是我们时代的小说家。二人皆是思想家，一道分尽我们时代的大智慧作家的卓荦名望。

普鲁斯特于 1922 年去世，这一年弗洛伊德发表了那篇峻刻而华赡的论文，《妒嫉、妄想症和同性恋的特定神经机制》。普鲁斯特和弗洛伊德二人皆是伟大的反讽大师，喜剧精神的悲剧称颂者，而在妒嫉、妄想症、同性恋这三处却并不投合，尽管二人皆以“我们天生是雌雄同体”这一领悟为起点。

在文章开端，弗洛伊德妙趣横生地论道，妒嫉如悲痛一般正常，并且有三个阶段：**求胜**或正常阶段、**心理外向投射**阶段、**妄想**阶段。**求胜**或正常的妒嫉夹杂着悲伤，这是由于婴孩失去了爱的对象，重新碰触到了自我陶醉的伤痕，最初感觉到了异性父母被同性父母所占据的悲剧性遗失。作为正常的阶段，**求胜**妒嫉实是正常的地狱，弗洛伊德温厚地往这团混合物中加入了一些喜悦的配料，诸如仇视成功的对手，一点自怨，一些自责，并且毫不吝啬地撒进一大把双性恋特征。

外向投射妒嫉将自己的不忠行动或压抑的不忠欲望转嫁给性爱对象，弗洛伊德怡然视其为相对无害，因为这种妒嫉的近乎错觉的特征极可能借助于对无意识幻想的分析而治愈。而真正的**妄想阶段**的妒嫉便十分严重，并且它是缘自被压抑的不忠冲动，而冲动的对象是自己的同性。在弗洛伊德看来，这便使人越过妒嫉的疆域，进入妄想症。 187

这三重妒嫉阶段的共同处是**双性恋特征**这一配料，因为**外向投射的**妒嫉也被贴换为被压抑的欲望，包括同性恋的欲望。普鲁斯特是我们时代另一位妒嫉理论的权威，他更乐意称同性恋为“性别错位”（inversion），并且描摹了一个绝妙的神话幻想，从所多玛城的儿子和蛾摩拉城的女儿追溯到了平原之城里存活的流亡者。性别错位和妒嫉，在弗洛伊德那里如此参伍错综，在普鲁斯特这里则成为辩证的组合，以审美的敏锐感受作为复杂的演变过程，贯通这对组合。

在妒嫉这个主题上，普鲁斯特才华富赡，豪爽洒落，再无哪位作家似他这般深情绵邈、才情璨烂地敷演、阐发着这份情感，当然，创作《奥赛罗》的莎士比亚和《红字》的霍桑是例外。普鲁斯特那些妒嫉的情人——斯万、圣卢，尤其是马塞尔本人——如此痛苦地承受着嫉妒，以致我们时常须竭力按捺同情心，以免过于沉迷其中。我们难以揆度普鲁斯特是如何看待他们的痛苦折磨的，多半因为他的反讽既弥漫，又巧妙。喜剧意味虽在近旁盘旋，但纵使是悲喜剧一词，似乎也不能尽然传达普鲁斯特那些主人公不可抑制的悲伤。斯万暗自庆幸不曾因嫉妒向奥黛特证明他太爱他之后，便跌进了地狱的入口：

> 这段经历，他没有跟她说起过，自己也不再去想它。但是有时脑子一动，就把这潜伏在脑海深处的对这件事情的回忆勾了起来，栩栩如生，只好重新把它埋得更深，这时他就突然感到强烈的痛苦。这仿佛是一种肉体的痛苦，斯万的思想无法使它减轻；然而如果这是一种肉体的痛苦的话，它至少与思想无关，思想总还可以仔细端详它，发现它已经减弱，已经一时消失。可是他那种痛苦，每当思想念及的时候，只能使它重新出现。想要不去想它，实际上是再一次想到它，他为此而更加感到痛苦。当他跟朋友们谈话的时候，他忘了他的痛苦，可是别人不经意间讲出的一句话会使他突然失色，就好象是一个伤员被冒失鬼触到了伤处一样，当他离开奥黛特的时候，他心情愉快，感到心地宁静，他回忆她在谈起别的男人时带有讽意的微笑，以及对他充满温情的笑容；回忆她怎样把头低垂下来，几乎是不
> 188 由自主地俯向他的双唇，好像是第一次在马车中时那样；回忆起当她在他怀中时像是怕冷一样怎样把脑袋紧紧靠在他的肩上，两眼向他投来无神的目光。
>
> 然而他的醋意却和他的爱情仿佛是如影随形，马上就出来为她今晚向他投来的微笑提供一个副本，来了一个颠倒，变成是对斯万的嘲笑而充满着对另一个人的爱；她的脑袋低垂下来也是俯向别人的双唇，而她对他的一切温情的表现也都以别

> 人为对象了。他从她家里带回的一切令人销魂的印象,现在都仿佛变成了一个室内装饰师提供的一些草图,一些方案,使得斯万据以设想她可能在别人面前表现出来的热烈的、狂喜的举止。这样,他都为在她身边体会到的每一种乐趣,为他自己设想出来的每一个爱抚的动作(他还如此有欠谨慎,告诉她这些动作是如何使他欢快),为他在她身上发现的每一个优美之处感到后悔,因此他知道,过一会儿,这些又都会成为她手中用来折磨他的新的刑具。[①]

在这里,嫉妒是一种痛苦,体验这痛苦的是弗洛伊德那个位于心灵和身体交界的身体自我:“想要不去想它,实际上是再一次想到它,他为此而更加感到痛苦。”作为爱的影子,嫉妒仿若大地投在天空的阴影,依传统而言,那阴影理应止于金星(维纳斯星)。相反地,那阴影在那里遮暗一片,并且由于那阴影便是弗洛伊德的现实原则,抑或我们对于自己这具有死之身的意识,普鲁斯特驰辩得寒气逼人的反讽,正在于嫉妒不仅暴露每个性爱对象选择的任意性,而且标示被爱之人走向目的论的多元决定的过程,在此过程之中,这个对象的所谓必然性,实际上只是爱人之死的必然性的一种伪装。因此,普鲁斯特的嫉妒竟古怪地近似弗洛伊德的死亡冲动,因为这种冲动也是快乐/不快乐原则之外的求索。每一次回想深爱之人的性爱妙技,我们心头的酷刑密室便又得到养料,因为那快活了我们的,也快活了别人。

斯万经历从嫉妒的情人到蹩脚的学者这个糟糕的改造,它将嫉

① 《追忆似水年华》第一卷,《在斯万家那边》,李恒基、徐继曾译,译林出版社,2012年版。

妒转为一种智性愉悦，这并不是成就，而更是一种对正轨的脱离，因为倘若对真理的求索仅是求索性的过往，那么没有哪种思想能够从
189 所有思想的性的过往之中得到解脱（弗洛伊德）：

> 当然，看到这道光线，想到在窗框后在它的金色的光芒中走动的那一对男女，想到在他回家以后来到的那个人暴露了。奥黛特的虚伪暴露了。她正在跟那一位共享幸福生活的这阵窃窃私语也暴露了，他是何等的痛苦啊。然而他还是为他来了而高兴：促使他从家里出来的那份折磨心情，由于越来越明朗而不再那么强烈，因为奥黛特的生活的另一面，当时对它突然产生了怀疑而又无可奈何，现在却明摆在他的面前，被那盏灯照得一清二楚，被囚在这屋里而不自知，而他只要高兴，就可以进去把它捉拿归案。他也可以像平常晚来时一样，去敲敲百叶窗；这样，奥黛特至少可以知道他已经掌握情况，看到了那道光，听到了他们的谈话；而他呢，刚才还在设想她正跟那一位在笑他蒙在鼓里，现在却要眼见他们当场认错，上了被他们认为远在千里之外的他的圈套。也许，他在这几乎是令人惬意的时刻所感到的并不是什么怀疑和痛苦的消失，而是一种属于智力范围的乐趣。自从他爱上奥黛特以后，他以前对事物的浓厚的兴趣有所恢复，但这也限于跟对奥黛特的思念有关的事物，而现在他的醋意激起的却是他在好学的青年时代的另一种智能，那就是对真情实况的热烈追求，但那也限于跟他与他的情妇之间的关系有关的真情实况，仅仅是由她的光辉所照亮的真情实况，一种完全是与个人有关的真情实况，它只有一个对象，

> 一个具有无限价值,几乎是具有超脱功利之美的对象,这就是
> 奥黛特的行动、跟她有连系的人、她的种种盘算、她的过去。在
> 他的一生中的其他任何时期,他总认为别人的日常言行没有什
> 么价值,谁要是在他面前说三道四,他总觉得没有意义,即使听
> 也是心不在焉,觉得自己此刻也成了一个最无聊的庸人。可在
> 这奇怪的恋爱期间,别的一个人竟在他身上产生如此深刻的影
> 响,他感到在他心头出现的对一个女人的最微不足道的事情的
> 好奇之心,竟跟他以往读历史的时候一样强烈。凡是他往日认
> 为是可耻的事情:在窗口窥看、巧妙地挑动别人帮你说话、收 190
> 买仆人、在门口偷听,现在就都跟破译文本、核对证词、解释古
> 物一样,全是具有真正学术价值的科学研究与探求真理的方法
> 了。[①]

事实上,可怜的斯万认错了窗,这整段文章从而既蕴结无限痛楚,又徘谐得令人读来莞尔。弗洛伊德反讽地称这是高估了对象,也即将爱人的个性放大或深刻化,正是这个做法开启了深掘个人地狱的工作,而不是放大人生的工作(如普鲁斯特自己的小说)。斯万倚墙而立,“怀着无能、盲目、茫然的痛苦看着这无底洞”之时,便是一头往下栽,往前摔出,并且构想奥黛特从前生活的琐碎细节,“会比他作为美学家,为了深入理解波提切利的《春》、《美丽的伐娜》、《维纳斯的诞生》而研究15世纪佛罗伦萨的资料时还要热心”[②]。

将一切历史化的审美家,诸如约翰·罗斯金,或者沃尔特·佩

① 《追忆似水年华》第一卷,《在斯万家那边》,李恒基、徐继曾译,译林出版社,2012年版。

② 同上。

特,都成为了善妒情人的典范,他们在那些失落的岁月里寻找的不是一个人,而是一次异象,或是无垠时光中的一个特殊时刻,对时间绵延的一种专属虚构:

> 斯万往往在晚饭前不久才从访问中归来。晚上六点钟,这
> 时刻在往日曾使他痛苦,而如今却不然,他不再猜测奥黛特大
> 概在做什么,是接待客人还是外出,他对这些都不在意。他有
> 时回忆起多年以前,他有一次曾试图透过信封看奥黛特给福尔
> 什维尔写了什么。但这个回忆并不愉快,他不愿加深羞愧感,
> 只是撇了一下嘴角,必要时甚至摇摇头,意思是:这对我有什
> 么关系呢?从前他常常坚持一个假定,即奥黛特的生活是无邪
> 的,只是他本人的嫉妒、猜测才使它蒙受耻辱罢了,但是现在,
> 他认为这个假定(有益的假定,它减轻他在爱情病中的痛苦,
> 因为它使他相信这痛苦是虚构的)是不正确的,而他的嫉妒心
> 191 却看对了。如果说奥黛特对他的爱超过他的想象的话,那么,
> 她对他的欺骗更超过他的想象。从前,当他痛苦万分时,曾发
> 誓说有朝一日他不再爱奥黛特,不再害怕使她恼怒,不再害怕
> 让她相信他在热恋她时,将满足宿愿——本着单纯的对真理的
> 追求,并为了解释历史的疑点,与她一起澄清事实,弄清那天
> (即她写信给福尔什维尔,说来探望她的是一位叔叔)他按门
> 铃敲窗子而她不开门时,她是否正和福尔什维尔睡觉。斯万从
> 前等待嫉妒心的消失,好着手澄清这个饶有兴趣的问题。然而,
> 如今他不再嫉妒了,这个问题在他眼中也失去了一切趣味。当
> 然并不是立刻。他对奥黛特已经不再嫉妒,但是,那天下午他

> 敲拉彼鲁兹街那座小房子的门而无人回答的情景却继续刺激他的嫉妒心。在这一点上,嫉妒心与某些疾病相似:疾病的病灶和传染源不是某人,而是某个地点,某座房屋,嫉妒的对象似乎也不是奥黛特本人,而是斯万敲击奥黛特住所的每扇门窗的那已逝往日中的一天、一个时刻。可以说,只有那一天和那个时刻保留了斯万往日曾有过的爱情品格中的最后残片,而他也只能在那里找到它们。长期以来,他不在乎奥黛特是否曾欺骗他,是否仍然在欺骗他。但是,在几年里他一直寻找奥黛特从前的仆人,因为他仍然有一种痛苦的好奇心,想知道在如此遥远的那一天,在六点钟时,奥黛特是否在和福尔什维尔睡觉。后来连这种好奇心也消失了,但他的调查却未中止。他继续设法弄清这件不再使他感兴趣的事,因为他的旧我,虽然极度衰弱,仍然在机械地运转,而过去的焦虑已烟消云散。他甚至无
> 法想象自己曾经感到如此强烈的焦虑,当时他以为永生也摆脱 192
> 不了焦虑,以为只有他所爱的女人的死亡(本书下文中将有一个残酷的反证,说明死亡丝毫不能减弱嫉妒的痛苦)才能打通他那完全堵塞的生活道路。[①]

嫉妒随爱消失而逝,但这只是就从前的爱人而言。嫉妒是一种可怖的死中之生,似月亮往复更新,永不息止地企图揭露那已不再受关切的东西,纵使欲望的对象已被埋在地下之时依然如此。嫉妒的真正对象是"永不再来的过去的那一日、那一个时辰",就连那个时辰,也不是实在的时间,而是一种时间虚构,是人自己的反复无常

① 《追忆似水年华》第二卷,《在少女们身旁》,桂裕芳译,译林出版社,2012年版。

本性的一段插曲。在保罗·德曼看来，普鲁斯特最深刻的洞见是，自我之非存在将本身构筑于松散的时间反讽、意义的永恒离题。我们自然记得，纵是这种解构的视角，也不能略胜或略逊于普鲁斯特的其他任何比喻，从而不能将普鲁斯特本人也在规避的真理呈现给我们。

2

在斯万和马塞尔的妒嫉之间，贯穿着圣卢对于拉谢尔的妒嫉，普鲁斯特以一段巴洛克式璀玮的漫长段落勾勒其中的极致：

> 圣卢的信没有使我感到意外，尽管他还是在我外祖母病重期间给我来过一封信，指责我对他不忠，对他背信弃义，从此就一直杳无音信。我非常清楚这是怎么回事。拉谢尔专爱煽起情夫的妒火（再说，由于一些微不足道的理由，她对我也耿耿于怀），她对圣卢说，他不在时，我对她有过不良企图，想和她发生关系，他就信以为真了。很可能他仍然相信这是事实，但他已经不再爱她了，因此，不管是真是假，对他都无所谓了，唯有我们的友谊继续存在。当我和他重又见面时，我试图同他谈谈他对我的责备，但他只是温和而亲切地朝我微笑，像是在表示道歉，接着就把话题岔开了。这并不是因为以后在巴黎他不可能同拉谢尔再见面的缘故。那些在我们生活中起过重要作用的女人，不是一下子就能从我们生活中消失的。在最终离开
> 193 我们之前，她们会不时地回到我们的生活中，以致有些人以为

爱情又开始复燃。圣卢与拉谢尔的决裂尽管曾使他一度痛不欲生,但因为他的女友仍然不断向他要钱,使他甚感欣慰,他的痛苦也就很快减轻了。嫉妒是爱情的延续,但它包含的内容并不比其他想象的产物所包含的内容更多。当我们动身去旅行时,带上三四幅想象中的图画(维琪奥桥的百合花和银莲花,薄雾笼罩的波斯教堂,等等),箱子也就塞满了,何况这些画可能会中途失落。当我们离开一个情妇时,总希望她——直到把她渐渐忘记——不要被三四个我们想象中可能存在的,也就是我们所嫉妒的人占有。没有想象到的也就微不足道了。然而,一个已经分手的情妇经常向你要钱,虽然不能使你对她的生活有充分了解,正如发烧时的体温记录表不可能使你完全了解病人得的是什么病一样,但是,不管怎样,体温记录表可以让你知道她病了,而要钱则提供了一种可能性,使你模模糊糊地感到,被你遗弃的或把你抛弃的那个女人可能还没有找到一个有钱的保护人。因此,每一次要钱都能使嫉妒者感到欣慰,痛苦暂时得到平息,紧接着就是寄钱,因为他要她什么也不缺,除了缺情人(他想象中的三个男人之一)。这样,直到时间让他能重新稳定情绪,听到他的接班人的名字时不会挺不住。有时候,拉谢尔会在深夜回到旧情人身边,要求他让她在身边睡一宵。罗贝心里感到像吃了蜜一样甜美,因为即使他一个人占据大半张床也丝毫不影响她睡觉,他意识到他们毕竟如胶似漆地在一起生活过一段时间。他明白,她在他这位老朋友身旁比在其他地方更感到自在,和他在一起,哪怕是在旅馆里,就像回到了从前住过的房间一样,一切都很习惯,睡得更加踏实。他感觉到

> 他的肩,他的腿,他身上的一切,在她看来,就像是最常用的物
> 194 品,哪怕他因失眠或考虑工作在床上辗转反侧,也不会妨碍她
> 睡觉,同它们接触能使她睡得更香。[①]

此段中心落在这句蕴藉无限讽刺意味的妙句:“嫉妒是爱情的延续,但它包含的内容并不比其他想象的产物所包含的内容更多。”这里决不是恭维想象力的包容之大,因它也根本不能将三四个形象守持片刻。圣卢简直就是站在嫉妒最遥远的彼岸,模模糊糊地隐约感觉,对于拉谢尔来说,自己已成为她人生里一个仍未消褪的形象,在“感觉到他的肩,他的腿,他身上的一切,都是她的”之时,纵然他已不再是她的,或者她也不再是他的。嫉妒比爱经久,成为爱的最后阵地,成为旧情人之间继续交往的最后据点。

圣卢作情人的经验若朝露短促,酸甜滋味百种,截然衬托斯万那桩浩大的历史化情事,也衬托这部小说当中最隽拔的嫉妒描摹,也即马塞尔在阿尔贝蒂娜的逝世所留下的漫长阴影里,对失落时光的不朽追寻。两种嫉妒之间另一处动人的承接是斯万跟马塞尔所说的话,在这里,审美反省似乎超轶先前真实的痛苦:

> 我想起斯万等我一定等累了。再说,由于阿尔贝蒂娜的事,我不想回家太晚,于是,我向德絮希夫人和德夏吕斯先生告辞,到娱乐室找到了我那位病夫。我询问他在花园里与亲王交谈的事情是否真的如德布雷奥代先生(可我没有把具体名字告诉他)对我们所说,与贝戈特的一部短剧有关。他朗声大笑

① 《追忆似水年华》第三卷,《盖尔芒特家那边》,潘丽珍、许渊冲译,译林出版社,2012年版。

起来:没有一个字是真的,绝对没有,纯属凭空捏造,编造得也
着实愚蠢。这一代年轻人,信口雌黄,真是出奇。我不问您是
谁告诉您的,可在我们这么一个有限的范围内,一步步追根究
底,弄清这到底是怎么编造出来的,这恐怕挺有趣。亲王跟我
说了些什么,怎么会使那么多人感兴趣呢?这些人真是好奇。
可我从来都不好奇。除非动了真情或起了醋意。这事可让我
眼界大开!您好嫉妒吗?我告诉斯万,我从不感到嫉妒,甚至
不知何为嫉妒。那好!我恭喜您。稍有点妒心,还不算讨厌。
原因有二:一是可让那些不爱打听闲事的人关心一下他人的生 195
活,或至少关心一下另一个人的生活。二是一旦有了妒心,能
较真切地感受到拥有一位女性,与她一道乘车,不让她孤身出
门所带来的乐趣。不过,只有在妒心初发或可完全治愈的情况
下,才可享用此等益处。一旦超越这一极限,便是最为可怕的
折磨。再说,我虽然刚才跟您提起那两种乐趣,但应该告诉您,
我本人也很少有过这种体味。就第一种乐趣而言,是我性情的
过错,我生就不能深思熟虑;就第二种乐趣而言,是因为环境,
因为女人的缘故,我指的是众女人,我曾嫉妒过她们。可这无
关紧要。过去爱过的东西,即使现在不再爱了,人们也绝不会
对过去的爱恋无动于衷,因为这总有这样或那样的道理,只不
过不为他人重视罢了。我们感到,对往昔那些情感的记忆就在
我们心中;我们也必须回到自己的心田,方能目睹这一记忆。
请您不要嘲笑这句唯心主义者的行话,我想要说明的,我一直
酷爱生活,酷爱艺术。哎!如今我已相当疲倦,无法再与他人
共同生活,我昔日有过的那些纯属我个人的情感,我觉得无比

> 珍贵，所有收藏家都有此等癖好吧。我向自己敞开心扉，犹如打开橱窗看一看，一件件，有我多少爱，别人是无论如何感受不到的。如今，我更珍惜这一珍藏的情感，别的东西就逊色多了，我与爱书如命的马扎兰颇有几分相似之处，我扪心自问，要是失去了这一切，将会多么烦恼。还是言归正传。谈谈与亲王交谈之事吧，此事我只告诉一个人，而这个人，就是您。①

在这里，我们走进挽歌的季节，在斯万的嫉妒消逝与可怜的马塞尔的嫉妒开始之间，呈现一种讽刺的平衡。马塞尔丝毫不曾意识到地狱入口在向他招唤。肯定之意起劲得胜过其可能性之时，我们显然便是活在虚构里，活在隐喻或移情里，我们称之为爱，也可以称之为嫉妒。走进那个隐喻，马塞尔的行为便如梦游人，他的痴迷是《女囚》（*The Captive*）的中心，而在《女逃亡者》（*The Fugitive*）中更是发狂似的弥漫不散。《女囚》里有一个精彩段落，看似谤毁嫉妒，实则热烈、急激地以反讽称颂嫉妒之于我们简单的人间快乐的美学
196 胜利：

> 总而言之，关于莱娅我仍然只停留在第一种肯定上，我不知道阿尔贝蒂娜是否认识她。这倒无关紧要，反正是一回事。必须不惜代价阻止她在特罗卡德罗重新找到这个熟人或者认识这个陌生女人。我说我不知道她是否认识莱娅；其实我很可能在巴尔贝克早已从阿尔贝蒂娜本人那里了解了这一点。因为遗忘在我身上也和在阿尔贝蒂娜身上一样摧毁了她向我肯

① 《追忆似水年华》第四卷，《索多姆和戈摩尔》，许钧、杨松河译，译林出版社，2012年版。

定的大部分东西。因为记忆不是始终摆在我们眼前的我们生活中的杂闻轶事的复本,而是一种虚无,有时,当前发生的某件与过去相似的事使我们从这虚无中去提取一些死而复生的回忆;但是仍然有成千上万的小事没有进入这种潜在的记忆,并且永远无法被我们控制。凡是我们不知道它与我们热爱的人的现实生活有关的事,我们对之毫不注意,我们立即忘记了她(他)对我们说的关于我们不熟悉的某件事或某些人的话,忘记了她(他)跟我们说话时的表情。待到后来那些人激起了我们的妒忌心,为了知道有没有弄错嫉妒的对象,为了弄清我们的情妇某次匆匆外出是否与那些人有关,我们某次过早回家并禁止她外出时她的不满是否与那些人有关,于是我们的嫉妒心搜寻过去以便从中归纳出什么东西时,却什么也找不到了;这种始终回顾往事的嫉妒就像一位准备撰写史书而又缺乏任何资料的历史学家;这种始终迟到的嫉妒就像一头乱冲的发怒的公牛,高傲而勇敢的斗牛士戳它以便激怒它,残忍的观众欣赏他的精彩动作和计谋,而它却冲向斗牛士不在的地方。嫉妒在虚无中搏斗,茫然无措,就像我们在某些梦中那样:我们在那座空空如也的房子中找不到我们在生活中十分熟悉的一个人,然而这个人在这里也许是另外一个人,只不过借用了那个人的种种特征,我们为此感到难过;或者就像我们醒来之后试图证实我们梦中这样或那样的细节时那样茫然无措,只是后者程度更甚。我们的女友在对我们说这话时带着怎样的表情呢?她不快活吗,她没有吹口哨吗?她只有在怀有某种爱意以及我们的出现让她心烦和恼火时才吹口哨的。她难道没有告诉我们某 197

> 件事，而这件事跟她现在向我们肯定的事是相互矛盾的，比方说她认识或者不认识某个人？我们对此一无所知，我们也许永远不会知道；我们热衷于寻找一个梦的不牢靠的残片，在此期间，我们跟自己情妇的共同生活还在继续，在那些我们不知道对我们是至关重要的事情面前漫不经心，却关注那些也许是无关紧要的事，像在噩梦中似的被那些与我们并无现实关系的人所纠缠，充满遗忘、空缺和枉然的焦虑，这就是我们的生活，我们的生活恍如一个梦。[①]

在梦境的虚空之中击打，在其中，好友可能是另一人，嫉妒就变成了斯宾塞的马尔贝阔（Malbecco）："他索性 / 忘了他是个男人，嫉妒是他的名字。"然而把人生过得"如梦般虚幻"，疏忽与遗忘频频惊扰心神，这是马塞尔的成就，是普鲁斯特的艺术。岂有人会写作不是反语的谤毁，以攻击自己的艺术。普鲁斯特时刻留心防备，却如猛禽扑向无力反击的猎物般沉稳地靠近他那幅嫉妒图景的中心要害，他感觉这种情感近似弗洛伊德所谓的孤立的防卫机制，在其中，所有背景焚烧殆尽，一种险境替代所有的过去和未来。

在普鲁斯特这里，性的嫉妒伴随对于时空问题的卓绝的痴迷。普鲁斯特道，嫉妒的情人所作的研究，堪比学者的研究，就每一桩背叛和不忠的地点与时间，他会穷究所能找到的每一处细节。何以至此？在《女逃亡者》里，普鲁斯特有一段神妙的描写：

> 发现外界的现实和内心的感情都是怎样一种能引起万千

① 《追忆似水年华》第五卷，《女囚》，周克希、张小鲁、张寅德译，译林出版社，2012年版。

猜测的陌生事物,这是嫉妒心的能耐之一。我们总以为我们对事物和对人的思想都了如指掌,唯一的理由是我们并不关心这些事。然而当我们像那些好嫉妒的人一样产生了解它们的愿望时,便会发现一个什么都无法看清的令人晕眩的万花筒,阿尔贝蒂娜是否欺骗了我,和谁,在哪幢住宅,在哪一天,哪天她对我说了什么事,哪天我记起来我日间说了这件事或那件事,这一切我都一无所知。她对我的感情如何,这些感情是出自对物质利益的考虑抑或出自爱,对此我更是不甚了了。我会猛然忆起某一件无足轻重的事,比如,阿尔贝蒂娜想去圣马丁,说 198
她对这个地名感兴趣,也许无非是因为她认识那里的某个农家女。不过埃梅把淋浴场女侍告诉他的这件事通报我也无妨,因为阿尔贝蒂娜永远也不会知道他通报了我,在我对她的爱情里,我什么都想知道的需求总是被我想向她显示我什么都知道的需求所压倒;这虽然消除了我俩不同的幻觉之间的分界线,却从没有取得她更爱我的结果,倒是恰恰相反。然而自她去世以后,第二种需求和第一种需求所取得的结果合二而一了:我以同样快的速度想象出一场我希望向她通报我所了解之事的谈话和一场我想向她打听我不了解之事的谈话;即是说我看见她待在我身边,听见她亲切地回答我,看见她的双颊又变得丰满了,眼睛也失去了狡黠的光而变得哀伤了,也就是说我还爱着她,而且在孤独和绝望中我已忘记了我疯狂的忌妒之情。永远也不可能告诉她我所了解的事,而且永远不可能把我们的关系建立在我刚发现的真相的基础之上(我之所以能发现恐怕只是因为她已经死了),这令人痛心的不可能之谜,以它的哀伤

> 取代了阿尔贝蒂娜的行为的更令人痛心的谜。怎么？我那么
> 希望阿尔贝蒂娜知道我已了解淋浴场的故事，这时阿尔贝蒂娜
> 却不复存在了！我们需要思考死时，却除了生以外什么也不可
> 能去考虑，这又是我们面临的无能为力性的结果之一。阿尔贝
> 蒂娜没了；然而对我来说，她仍旧是向我隐瞒她在巴尔贝克和
> 一些女人幽会的人，仍旧是自以为已成功地让我对那些事一无
> 所知的人。当我们在思考我们死后发生的事情时，我们此时的
> 错觉不是仍然会投射出活着的我们自己吗？说来说去为一个
> 去世的女人不知道我们已了解她六年前的所做所为而遗憾，这
> 是不是比我们希望一个世纪以后，我们死了还受到公众好评滑
> 稽得多呢？即使第二种假设比第一种有更多的实际依据，我这
> 199 马后炮式的忌妒心引起的遗憾，却仍然和那些热衷于身后荣耀
> 的人的看法错误如出一辙。不过如果从我和阿尔贝蒂娜的分
> 离中得出的庄严的终局性印象暂时取代了我对她那些错误的
> 考虑，这印象也只能赋予这些错误以无法挽回的性质，从而使
> 它们变得更加严重。我看见自己在生活中那样不知所措，就好
> 像我独自站在无边无际的海滩上，无论我走向何方都永远不能
> 与她相遇。[①]

“我这马后炮式的忌妒心引起的遗憾，却仍然和那些热衷于身后荣耀的人的看法错误如出一辙。”——马塞尔这则信条，岂不正是普鲁斯特的否定信条？“那些人”包括不容置疑的先辈，诸如福楼拜、波德莱尔以及普鲁斯特本人。追求不朽的审美竞争是一种视

① 《追忆似水年华》第六卷，《女逃亡者》，刘方、陆秉慧译，译林出版社，2012年版。

觉错误,但如尼采所说,这是人生势必要有的一种错误,并且也是艺术之为艺术的一种错误。普鲁斯特偏离福楼拜,转入错误的激烈忏悔。这部小说是创造性的怀慕,爱是嫉妒,嫉妒是无比的恐惧,怕自己得不到足够的空间(包括文学空间),怕自己得不到足够的时间,因为死亡是人生的现实。一位友人曾在万分嫉妒之时跟我说,嫉妒不是别的,就只须想象两具身体一同躺在床上,但这两具身体都不属于自己,疼痛就来自这样一种感觉:其中一具身体应当属于自己的。这句话虽辛刻,却有效地将嫉妒比喻简化为不折不扣的恐惧:自己的身体在何处?去往何处?何时将不存在?弗洛伊德坚称,我们的自我始终是身体的自我,而嫉妒汇入身体的自我,冲动作为又一边界概念,是绝望的内在和不公平的外在之间盘旋的又一种眩晕。普鲁斯特与弗洛伊德一样,最终回到了先知耶利米这位坏脾气的圣贤,他向他母亲的族人宣告了一种新的内在。在普鲁斯特这里,律令也是写于我们的内在部分的,这律令是公正,但这律令的上帝也是嫉妒的上帝,虽然肯定算不上嫉妒之神。

在《论俄狄浦斯情结的消逝》(“The Passing of the Oedipus Complex”)——撰于普鲁斯特逝世两年之后,弗洛伊德就两性区别作出伾伾强劲的构想,对于这样一种构想,普鲁斯特既不会规避,也不会支持,然而因为他是以弗洛伊德仅能靠理论探索的世界为出发点而写作,所以倒是能阐释这个构想。情有可原的是,弗洛伊德虽然落笔颇有些犹豫,但词锋仍充满巧妙的遒健:

> 在这里,由于某种我们不理解的原因,我们的材料变得模
> 糊不足。女性也发展出了一种俄狄浦斯情结,一种超我,一个 200

潜伏期。我们是否也能为其指派阳具组织和阉割情结？答案是肯定的，但与男孩的情况有所不同。女性主义者对于两性平等权利的要求，在这里不太适用，在心灵发展过程中，形态学的区分必然以差异呈现。借用拿破仑的话来说就是，“解剖学即命运”。起初，小女孩的阴蒂的作用如同小男孩的阴茎；但是当她拿自己与男孩玩伴相比较之时，感到自己“短了一截”，就将这个事实当成受了虐待，当成被视为次一等的理由。在一段时间里，她仍然安慰自己，长大后就会有一个与男孩一般大的附件。由此扩展出女性的“男性情结”。女性儿童并不将其缺失理解为一种性别特征，而是解释为自己曾也有这样一个大器官，只是后来被阉割而失去。她似乎并不将此推论扩展到其他成年女性，而是在整个生殖器期，她认为她们有大而完整的，即男性的外阴器官。这里的后果就是这样一个本质的差异：她接受阉割这个既成事实，一次已施行的手术，被当成惩罚的结果而接受，而小男孩却害怕随时可能被阉割。

因此她并没有阉割恐惧，形成超我和打破婴孩生殖器组织这样的强烈冲动消失不见。由于教育影响和失去爱的外在威胁，这些变化在小女孩身上似乎比小男孩身上更常见。相比有阴茎的小男孩，女孩的俄狄浦斯情结更加简单明了；就我的经验来说，这种情绪无非是期望替代母亲的位置，以女性态度对待父亲。接受失去阴茎这一事实之后，便不可能不企图得到弥补。可以说，通过象征类比，女孩自阴茎转到孩子。她的俄狄浦斯情结最终演化为一种持久的欲望——父亲给她一个孩子作为礼物，她替他生一个孩子。我们以为这种俄狄浦斯情结

逐渐被遗弃,因为这个愿望永远不可能实现。这两种欲望—— 201
得到一具阴茎、生一个孩子——充满旺盛的力比多停留在无意识里,为她日后的女性角色准备女人的本性。女性的性爱本能当中,施虐成分相对较弱(或许可以联系到她的阴茎缺陷),这促使直接的性爱倾向转化为被抑制在目标之内的温柔感觉。然而必须承认,我们对于女孩身上的这些发展过程的理解尚不能令人满意,有欠明晰、成熟。

在普鲁斯特这里,解剖学也是命运,但是他的解剖学,就好似带进了心灵的解剖学。所多玛和蛾摩拉的放逐者们,因为比别的凡人更嫉妒,便成为时间的怪物,但也是时间的儿女英雄。在普鲁斯特或者他的主角身上,俄狄浦斯情结从来不会彻底消失——弗洛伊德意义上的消失。弗洛伊德的阉割情结——本质上是畏忌死亡——是一种对阴暗欲望的隐喻,对于这同一个欲望,普鲁斯特则借用嫉妒这个繁复的隐喻来表现。嫉妒的情人惧怕自己被阉割,惧怕他在人生的位置被取代,惧怕他的真正时间已尽。他唯能求诸对失去的时间的追寻,怀抱无望的希望,指望以审美方式寻回幻想和经验,然而那寻回的东西,会以一种比他惧怕着自己已受欺骗的方式更为高
明的方式来将他欺骗。 202

托马斯·曼
（1875—1955）

一

德国现代最伟大的文学学者恩斯特·罗伯特·库尔齐乌斯曾说过，欧洲文学自荷马至歌德是一脉相承的传统，之后就变成别样的东西。托马斯·曼便属于那个别样的传统——以华兹华斯肇始，迄今依然不曾终结。曼太擅长讥刺，而不能研究怀旧情怀，然而关于他与自己真正的先辈歌德之间的终生竞争，他素来了然于心。这桩竞争虽势必不乏辩证甚或矛盾的成分，却向来充满深情。从他的文章《歌德与托尔斯泰》（“Goethe and Tolstoy”），至20世纪30年代所撰的三篇精彩的歌德论文［《论文人》（“On the Man of Letters”）、《作为布尔乔亚时代典范的歌德》（“Goethe as Representative of the Bourgeois Age”）、《浮士德》］，及至20世纪50年代的《歌德狂想》（“Fantasy on Goethe”），曼不厌其烦地重构着他的伟大源泉。在这些重构之中，最精粹者莫过于小说《绿蒂在魏玛》，它于1939年在斯德哥尔摩出版。这部小说的英译本叫《至爱归来》（*The Beloved Returns*），实是曼的主要虚构作品当中最受忽略的一部。曼因写作《魔山》、《约瑟夫和他的兄弟们》、《浮士德博士》、《魂断威尼斯》、《骗子菲利克斯·克鲁尔的自白》这几部小说而声名远播，而早期的《布登勃洛克一家》也仍颇有读者。而《绿蒂在魏玛》在面世之初轰动一时，后来却似乎变成了仅供专家学者研究的故事，至少在英语国家是这样。这或是因为，在卡莱尔和爱默生的时代，歌德虽在英美两国得以堂堂皇皇地丕扬，但现今他似乎成了无法转译的作家。抑或是因为歌德的精神不曾从德国1933—1945年的时局中幸存下来。

在《浮士德》一文中，曼认为这部诗歌将爱描写为恶魔的假日。曼对歌德作为文学家的事业生涯所作的思考，其精粹凝聚在下面这段文章之中。这段文章既是评价歌德，也同样是评价曼自己： 203

> 然而通过内在世界再造外在世界的这项工作，实是内在世界依照自己的形式、以自己的方式进行的再创造，纵然饶有风致与魅力，却永远不能完全满足或取悦外在世界。这其中的缘故在于，作家的真正态度始终饱含某些相反的成分，而这一点与他的性格不能分开。这是有识之士看待粗笨、顽梗、邪恶的人类的态度。而人类始终将诗人与作家放置在这样特殊的位置上，塑造他的性格与性情，并因此调整他的命运。歌德写道："从理性的高度观看，所有生命皆似恶性疾病，世界如同一座疯人院。"这句话正是出自写作之人的典型言辞：直抒他对于人类极度的难以忍受。在歌德的作品之中还能找到更多类似的措辞，多得出乎我们的意料。譬如，"一堆人"（human pack）这样的泛称，还有特指他那些"亲爱的德国人"的词，都是我所指的典型的烦躁和冷漠。试看又是什么因素造就作家的人生？这些因素有两重：对于形式的知与感。感知交加，不

> 分前后。这里尤其殊异的是，对于诗人来说，感与知是有机的统一体，在此统一体之中，一者暗示、挑衅、抽绎另一者。对他而言，这个统一体是心灵、美、自由——是一切。没有这个统一体的地方，便是伧夫俗子的愚钝，其表现是缺乏知觉，不能感受形式之美——但他不会跟你说究竟哪一个使他更烦躁。

我们难以分辨这种审美姿态属于歌德还是福楼拜，抑或曼还是 T. S. 艾略特。曼这个精敏的告诫似乎是说，真正的文学家始终站在混乱的平常人生的对立面，纵然是像歌德及其门生托马斯·曼那样待人接物十分和气、精神健全，他也不能例外。在《作为布尔乔亚时代的典范的歌德》这篇美文中，曼的主题便是精神的健全，然而文章仍然清晰地展现歌德（以及曼）是怎样为了企及并守持这份健全而不得不英勇斗争：

> 关于歌德，我在这里要谈的，与反理想主义的体制所具有的某些人类共有的和私人的状况与症候相关。实际上，我的评
> 204 论引领我走进那种私密、个人的心理学，它只有通过暗示才能得以展现。理想的信仰——虽须随时准备殉道——无疑使人的精神更快乐，胜过相信全无价值和意见的诗歌所具有的那种巍然、讽味十足的感觉，它全然客观，以同等的爱、同等的冷漠映照一切。细看之下，在歌德这里，一待年轻时代的天真消失，他便极度地不能适应、脾气暴躁、抑郁，这些必定都与他对于思想的存疑，与他对于各门艺术的孩子气的涉猎有着深刻而隐微的关系。殊怪的冷淡、敌意、恶毒诽谤、吊儿郎当的情绪，一种

> 不仁地、精灵鬼怪的对责任的推卸——对此，我们是再纵容也不为过的，倘若你爱他，便须将爱推及这些。我们若探看他的性格的这些层面，就会理解，快乐和融洽是精神之子的事务，而不是自然之子的。明晰，内心的和谐，意志的力量，积极的信念和明确的目的——简言之，就是灵魂的安宁——精神之子比自然之子更容易实现这一切。自然并不赋予心灵的安宁、简单、专注。自然是可疑的元素，是矛盾，是否认，是彻头彻尾的怀疑。自然本身并不仁慈，从而也不能赋予仁慈。自然不容明确的判断，因为自然是中立的。自然赋予其儿女以冷漠，赋予他们一套复杂的难题，这些难题所涉及的与其说是喜悦和欢乐，不如说更是折磨和恶意。

歌德、曼、自然，这三者无处不同一。他们的快乐和融洽从来都是审美性的建构，而非自然的赋予。歌德与曼充满了矛盾、怀疑和否定精神，他们通过将“自由经济原则转移到知性人生”而获得胜利；他们的践行，被歌德称为“构想和感觉的自由交易”。曼晚年所撰的《歌德狂想》之中，有一段别开生面的文字，描写歌德所谓的感觉的自由交易：

> 歌德的爱情生活是一段奇异的篇章。他的诸多风流韵事成了必修课。在德国出入体面的场合时，你须能像历数宙斯的风流事迹一样流利地报出那些女士的名字。那些弗里德里克们、绿蒂们、米娜们、玛丽安们，都成了安放在人类大教堂壁龛
> 里的塑像；或许这多少补偿了她们的落空的望待。这个善变的 205

> 天才，一时伏在她们脚下，却从不打算担当后果，并忍受这些别致的冒险可能加诸他的生活和自由的拘束。或许这些女士所得的名声足以弥补他的反复的潜逃、无目的的求爱、不可靠的真心，以及他的爱是为了达到一个目的的途径这一事实——那是为了促进他的写作的途径。当他将写作和人生当作同一件事之时，那些只知严肃对待人生的人，便只能枉自伤怀了。而他向来责备他们将人生太当真。“维特必须——必须是？”他给绿蒂·布甫及其未婚夫的信中道：“你们俩并没有感觉到**他**，你们俩只感觉到**我**和**你们自己**……你们但使能够感觉维特之于千万颗心灵的意味的千分之一，就不会考虑自己要付出的代价了。”无论她们是否乐意，他的所有女人都在承担这种代价。

在《绿蒂在魏玛》一书里，曼追述的正是歌德作为“善变天才”的一面。这部小说典型地展现了曼的反讽艺术的力量和局限。

二

四十四年后，歌德那部出名的《少年维特之烦恼》的女主角原型前往魏玛朝圣，并非与旧情人重逢——而今他六十七岁，她六十一岁——而是走上一桩无望的求索，试图令眼前的自己与他们共同的过往、与他以不朽思想所塑造的过去的自己融为一体。在四百页的篇幅中，曼几乎都是以反讽的笔调演绎着可怜的绿蒂的声誉，而今寡居、十分体面的这位女士，虽有弱点，心地却十分明彻，既享受又承受身为当世神话的社会地位和作用。曼最神妙的反讽是叙述晚餐一节，描摹琐屑得令人难以忍受而又显得怪异，这顿晚餐是神情僵硬、老衰的歌德款待四十四年前的激情对象。这位伟大人物对待可怜的绿蒂，简直是将她当作文化遗物和已在时间里衰亡的年少轻狂的混合物，以一句明白的虚话将她打发：“人生将我们相隔太久，以致我不能向它请求，在你逗留其间，再让我们相见。”

然而曼太精明，不能就此煞尾。歌德自己安排下最后一次动人的会面，绿蒂柔声相问：“原来重逢只是极短的一章，一个片段？” 206
他以同等轩昂的美学模式作答：

> “亲爱的灵魂，让我从心底里回答你，作为告别，也作为赎罪。你谈到牺牲，但它是神秘的，它是一个巨大的统一体，好像世界上的一切，好像一个人的生命、人格和工作，一切都是变动的。人们作为牺牲品向上帝供奉，但到最后，上帝才是牺牲品。你使用了一个对我来说十分亲切、十分熟悉的比喻，它长久以来一直占据我的灵魂：我是指那个关于飞蛾和那致命的、诱惑的灯火的比喻。如果你愿意接受的话，那我要说，我就是灯火，飞蛾自己渴望地扑进火里；然而在事物的变动中和互换中，我也是那点燃的蜡烛，牺牲自己的身体，让它燃烧，发出光来；我又是那喝醉了酒似的蝴蝶，掉进火里——一切牺牲的征象，身体转变成灵魂，生命转变成精神。亲爱的灵魂，亲爱的孩子，亲爱的孩子般的年老的灵魂呀，我始终都是一个牺牲品——我又是那把它贡献出来的人。以前我燃烧了你，把你变成精神、变成光。要知道‘变形’是你朋友内心深处最亲爱的东西，是他的巨大的希望，最深的渴望；变化的游戏，改变着的脸容，白胡

> 子变成青年，孩童变成青年，然而始终是人的容貌，具有人生阶段的特征，青春奇迹似的显现在老年人身上，龙钟的老态奇迹似的显现在青年身上：当你想到要来看我，用青春的征象掩饰老年人的形象时，这对我来说是亲切可爱的，所以你可以完全安心了。亲爱的，一切都在变动，变动中的统一，自身的互变，事物的变形，正像生命有时呈现它的天然面貌，有时呈现礼法习俗形成的面貌一样，又像过去演变为现在，现在推溯到过去，两者又神妙地充满了预兆，预示着未来。过去的感觉，未来的感觉——感觉才是一切。让我们张开眼睛，眼睛睁得大大的，看看这世界的统一性——眼睛睁大，安祥，明智。你向我要求赎罪吗？等一下，我看见她穿着灰色衣服骑着马儿向我驰来。然后维特和塔索的丧钟将又一次敲响，像在半夜一样在中午敲响，然后上帝让我诉说过去遭受的苦难——只有它最终会和我留在一起。然后是离奔，那将只是离别，永久的离别，感觉上的死亡和挣扎，充满可怕的痛苦的时刻，这样的痛苦也许是在死前进行一些时候，这是临终，如果还不是死亡的话。死亡，最后
> 207 的飞进火中——飞向永恒，那它为什么也不该是变形？亲爱的幻想，你们可以在我平静的心中安息了——等我们以后重新一起醒来时，那将会是个多么快乐的时刻。”[1]

在某种复杂的意义上，这里部分的讥讽是曼对他的先辈的复仇，因为正是曼将歌德焚为精神和光，焚为希望和渴望的变形——也即《绿蒂在魏玛》。曼和歌德两人都死于对方之生，而又生于对方

---

① 《绿蒂在魏玛》，侯浚吉译，上海译文出版社，2008年版。

之死，这是 W. B. 叶芝十分钟爱的一种前苏格拉底模式，替对方死而生。与玄秘的叶芝不同的是，曼借死而变化的过程是对歌德及其20世纪的传人之间的影响关系的复杂隐喻。曼在《歌德狂想》里为这位先辈所勾画的形象，倘若挪用到曼自己身上，也十分相宜：

> 在这里，我们看到一种极严肃、极专注于尽善尽美、提升、提炼个人天赋的卓荦的自恋，对自我的怡然满足，以至于我们对它不能仅冠以“虚荣”这般狭隘的词语。这是对于自我及其成长的至大欢喜，我们能读到《诗与真》(*Poetry and Truth*)，便要归功那个自我，这是人世间迄今最好的，或者至少是最迷人的自传——从根本上说，这是一部以第一人称叙述的小说，以最美妙动人的语调，为我们讲述天才如何取得成就，未可知的神恩如何牢不可破地将运气和德行连接起来，一种人格如何在更高天意的太阳下生长、繁昌。人格！歌德称其为“世人至大的福祉”。然而它究竟是什么，它的内在本身有何组成部分，它的奥秘何在？——因为它颇有奥秘气氛。但他却从不曾做出解释。在这一点上，他极爱这个传神之词，因为此词直掏人生的心窍，但他却不曾想见一切皆须解释。这种被称作“人格”的现象，无疑领我们走出纯粹知性、理性、可分析事物的领域，而进入自然王国，在那里栖居着那些“骇动人世”却经不起进一步阐释的自然的魔性之物。

曼那卓荦的自恋，在最强烈之时，正是魔性的，正是对于自我的至大欢喜，没有这份自恋，诸如《魔山》、《浮士德博士》这般迥异的

208 作品便会虚脱为反讽之反讽的惫竭。

三

在《弗洛伊德与未来》（“Freud and the Future”，1936）这篇精彩文章之中，曼描述自己对歌德的模仿的图式：

> 往昔的自我及其之于本身的意识，与我们的迥异，不似我们的这般排外、截然界定。过去的自我仿佛是开着后门的。它从过去接纳多多，而通过重复过去，又赋予当前感。西班牙学者奥特嘉·伊·加塞特曾道，畴昔之人，不论事体大小，都是先后退一步，便似斗牛士往后跳跃，以便发出致命一击。他在过去找到一个图式，然后可能如钻进潜水钟似的滑进那个图式，如此一来，在既有伪装又有掩护的情况下，他就可能会扑向眼前的问题。因此，在某种意义上，他的人生是复苏，是拟古态度。然而正是作为复苏的人生，才是作为神话的人生。亚历山大追随着米太亚德的脚步，古时恺撒的传记作家深信——或正确或谬误地——恺撒将亚历山大看作其原型。然而此类“模仿”的意味，远比我们而今使用的这个词的含义更为丰富。这是一种神话等同，往昔之人对此尤为熟悉。然而这样的等同及至近世仍然可见，并且就心灵而言，它在所有世代都是可能的。我们频频耳闻，拿破仑是按照古代模具铸造角色的！他抱憾时代的心态不允许他模仿亚历山大，宣告自己是朱庇特亚蒙之子，但我们无须质疑——至少在他东征之时——他神话般地将自己

> 混同为亚历山大，当他转头西望之时，据称他高呼道："我是查
> 理曼大帝。"请措意：不是"我像查理曼大帝"，或者"我的处境
> 如查理曼大帝的处境"，而是无比简单的一句"我是他"。这正
> 是神话的表达方式。那么，人生——至少是重大的人生——
> 在古代是以血肉之身对神话的重构。人生援用、诉诸神话；唯
> 有通过神话援用过去，人生方能认可本身为真实的、有意义的。
> 神话证明人生的合理性，唯有通过神话，在神话之中，人生才能
> 找到自我意识，获得认可，实现神圣化。克丽奥佩特拉至死靡
> 它地扮演阿芙洛狄忒的角色——还有谁生得、死得比演绎神话
> 更有意义或更有价值？我们只须想想耶稣及其人生，其人生只 209
> 为完成那已经写下的东西。我们难以区别他自己的意识与福
> 音书作者的象征化手法，但他在十字架上，大约第九时辰之时
> 说道："Eli, Eli, lama sabachthani?"（"我的神，我的神，为什么
> 离弃我？"）此言显然决非绝望的叹息和幻灭，相反地，这正是
> 自我的崇高的弥赛亚之感。因为这句话并不是他的原创，不是
> 油然而生的怒吼。这是《诗篇》第二十二篇的首句，在这里，开
> 头和末尾是宣告弥赛亚的来临。耶稣是在引用，而这句引文意
> 为"是的，是我"。克丽奥佩特拉拿起毒蛇，放在胸前就死之时，
> 也是如此，她的引文意思也是"是的，是我"。

曼实是引用歌德，从而宣告"是的，是我"。畴昔的自我实则只是艺术家的自我，挪用先辈以求克服影响过程的迟来之感。两个段落之后，曼摆出这篇弗洛伊德论文的真正主题：

> 幼稚病(infantilism)——换句话说,倒退回童年——这个名副其实的心理分析元素,在我们所有人的人生之中扮演了怎样的角色!它在对一个人的人生的塑造之中发挥多么大的作用,可以说,以我适才所描述的方式运作:作为一种神话等同、作为生存、作为踩着前人脚印的行进!与父亲的纽带,移情于替代父亲的更高、更成熟类型的形象——这些幼稚的特征作用于个人的人生,将其标示、塑造!我使用"塑造"一词,因为对我来说,在最严格意义上说,我们所谓的教育(Bildung)——塑造人类——之中最令人快乐、最给人愉悦的成分正是歆慕和爱的有力影响,这种孩子气将自己等同于因深切的好感而选择的父亲形象。尤其是艺术家,他童真、顽皮无比,能使我们看到幼稚模仿之于他自己的人生那神秘却仍不失晓然的作用,他卓有建树的事业,通常只是同一个英雄的复活,不过是在迥然不同的时间和个人遭际之下,并且是以截然不同的天真方式。模仿的(imitatio)歌德,以其维特和威廉·迈斯特的人生阶段,以及《浮士德》和《西东诗集》(*West-östlicher DiWan*)的古稀
> 210 之年,仍然能够塑造、以神话模铸艺术家的人生——自他的无意识浮现,却发挥为(一如艺术家的方式)一种含笑的、童真的、深刻的领悟。

这个深刻的领悟是曼自己的领悟,与他自己对歌德的表演性模仿有关。这段文字微妙地呼应并颠倒了歌德在《色彩理论》(*Theory of Color*)之中的评论,大意是:"即使是完美的模范也因其领我们跃过教育的必要阶段而令人娆恼,大多时候,我们失诸正鹄,被引

入无限的谬误。”也正是歌德，夸赞自己的原创性以及挪用他人的能力。这样一来，他就可以说：“唯有将他人的财富变作自己的，我们才能创造出伟大的东西。”但他也坚执：“除了能量、力、意志，还能说哪些东西属于我们！”曼深切地感觉到自己生得太晚，他喜欢引用歌德晚年提出的问题：“别人也存活之时，你能否存活？”

《绿蒂在魏玛》里的歌德不是歌德，而是曼本人，这位被尼采所预言且称赏为未来的艺术家的世界级模仿者。库尔齐乌斯视歌德为这个文化传统的终结，而非崭新的开端，这一见识无疑是十分确凿。而今看来，曼也过于法古而算不上现代派或后浪漫主义，他是迟来的歌德，以自己的个性和艺术反讽的顽皮这个奥秘而取得人文主义者的胜利。以今人的眼光看去，曼如同他对歌德的想象，似乎更多地是自然之子，而非精神之子，但他颖黠、勤奋，焚烧穿透自然，从而进入变形，在其中，他将死转化成了技艺高超的辩证艺术。

四、《魔山》

1

> 批评家如此笃定、如此绝对地把我的作品归入反讽王国，把我看成彻头彻尾的反讽作家，却丝毫不考虑幽默这个概念，这总让我觉得有些无聊。
>
> ——托马斯·曼（1953）

《魔山》的作者坚执道，他宁愿能引得读者由衷地大笑，而不是有识之士的会心微笑。他在注释里招惹了那么多会心的微笑，以致令我们闷得发慌。反讽手法的反讽之处在于它最终击败的不是意义（如解构主义批评家的观点），而是兴趣，而缺乏兴趣，我们就会罢读。托马斯·曼无疑符合埃里克·海勒（Erich Heller）给他的"反
211 讽的德国人"这个称呼，然而阅读《魔山》远不只是经验反讽。这倒不是说这部小说逗得我放怀大笑。曼决计有 S. J. 佩雷尔曼和菲利普·罗斯的幽默。然而这部作品初版面世距今已有六十年，小说随着时间而醲醇。一个时代的反讽从来不能成为另一时代的反讽，而今看来，《魔山》散发着淳朴的严肃，这部作品变得如书中令人叹赏的主角汉斯·卡斯托尔普那样挚诚恺切、深情。

细看去，显然可见《魔山》效慕了众多文学体裁和形式。尼采对于曼的影响甚深，而模仿则是尼采对于影响焦虑的答案。曼显然相信，对于艺术，余下仅能做的便是令艺术成为其本身的模仿。或许这样就能拯救一种实为迟疑不决的反讽。而今阅读这部小说，一般读者很少有人会看出其戏仿浪漫主义传统之处，并能够忽略后来出现的曼的浪漫主义反讽所具有的无穷的含混性。

我在这里并非赞同埃里克·海勒的反讽性结论："我们的世界正是如此，感觉与意义须加以伪装——伪装为讽刺，或者伪装为文学，或者两者合并：譬如《魔山》。"而今曼的故事既不提供"意义"，也不提供反讽，而更是深情地展现过去的真实状况，一种永远逝去的欧洲文化——歌德和弗洛伊德的文化。在 1985 年，读者须将这部小说读作历史小说，一座永远失落、永被渴慕的人文主义的石冢。曼的高超技艺塑造了纳粹恐怖之前的欧洲的最生动形象。曼原本意在戏仿的地方，经过世事变迁的反—反讽（counter-ironies）作用

后，转而翕变，这使得《魔山》而今成为了对怀旧情怀的无比辛酸的研究。

2

在我看来，与近四十年前初读这部小说时相比，汉斯·卡斯托尔普这个形象而今更显微妙、可爱。卡斯托尔普决非求索者，无意寻求圣杯或理想，纵使曼在小说之中推举这个观念。他是颇萧然物外之人，以几乎同等的怡颜聆听达观慧心的塞塔姆布里尼，恐怖分子纳夫塔，或者豪迈的生机论者皮佩尔科尔恩。他的超然性欲尤其殊异；爱恋七个月之后，他仅与克拉芙吉亚做爱一次，尔后在疗养院的七年间，他回避任何性爱经验。他若痴恋克拉芙吉亚，那份痴恋却极少流露为爱受煎熬的传统迹象。他的超然在多少程度上归因于他七岁起便成孤儿这个经历，故事并没有点明，但是从根本上说， 212
他安于观看、受教导、吸收。

我们不会以为卡斯托尔普软弱，然而他的天性看似绝无丝毫冲劲。这就似他体内的死亡冲动，不是从受伤的自恋之中生长出来。卡斯托尔普没有心灵创伤，并且可能永远不会有。无论他的创造者原有何意图，他本人绝不是反讽的，他似乎也绝不是对任何东西或任何人的讽刺模仿。现在的普通读者喜爱卡斯托尔普，甚至将他看作普通人——这固然不是他的形象。他真正的冲动是自我教育，纯粹的教育。卡斯托尔普是大学呼唤却从未找到的理想学生。他对一切、对所有可能的知识都怀有浓厚兴趣，并且知识本身就是目的。知识于他不是权力——不论是用来控制他自己或他人。在他这里，知识绝不是浮士德式的。

卡斯托尔普虽渴慕赫尔墨斯主义，却并没有力求成为晦涩难懂的专家，不论是塞塔姆布里尼那样的理性主义者，或者是纳夫塔那样的反理性主义者。而且，虽然他对皮佩尔科尔恩这位有着高贵人格的生机论信徒感到着迷，但他却似乎更安于自己这个无趣的形象，更安于对于自己对克拉芙吉亚的欲望的回避，这种欲望只得到过一次满足，而她代表了融合性爱和死亡的黑暗爱神。在我看来，卡斯托尔普是幸存者，我们不该预见他死于第一次世界大战的战场。纳夫塔没有勇气杀死塞塔姆布里尼，从而沮丧自杀；塞塔姆布里尼因思索纳夫塔的绝望之举而惨怛伤悴，皮佩尔科尔恩也因不能忍受阳萎的症兆而自尽。唯有卡斯托尔普会继续活下去，强劲而坚毅，并且可能会实现从工程师到艺术家的自我变形，并因此写出一部无异于《魔山》的小说。

3

那是怎样的一种魔力——那座山究竟赋有怎样的魔力？在一处极限的地方，书中还引入了鬼神之事，那是卡斯托尔普已去世的表哥约阿希姆出现在了降灵会上：

> 房间里比以前多了一个人。那边，在离大伙儿稍远的地方，在幽暗的红光显得朦胧不明而肉眼不能在那里投上一瞥的角落里，在写字台横侧和屏风之间，在背向房间那张大夫诊病时病人坐的，休息期间爱莉也坐过的安乐椅里，坐着约阿希姆。

> 这是临终前的约阿希姆,两颊深陷,蓄着大兵胡子,胡子中间的 213
> 两爿嘴唇丰满而骄傲地撅着。他靠背坐着,架起二郎腿。在他憔悴的脸上,人们又可以看出痛苦的印记和庄严肃穆的表情,这使他更富有男子气概的美,尽管他的脸被头上的帽子遮蔽着。他的眉间有两条皱纹,两眼深陷在骨头突出的眼窝里,但并不妨碍这对漂亮的、暗黑色的大眼睛里射出的温柔的目光。他两眼安祥而亲切地看着汉斯·卡斯托尔普,而且只朝着他一个人看。即使戴了帽子,他过去那个小小的烦恼——一对招风耳朵依旧看得清楚。那顶帽子很特别,大家吃不准是什么样的帽子。表哥约阿希姆没有穿便服,他的马刀似乎靠在交叉着的腿旁,两手捏着一个手把,人们似乎在他的皮带上看到了手枪袋之类的东西。但他穿的不是正式的军装。衣服上既看不到闪亮的徽章,也见不到鲜艳的色彩,上面有夹克衫式的领子和腰袋,在胸口下面较低的地方挂着一个十字架。约阿希姆的脚看上去很大,但两条腿很细。它们似乎用什么东西紧紧裹着,与其说是为了打仗,倒不如说是为了运动。他头上戴的东西又是怎样的呢?看来,约阿希姆头上是一种战地用的饭锅之类的东西,戴时把它翻了个身,而且用一条帽盔革带扣紧在下颚上。但这却显得古色古香,有步兵风度,还有一股雄赳赳、气昂昂的威武姿态。①

如此以鬼神预言未来之事——一战时的军装和头盔——撇开所有反讽,曼本质上选择的是关于时间的一种神秘理论。很多评

①《魔山》,钱鸿嘉译,上海译文出版社,2007年版,第967—968页。

注者指出，这部小说痴迷于数字七，演绎这个数字的种种变体。另有评注者指出，约阿希姆去世之后，小说便不再有时间标识。卡斯托尔普忘记自己的年龄，忘记在魔山逗留的时间。他滑进了无时间的状态之中：

> 约阿希姆和他在这儿山上——时间上到他擅自下山为止，或者总的时间一起算——究竟住了多长时间？他不听劝告擅自离院，究竟在日历上的哪一天发生？他离开了多久，什么时候再回来？在约阿希姆回到山上、以后又和时间诀别时，汉斯·卡斯托尔普本人在这里究竟待上多久？撇开约阿希姆不管，肖夏太太已经离开了多少时间？从什么时候，哪一个日期起，她又回来了（因为她确实回来）？她回来以后，汉斯·卡斯
> 214 托尔普又在“山庄疗养院”消磨了多少尘世的时间？——也许有人会向他提出这些问题，不过谁也没有提出。他本人也没有提出这些问题，因为他羞于启齿。如果有人真的提出了，那么他就会用指尖轻轻敲着额头，肯定答不上来。这一情况，正如他上山的第一个晚上在塞塔姆布里尼面前显得局促不安一样，当时塞塔姆布里尼先生问起他的年龄，他竟期期艾艾回答不出，因为当时他确实不清楚，自己究竟有多大岁数了！[①]

小说开端描写卡斯托尔普是个“文静而谦逊的年轻人”，然而这个看似平常人的年轻人典范，自然也是玄奥的、魔性的，注定赋有永恒的殊绝识野。教育（bildung）看似是这部作品的主题——继承

① 《魔山》，钱鸿嘉译，上海译文出版社，2007年版，第768—769页。

自歌德、施蒂弗特（Stifter）、凯勒（Keller）——而在卡斯托尔普这里却极不可能，他不需要几乎每个人都想传授给他的哓哓不休的文化指导。他不需要发展；他只是展开。因为他是原初之人，是诺斯替神话中的“乌尔—亚当”（Ur-Adam）——曼在他的“约瑟夫四部曲”的“序曲”之中，满怀情意地对此作出了详细阐述。他确实已经成为了曼的约瑟夫，上天的宠儿。

4

吊诡的是，曼原拟在《魔山》之中传诵的价值早已在时间里失落。社会讥嘲、知性反讽、文化危机感，而今这些皆已过时。塞塔姆布里尼、纳夫塔、皮佩尔科尔恩、克拉芙吉亚、约阿希姆都拥有一种古雅的魅力，一种褪色的美学的尊严，对反讽的反讽，古旧的物品，以及惊人地正常但仍然感觉古怪的老照片。汉斯·卡斯托尔普依然如1924年一般苍白，却葆持着真实性、切近感，以及攫扰人心的力量。他不是尼采的新人，没有超我，而是尼采的诠释意志：包容而非贪婪，多元而非单一，感性而非冷漠，节制欲望而非放纵欲望。在某种意义上，卡斯托尔普深知自己是一种诠释，深知自己既非叔本华的生存意志，也非弗洛伊德的爱与死交错的冲动，而是尼采的支配人生文本的意志。卡斯托尔普向书中每个人所隐示的问题是：诠释者，你到底是什么人，你想以什么权势来支配我的人生？因为卡斯托尔普也把这些问题摆在我们面前，从而以滚滚而来之势，成为我们不能逃避的文学形象。曼在与这位主角告别之际说，卡斯托尔普之所以重要，是因为他的“爱之梦”，大抵是指“雪”这一章的虚想

景象。曼的技艺神巧，他对形象的锤炼水平超过了他自己的预期，
215 这实在幸甚。卡斯托尔普是极罕见的虚构人物之一，他获得了权威
性对我们所理解的现实发出质疑。诠释卡斯托尔普之时，读者须自
问：我的爱之梦和性爱幻想是什么？这个梦或幻想如何使我有舒展
216 的可能性？

詹姆斯·乔伊斯
（1882—1941）

一

在为20世纪的首席英语作家撰写年表时你会怎样确定重要时刻？都柏林的詹姆斯·乔伊斯大约会提起1882年2月2日，那是他的诞辰；或者1904年6月16日，那时他初次与诺拉·巴纳克尔散步。这个日子后来成为“布卢姆日”，《尤利西斯》的全部场景便在此日演绎。他无疑还会添上1907年7月26日，他们的女儿露西娅出世，以及1905年7月27日这个更早的日期，那是他们的大儿子乔治的生日。我们会记下乔伊斯逝世的日子，1941年1月13日，当时他还未满五十九岁，还有诺拉·巴纳克尔·乔伊斯的忌日，1951年4月10日。

从读者的视角看，最要紧的日期是乔伊斯的主要作品的出版日期：《都柏林人》是1914年，《一个青年艺术家的画像》是1916年，《尤利西斯》是1922年，《芬尼根守灵夜》是1939年。自查尔斯·狄更斯以来，英语文学之中再无叙事散文可与这些作品卓荦的美学造诣相提并论，自然，我揣想亨利·詹姆斯的拥趸可能会来辩难。而我则会转投但丁和莎士比亚，将他们看作乔伊斯的真正的先辈、师尊。诚然，在表现艺术上，也只有他们二人，还有塞万提斯、乔叟方能轶超乔伊斯。或许还可并提失明后的弥尔顿、乔纳森·斯威夫特，除此以外，依我看来，至少在英语文学里再无他人。

只因为《芬尼根守灵夜》那些十足的（虽然基本上也只是表层的）艰涩，导致一般读者对它望而生畏，《尤利西斯》便获得了可能是自17世纪以来的所有英语作品中独一无二的名望。该如何描述《尤利西斯》之于詹姆斯·乔伊斯本人的影响？大约只能说，为了超越自己，乔伊斯只得创作《芬尼根守灵夜》。

萨缪尔·贝克特论述《进行中的作品》（*Work in Progress*）——十年后出版时题名为《芬尼根守灵夜》——时风趣地比较了但丁和
217 乔伊斯的人间乐园：

> 但丁的尘世乐园是一处入口，它供马车进入一座并非属于天上的乐园；乔伊斯先生的尘世乐园是商人靠向海岸的入口。

贝克特是作为乔伊斯最出色的门生起家，对于但丁与乔伊斯二人却是同等地嘉重，没有偏私。《尤利西斯》如此繁复，不可能仅充作《地狱篇》，而《芬尼根守灵夜》如此轻快，也不可能仅充作《炼狱篇》。若天假其年，乔伊斯老来会创作一部海上史诗，揣想也不会类似《天堂篇》。

马里·T. 雷诺兹论述乔伊斯与但丁之时，睿敏地说道：“对乔伊斯而言，艺术是身为人父。”利奥波德·布卢姆的儿子卢迪已死，而斯蒂芬则并不是理想的替代——尚且不论《尤利西斯》原有的意图。在乔伊斯和莎士比亚这里，为人父是一个玄秘的疑案，两人皆为戴绿帽而心悸。莎士比亚明智地绝不透露丝毫迹象，令我们无法猜透他本人究竟是天主教徒、新教徒、怀疑主义者、虚无主义者，还是赫尔墨斯主义者。我们大可怀疑乔伊斯是否**果真是**离经叛道的天主教徒。对乔伊斯来说，上帝是行刑人，一如若泽·萨拉马戈在《耶稣基督福音》中所描写的形象。我提起这一点，仅是为了指出“父亲上帝”一词是最不适合乔伊斯的措辞。

我拟用的词语是“父亲尤利西斯”，此词将我们带回波尔迪·布卢姆为人父的经验。波尔迪是乔伊斯，是莎士比亚，是濯净了行刑人污名的上帝。这也使得波尔迪成为《哈姆雷特》里的鬼魂，我们不该忘记，斯蒂芬引用撒伯里乌派的异端教义，说圣父是他自己的圣子。乔伊斯的杰作对于他自己的人生的影响殊为傀俹：《尤利西斯》和《芬尼根守灵夜》拒斥但丁调和诗歌与宗教的企图。这两部小说转而将乔伊斯塑造得更加独特。在现代作家当中，再无一人胜如乔伊斯这般通过自己的作品而勉自造就。

二、《尤利西斯》

1

在 1985 年 6 月 16 日，提笔为乔伊斯批评文集写作导言，着实是殊怪的感受，尤其是此人亦名为布鲁姆。一如乔伊斯的本愿，波尔迪是现代虚构作品（倘若不说是所有西方虚构作品）之中最**全面的**人物，因此他合乎情理地在文学日历上专享一个圣徒节：布卢姆日。值得庆幸的是他并非圣徒，而是淡然、温和的有罪之人；用一句话说：一个好人。他是这样一个好人，就连休·肯纳（Hugh

Kenner）这样一位早先视波尔迪为现代道德沦落的范例（类似艾略特的天使）的批评家，在1980年竟也转而认为乔伊斯的主人公“配得上在爱尔兰生活，不带恶意、不带杀气、不带憎恨”。又有几人配
218 得起生活在爱尔兰或美国——无论在现实或虚构里——而不带恶意、不带杀气、不带憎恨？肯纳决非多愁善感之人，而今在波尔迪身上看到了读者必须看见的：一个比自己更好的人。

乔伊斯的传记作家理查德·艾尔曼锐敏地评论波尔迪：“他并不惧怕将会妥协自我。”目下流行的批评，自谓“后结构主义的乔伊斯”，古怪地将乔伊斯比作巴特、拉康、德里达；这种批评弄出一个没有自我的波尔迪，又一个漂浮的能指。然而正如艾尔曼所主张的那样，乔伊斯的波尔迪是英雄的、想象的，他所赋有的模仿力量，使他成为巴斯妇、福斯塔夫、桑丘·潘萨的侪类，并且他的形象与他们一样直入人心。乔伊斯的先辈是但丁和莎士比亚，波尔迪这个全面并且直接的形象，称得起他的祖先。我们应该记得，诸诗人当中，在但丁和莎士比亚之外，乔伊斯最爱华兹华斯和雪莱。在波尔迪身上，散发着华兹华斯豪迈的自然主义和雪莱的幻想的怀疑主义。

波尔迪究竟有多像犹太人？在此，我不能附同艾尔曼，他认为波尔迪与众市民对峙之时所陈述的伦理观“更接近基督教，而非犹太教”。波尔迪做过不虔诚的犹太人、新教徒、天主教徒，但他在伦理上的信念向来是正统犹太教的，乔伊斯似比艾尔曼更熟知这一点。波尔迪凝视存在之时，看它是好的。在波尔迪眼里，平常之物并不需要神圣的光环。弗兰克·勃金（Frank Budgen）体味出了乔伊斯的意思，强调相比乔伊斯所想象的其他都柏林居民，波尔迪显得年长。我们并不认为波尔迪已年满三十八岁，过早步入中年，而

是活在《希伯来圣经》所称的 olam：无界的时间。料想这也是乔伊斯决定让他的尤利西斯成为犹太人而不是希腊人的部分原因。与现代希腊人不同，波尔迪惊人地延续了那个他所知甚少的传统。假如乔伊斯的故事中心是生活在都柏林的希腊人，这部书会有什么不同？放逐的氛围便不复存在。乔伊斯这个流亡的都柏林人，以自己的斯多噶方式体味但丁的忿恨，而今看来，势必不可避免地将萍踪浪迹的波尔迪看作自己的化身。乔伊斯的真正形象是波尔迪，而不是斯蒂芬。

然而波尔迪确实更似荷马的尤利西斯，而不似雅威作者笔下的雅各。我们读到波尔迪战胜过众多独眼巨人，却不曾与那位埃洛希姆（Elohim）搏斗，以获得一个新的名号。波尔迪确是十足的犹太－希腊人，他抛弃了圣约，纵然依旧躲不开蒙受选召的命运。乔伊斯也背弃了教会，却不能脱离耶稣会的思辨的智性体统。波尔迪的蒙选之感稍带玄秘意味，或许这部书的真正奥秘正在于乔伊斯看待其主人公的被选召的感觉。在独眼巨人故事的末尾，显然可见，乔伊
斯感觉有必要使自己与波尔迪保持距离，如果只是因为面对这样 219
一种连乔伊斯也不能擒纵自如的英雄哀调，文学反讽终于失败了的话。

——你是在谈新耶路撒冷吗？公民说。

——我谈的是不公，布卢姆说。

——对，约翰·怀士说。那就挺身而出，像男子汉那样的用武力反抗吧。[①]

---

① 《尤利西斯》，金隄译，人民文学出版社，2012年版。

但是，这当然不是波尔迪的行事风格。没有哪种羼入的挖苦——不论雕琢得如何戏剧化——能够更改波尔迪的驳辞所呈现的尊严：

——可是，没有用处的，他说。武力、仇恨、历史，一切等等。侮辱与仇恨，那不是人应该过的生活，男人和女人。谁都知道，那是和真正的生活完全相反的。

——什么呢？阿尔夫说。

——爱，布卢姆说。我的意思是说，仇恨的反面。[①]

继而是十二页篇幅夸张和幻景的迷言迷语，缕缕描述波尔迪被迫退出酒馆的场景，结尾不失为高亢超绝的戏谑：

这时节，瞧吧，众人周围出现了一片耀眼的金光，人们只见他站的战车腾空而起。人们见到，战车中的他全身金光，服装似太阳，容貌似月亮，而威仪骇人，使人们都不敢正视。这是一个声音自天而降，呼唤着：以利亚！以利亚！他的回答是一声有力的叫喊：阿爸！上主！他们见到他，正身的他，儿子布卢姆·以利亚，由大群大群的天使簇拥着升向金光圈中，以四十五度的斜角，飞越小格林街的多诺霍酒店上空，像一块用铁锹甩起来的坷垃。[②]

① 《尤利西斯》，金隄译，人民文学出版社，2012年版。

② 同上。

在乔伊斯这里，正是“儿子布卢姆·以利亚”和“像一块用铁锹甩起来的坷垃”这两个表达的并列，既呈现雍穆的泄气，也呈现复杂的驱祟姿态。正如福斯塔夫和桑丘·潘萨，波尔迪窃据了这部书，而乔伊斯惨淡经营的反讽——令近乎其他所有作家的机智相形见绌——本质上是对于他钟爱（并认同）这位非凡的主人公这一情感的反向作用。荷马的尤利西斯或许与波尔迪一般浑然完全，但你不会想跟他在同一条船上（你会淹死，他会存活）。你每一次悲伤，波尔迪都会来安慰，就似他如此感人地同情女人临产的阵痛。 220

乔伊斯不是福楼拜，后者既是包法利夫人，却又拿冷眼看她，至少在审美上保持超然姿态。可你如何能以固定的姿态看待波尔迪？福斯塔夫是机智的君王，桑丘·潘萨是刁滑而倥侗无知的教皇。波尔迪的力量，一如乔伊斯显然可见的本意，则在于其完全性。“全人”势必是一个比喻，只是比喻什么？一方面，就七情六欲而言，波尔迪就像丁尼生的尤利西斯，是其所有遭遇的一部分。他的好奇、敏感、同情、潜在的兴趣，都是无限的。而另一方面，就认知实践而言，波尔迪与斯蒂芬不同，他绝不颖慧，却禀赋永不息止的头脑，料想尤利西斯也必定如此。可以说他赋有莎士比亚的头脑，尽管他全然不似莎士比亚塑造的任何形象（将波尔迪和夏洛克作比较会颇有启发意义）。波尔迪既不是哈姆雷特，也不是福斯塔夫，但或许是莎士比亚，或者莎士比亚投胎转世为詹姆斯·乔伊斯，就好似斯蒂芬是年轻时代的但丁化身为乔伊斯。我们可将波尔迪看作霍拉旭，对照斯蒂芬的哈姆雷特，因为霍拉旭表现了作为观众的我们，而我们表现了莎士比亚。波尔迪是我们的表现，而乔伊斯最伟大的成就便是，而今越来越多地是我们表现波尔迪，正如我们一直以来并将继续表现莎士比亚。

后结构主义者乔伊斯不倦地提点我们，波尔迪是一个修辞比喻，然而更宜确凿地说，我们是波尔迪的比喻，而他作为对本真自然的超级摹仿凌迈我们之上。在与一位挚友——最出色的后结构主义者——在某德国公园散步之后，我大约再不能完全恢复过来。我带着刁滑与倥侗无知跟他说道，波尔迪是西方虚构作品之中最可爱的人。我的话惹得他气愤地说道，波尔迪不是人，只是语言，并且乔伊斯十分清楚这一点，不像我。乔伊斯确实十分清楚波尔迪不只是人，但其中的意味是，波尔迪是仁慈、人性化的上帝，实实在在地成为丧子的父亲的上帝，为失去卢迪而轸忧。唯当上帝不是人之时，波尔迪才不算是人，然而犹太人的上帝，纵使其超凡的崇高，却也非常像人，酷似人的性格，一如符合他固有的崇高。相比所有与之争峙的小神，雅威的独特性无疑就在于雅威是完全的。雅威是完全的上帝，就如波尔迪是完全的人，而上帝，就如波尔迪，毕竟也是犹太人。

2

法国后结构主义自然不过是迟来的现代主义，因为惧外的巴黎总是极缓慢地吸收着异国而来的一切。可以说，法国黑格尔、法国弗洛伊德、法国乔伊斯都是事后才兴起，就如法国浪漫主义也是颇
221 延后的现象。法国乔伊斯与《尤利西斯》、《芬尼根守灵夜》文本的接近程度，就如拉康与《性学三论》文本，或者德里达与黑格尔、海

德格尔的接近程度。他们自然无须企及原文本,因为文化迟来或亚历山大主义(Alexandrianism)所寻求的是误读或创造性误读这一补救疗法。说“意义”与波尔迪保持距离,既是忘记波尔迪是弥赛亚(虽然不知是哪一个弥赛亚),也是遗忘雅威的一个名字是“语言”(卡巴拉教义)。乔伊斯与法国乔伊斯之间的区别在于乔伊斯将上帝比拟为语言,而迟来的巴黎人(以及他们的代理人)将造物主比拟为语言,也就是说,乔伊斯这样一位英雄的自然主义者,并不是诺斯替主义者,而拉康则是(或许是不知情地)。

作为自知的诺斯替主义者,我哀悼失落了乔伊斯的英雄的自然主义,哀悼失落了波尔迪的自然的英雄气概。任他们解构堂吉诃德罢,其结果会同样令人酸怀。文学批评理应是这样一种模式:非但教我们把波尔迪读作桑丘·潘萨,把斯蒂芬读作堂吉诃德,还会更温怡地带我们回到塞万提斯,去把桑丘读作波尔迪。托博尔赫斯的误解归属(mistaken attribution)这门技艺的福,我们非但能学会将《哈姆雷特》和《地狱篇》读作乔伊斯的作品,而且也将《堂吉诃德》读作乔伊斯的作品,将神妙的桑丘读作爱尔兰的犹太人!

比之塞万提斯,乔伊斯势必更接近莎士比亚,而乔伊斯对《哈姆雷特》的痴迷之情也是《尤利西斯》的关键。他对哈姆雷特的著名解读,经由斯蒂芬之口阐述,可看作是他与莎士比亚的微妙和解,那是他在英语作家当中最权威的文学父亲。在所有的乔伊斯学者当中,艾尔曼无疑是最妥靠的,他坚持认为,乔伊斯“丝毫没有展现出冠给现代作家的影响的焦虑……假若乔伊斯承受焦虑,那也是因不曾容纳足够的影响而焦虑”。此事大约要比艾尔曼所见的更辩证。正如艾尔曼也曾指出,乔伊斯的维吉尔不是但丁,而是莎士比亚;但丁的诗歌声音成熟之时，维吉尔渐而淡出《神曲》，因此当乔伊斯的声音成熟之时，莎士比亚须得淡出《尤利西斯》。

在斯蒂芬的理论里，莎士比亚是死去的国王，而不是年轻的哈姆雷特——日后成为浪漫主义艺术家的类型，也即斯蒂芬本人。莎士比亚便如那个鬼魂，被背叛，只不过安妮·哈瑟威（Anne Hathaway）更胜葛特露一筹，给诗人戴绿帽子的相好是他的两个兄弟。莎士比亚失去十四行诗里的黑女士，她的相好是他的挚友，类似第三个兄弟。莎士比亚复仇的方式是复活死去的儿子哈姆内特（Huamnet），他在这出戏里以哈姆雷特王子出场，一心要替父亲挣回脸面。这样一个复活的儿子，似乎全无俄狄浦斯的双重人格，从
222 而便不会——在乔伊斯看来——对葛特露产生欲望，甚或不会对已死的父亲产生丝毫嫉妒，哪怕是再隐微的嫉妒也没有。于是，在“喀耳刻”故事之中，波尔迪和斯蒂芬，作为莎士比亚 / 乔伊斯的两面，凝视镜中形象，看到变了形的莎士比亚，没有胡子、神情木然（面部瘫痪得僵硬）。对于这句话，我既不认为波尔迪和斯蒂芬“仅是莎士比亚瘫痪的拙劣模仿”（W. M. 舒特），也不认为是“乔伊斯在向我们警示，他的写作是以近似而非完美的身份等同”（艾尔曼）。我将此言看作影响焦虑的标志，看作先辈莎士比亚对门生乔伊斯的嘲讪：“要跟我相像，但你不可胆敢企图太像我。你只是没有胡须的版本，面部瘫痪得僵硬，缺少我的威势和坦然自得。”

那猥琐的勃克·穆利根，乔伊斯的黑老怪，窳弱地将《哈姆雷特》误读为自渎，将波尔迪误读为娈宠。乔伊斯本人则借斯蒂芬之口，强势地将《哈姆雷特》偏颇地误读为戴了绿帽子的丈夫的复仇，可以揣知这样一部戏更可能出自波尔迪，而非斯蒂芬。我要以更偏

颇的误读表明，乔伊斯改写《哈姆雷特》，是欲摧毁这部戏之中最令他不安的成分，即在第五幕里那个异常冷淡、判若二人的哈姆雷特。斯蒂芬套用撒伯里乌教派的敏妙的异端教义，说父亲是他自己的儿子。然而我们或许可引用莎士比亚（也是弗洛伊德的）更敏妙的异端说法，说儿子是他自己的父亲。这正是第五幕的哈姆雷特，在这幕戏里，他仅一次提及死去的父亲，并且仅称其为国王。乔伊斯的哈姆雷特没有俄狄浦斯情结。莎士比亚的哈姆雷特或许有此症结，但在第四与第五幕之间便已经消失。

斯蒂芬作为王子这个角色，并不能叫我信服；倒是波尔迪作为死去的国王，并因此作为莎士比亚 / 乔伊斯，更令我娆恼万端。我们真愿禳除那鬼魂，干净地只剩莎士比亚 / 波尔迪 / 乔伊斯这组美妙的三位一体，以波尔迪为过渡人物，和解先辈与晚辈，或许类似弥赛亚。莎士比亚是《圣经》原著或古老的美学律令，乔伊斯则是迟来的《圣经》或新鲜的美学教规。波尔迪是介于《圣经》中间的人物，是伪经与启示录一般的人物，然则也震慑人心地表现了方今之世。乔伊斯继而写作《芬尼根守灵夜》，这是我们这个时代西方文学之中唯一可与普鲁斯特的浩大小说相提并论的作品。乔伊斯的读者仅属意于《尤利西斯》，并不单单因为《芬尼根守灵夜》那些或实或虚的艰涩。伊厄威克（Earwicker）是一个硕大的象形文字，而波尔迪则是真实的人，完全、深情、自强，他的深鸿、感宕心灵之力甚至胜于他那部书。 223

T. S. 艾略特

（1888—1965）

一

托马斯·斯特恩斯·艾略特是这个世纪西方文学的中心人物。他作为抒情诗和挽歌诗人无可置疑的成就，足以使他跻身英美诗歌的浪漫主义传统，这个传统自华兹华斯到惠特曼，一路及至我们时代的诗人杰弗里·希尔（Geoffrey Hill）到约翰·阿什贝利。如此的评判之中显然赋有一种反讽。艾略特自称的传统，**他的**传统，完全是另外一码事，这种传统追溯了英国诗歌的正统源流，从它在中世纪普罗旺斯、意大利的起源，到后来它在法国的发展。我在这里是借用了诺思罗普·弗莱的观点，他对于艾略特的文化辩论所作的分析既多有同鸣，又持异议。作为文学批评家，艾略特的论战姿态须区别于他作为诗人的修辞姿态，幸喜这两种精神姿态皆截然有别于他的文化地位，也就是他自诩的盎格鲁天主教徒、保皇派、古典派。

在20世纪30年代和40年代之间成长而耽溺诗歌的读者，进入的是一个被艾略特的意见和典范所宰治的批评世界。从更狭隘的个人经历来说，在20世纪50年代初从事文学教育的人，所遭遇的这门学科非独奴役于艾略特的识见，而且奴役于他的全部偏好和偏见。倘若你的文化背景是犹太人、自由派、浪漫主义，那么对于艾略特的支配，你大抵一开始便无好感，纵然你能感受（非你所愿地）些许他的诗歌的微妙力量。倘若一个年轻的批评家钟爱雪莱、弥尔顿、爱默生、佩特，倘若这个批评家并不认为布莱克是天真、古怪的天才，那么他似乎无需看重艾略特。无论他实际上究竟代表了什么， 224
是一个新基督教和新古典主义的学派根据贡献将他推举到了恶劣的崇高地位。在那样的批评环境之下，霍普金斯被视为唯一有价值的维多利亚时代诗人，远胜过勃朗宁和丁尼生，惠特曼似乎成了美国噩梦，华莱士·史蒂文斯——倘若算他为诗人——须被回收为奥古斯都时期的末代诗人。三十年后，这些观念颇有些古意，然而在1954年，它们却是恼人的，倘若你十分较真，那么这些观念颇能令人激怒。

我重提这些旧事，并不是要挑惹渐息的积怒，而是要解释对于我这一代的一些批评家来说，艾略特何以到最近才没有再充任精神上的敌人。他对弗洛伊德的轻蔑，他以彰显明智的反犹主义来展示其正宗基督教信仰的天分，他对人类性爱的雅致鄙视——不知为何，这些似乎不曾成为当代文化不可避免的基础。诚然，他自有克制，不似其盟友埃兹拉·庞德那般纵任言辞。他确实不曾说过诸如庞德这般的警句：“《圣经》里所有与犹太有关的部分皆是黑色的邪恶。”然而，设若艾略特时代不曾开始衰微，一个将其意识形态建立在艾略特之上的学派，定然不是你能从容授教的所在，甚至不是你能够久留之处。作为一种文化政治的事实，艾略特的显赫是我们当中无数人不愿再目睹的。

二

艾略特坚执他的诗歌本源在17世纪，出自詹姆斯一世时代的戏剧家、英国玄学派诗人。然而他的真正的先辈是惠特曼和丁尼生，并且我们而今阅读《当丁香花终于在庭院里盛开之时》（“When Lilacs Last in the Dooryard Bloom’d”）和《莫德：一出独白诗剧》（“Maud: A Monodrama”），适才感受艾略特的力量，发觉自己竟以为这两首诗歌受了《荒原》的影响。相比坦然拥护惠特曼的哈特·克莱恩，艾略特和史蒂文斯更受惠特曼的影响，这是美国诗歌历史中一则被遗忘的真理。艾略特和史蒂文斯虽特意不去体会或知晓这份影响，他们的诗里却魔祟着惠特曼诗歌的影子。我在这里指的是惠特曼的比喻、殊怪的转换主题，而全然不是指惠特曼的榜样，虽然这对克莱恩和其他很多诗人尤为重要。

最具浪漫主义盛期特征的是艾略特的修辞图式，我怀疑他是从丁尼生和惠特曼那里学得这个图式，而后两者学自济慈和雪莱，此二人又是得了华兹华斯的“危机时刻”的抒情诗和颂歌的启示，而
225 他又是回溯到了斯宾塞和弥尔顿的模式。试看艾略特《圣灰星期三》（“Ash Wednesday”），创作于1930年的信仰转变系列。这首诗的六章并非但丁的《新生》那样的作品（纵然艾略特本打算写成那样），而是重演经验之失落和想象获得之补偿的华兹华斯式戏剧：

（1）说“我欣喜”，而意指“我沮丧”，这里有一种反讽趋向，正是弗洛伊德称作“反向作用”（reaction formation）的狭隘反讽，抑或模棱两可地伪装成其反面的情绪。该诗通篇充斥着卡瓦尔坎蒂和但丁、以西结与民众的典故，我们仍可见出他无意间对华兹华斯

的《不朽颂》的呼应，看到这一点，读者便可直抵诗人被部分地压抑的焦虑（尤其是他的诗歌焦虑）的中心。“那薄弱的荣耀”与“一种真正转瞬即逝的力量”是幻想的微光从诗人脑中迸发时所留下的圣痕，假若这里所失落的不只是自然的，那么我们会记起华兹华斯的失落也是超越自然的。虽然艾略特用的是神秘主义的语言，华兹华斯用的是自然的语言，但是他们各自面临的危机都是诗歌上的，而非自然的或神秘主义的，艾略特对声音的弃绝——不论这多么反讽——径直引向这段在很多读者眼里最深刻、最敏锐的领悟：“因此我欣喜：我须造些东西，/ 为那造出的东西而欣喜。”再找不出更发人深思的警句可配给华兹华斯的《不朽颂》，或《丁登寺》，或《决心与自立》。《圣灰星期三》第一部分里缺席的被哀悼者，正是曾经在场的诗歌力量，它以经验方式得以表现，且预先撇开其他者。在以莎士比亚的方式舍弃对于“这个人的天分，那个人的器宇”的欲望的过程中，我们无需怀疑这些人就是诗人先辈，我们也不该忘记，不希望再作转捩，同时也是反讽地告别比喻，从而是告别自己对于诗歌声音的求索。

（2）实践地推敲之，魔祟于第 1 章至第 2 章过渡诗行的问题是：“我，艾略特，依然是诗人么？”“这些骨骸会存活么？”这是提喻法，以整体表示部分，因为这里的不朽象征诗歌的流存：“如我被遗忘 / 并且会被遗忘，我亦如此遗忘。”这位诗人掉头反对自己，效仿勃朗宁的罗兰公子，只求跻身寥寥数位先辈之列，如他们的失败那般地失败：“我们自有我们的遗产。”

（3）在如此自伤之后，诗人寻求一种圣保罗式的 kenosis，类似基督对自己的神性的倾空，而这里的倾空只能意味着摧毁自己的诗

226 才。随着灵感倔强地消退，诗才却美妙地不请自来，纵使在这样陶醉的激情迸涌之际，艾略特从来不曾有异于挽歌式的惠特曼、维吉尔式的丁尼生：“丁香和褐发；/ 消遣烦乱，笛声，第三级台阶上心灵的停顿和前行。”这里的比喻手法是转喻，如同在“身穿青绿衣衫、脊背宽阔的人影”之中，诗歌力量从叙述者转移到这位稀奇的前拉斐尔形象，此人决计不是艾略特对自己的诗歌自我的可能表现。

（4）这是魔性想象本身，它允许下一章拒斥崇高，以重获一种浪漫主义的崇高。在第 3 章与第 4 章过渡处，艾略特似乎克服了唯我主义的诱惑，从而提出并且回答这个问题：“我有能力爱另一人么？”那无名的另一人或者“沉默的姊妹”近似惠特曼和丁尼生的欲望的模糊形象，无疑是自恋的象征，但其指向超出了自己对于自己的热恋。休·肯纳无疑是最好的艾略特批评家，也是最具艾略特风格的批评家，他发人深思地将《圣灰星期三》比照丁尼生的《圣杯》（“The Holy Grail”），尤其是比照珀西瓦尔爵士冒险的可怖的死亡行军，那是《国王牧歌》里最文采斐然的部分。肯纳自是将冠冕献给艾略特，称赞他的“退让和顺服的朴素姿态”，而拒斥丁尼生那种“粗糙地重述维多利亚时代的仪式”。四分之一个世纪之后再回顾，肯纳这句评语分明可以颠倒，因为丁尼生在这里的举止分明朴素得胜过他的后辈。丁尼生毕竟不曾说过如此花哨之词：“救赎 / 更高梦境那未读之景象 / 同时镀金柩车拉着镶嵌珠宝的独角兽。”

（5）珀西瓦尔爵士的沙漠、勃朗宁的罗兰公子的荒原，在这非凡的 askesis 中与《圣经》的荒野发生了关联，这一章的自抑狂想曲截断了浪漫主义的传统，同样也截断了艾略特的个人才能。我们可以说，这一章肯定崇高的所有可能性，自柏拉图到尼采再到弗洛伊德，只是二元论的内在 / 外在隐喻唯独自拘于“无词之词，在内之词”。艾略特与他从华兹华斯至佩特的浪漫主义先辈们一样，寻求着能够微妙地与早先的天真同化，同时又害怕着吸纳进内心的是一个缺乏想象的世界的滞后感，对于一个耗尽天赋的诗人而言，那是生犹甚死的状态。

(6) 这一章是艾略特的一大胜利，因为在悔恨的迹象之下重获一种先在性。“不曾折断的翅膀”依然飞向大海这个意象，美妙地超越了第一章“不过是拍打空气的货车”的翅膀意象。随着前辈们起
死回生，浪漫主义危机抒情诗的典型图式得以扩张，然而惠特曼的 227
“失落的丁香”和丁尼生的“失落的大海声音”，带着艾略特自己的特色，与艾略特的“失落的心”一起加入欣喜的努力中，并且确实创造了足可欣喜的东西。

三

似艾略特这般曲解自己的真正传统或自己在那个传统的不自觉的位置，在诸家诗人当中绝非罕事。实在可称为罕见现象的是艾略特的文学影响力，而非其论战力。艾略特生于 1888 年，卒于 1965 年，活跃于弗洛伊德时代，这绝不是盎格鲁天主教的神学、社会思想、道德观占据主流的时代。从艾略特的论战文章里信手摘选的几个句子，放在 1984 年的今天重读，显得颇不可思议：

> 设若有更多独身者，设若那些成婚之人有更大的家庭，或许会更自然，也更符上帝神意……

> 你若不要有上帝（而**他**是嫉妒的上帝），你就该去敬希特勒或斯大林。
>
> ……积极的文化须有一套积极的价值，而持不同政见者须待在边缘，因他们一般仅作出边缘的贡献。

这些话摘自《关于基督教社会的思考》，该文撰于1939年。弗兰克·克默德是声誉甚佳的艾略特权威，1975年著文之时写道："艾略特深刻地改变了我们对于诗歌和批评的观念，而不曾附加他馈赠礼物的条件，强要人们接受改变的后果，对他来说，这后果是理性之事，也是信仰和个人使命之事。"也许这就是克默德这一代英国批评家和下一代美国批评家之间最大的差异，我们抗拒艾略特的思想之时，也改变了我们关于诗歌和批评的观念，这正是因为艾略特的追随者将专属于他的信仰和个人使命的后果加诸我们。至于艾略特的鉴别力是否确如克默德所断言的这般精妙，又是另外一回事。依艾略特看来，雪莱那怀疑主义而激情昂扬的信仰十分混乱、不成熟，不是以经验的事实为基础。艾略特曾庆幸沃尔特·佩特不曾评
228 论《哈姆雷特》。倘若艾略特也不曾评论过，那么我们就可以幸免于那影响重大却十分不幸的判断："从结果可以看出，莎士比亚在这里应付的问题超出了他的所能。"艾略特无疑可跻身诗人批评家之列，排于他之前的有本·琼森、德莱顿、塞缪尔·约翰逊博士、柯勒律治、坡、阿诺德。作为批评家，他不能比附前四位，但与坡、阿诺德不相上下；作为诗人，他无疑胜过坡和阿诺德。极难预言艾略特的批评是否有永恒的价值，或许在公正地看待他的地位之前，我们应该等待下一代的批评家出世，那一代人既不为他所赋形，也不着意

叛逆他。

四

A. 沃尔顿·利茨（A. Walton Litz）颇与之声气相投地判断道，回顾之下，艾略特更宜被视为他那个时代的马修·阿诺德，而不是亚伯拉罕·考利。出于前述承认的动机，我们可能宁愿将艾略特看作考利，并且《四首四重奏》（*Four Quartets*）之中一些备受颂扬的章节，也值得与那位早被遗忘的才子曾深受钦赏的品达体作一番比较，但是阿诺德不情愿地当了迟来的浪漫主义者这一负累，确实十分接近艾略特的苦恼。在我看来，更困难也更不可避免的做法是直接将艾略特与惠特曼或丁尼生的挽歌并置比较。参比《提托诺斯》（“Tithonus”）或《尤利西斯》（“Ulysses”），《老人》（“Gerontion”）便相形失色，而《荒原》虽有如许批评大祭司的敬奉，却缺乏《当丁香花终于在庭院里盛开之时》所赋有的连贯、成熟、经验的确凿感。然而不可否认的是，艾略特确实正是《荒原》的结尾所认定的那种人：将碎片拢向海岸，抵抗他的（也是我们的）毁灭。他最好的诗歌和文章里那些气势颢然的幻景，唯有西方文学里最伟大的思想家和诗人方可与之匹敌。这里又是一个吊诡：盎格鲁天主教、保皇派、古典学家的代言人，却擅长虚构作品的幻想和抒情诗歌的错乱模式，擅长塑造完美生动地表现其时代的魔梦意象。

作为诗人，艾略特的影响决不会耗尽，然而罗伯特·佩恩·华伦晚年的诗歌，我们时代最出色的诗歌，大约是他影响的最后堡垒，艾略特于此尽卓绝努力，以求为**那个**传统营造一种反浪漫主义的反崇高感，用以替代浪漫主义传统的延续。这种延续而今将他吸纳，这一情况很难说是失败，吸纳不是拒斥，艾略特的诗歌在经典之中已有牢稳的位置。艾略特的力量展现于众多受教于他的诗人，其中最名副其实地可能将它衍传的是哈特·克莱恩的诗歌，这些诗歌足
229 可与艾略特的诗歌相抗衡，若无这样的抗衡，克莱恩便不可能企及如此艰难的伟大造诣。与我一样，在克莱恩和艾略特之间，你尽可偏爱克莱恩，然而不得不承认，在造就克莱恩的功劳上，艾略特大于惠特曼。

五

此文集所收的文章记录了文学批评与艾略特（主要是与艾略特的主要诗作）之间的抗衡。我以文章发表的时间为序编排，唯有肯纳和弗莱的两篇文章例外，这两篇文章代表艾略特依然在世之时的文学气候。肯纳始终不渝地拥护艾略特，甚而及至偏爱艾略特的诗剧胜于莎士比亚：

> 苦于口中无好台词，没有一个演员能够得以肯定一个以自己为中心的形象，譬如似奥赛罗、哈姆雷特的形象。而他们若丧失那种满足感，那是因为这些戏剧关涉私生活，而无涉肯定。莎士比亚的戏剧，不论好歹，是演员的宇宙，在舞台神气活现、忧愁苦闷，《荒原》的宇宙也是如此。但是艾略特的喜剧宇宙是个人的宇宙，在其中，个人学着摒弃束缚的角色所带来的满足感。

这是肯纳在 1962 年所写的东西，二十多年后重读他的文章，让人深感“现代主义”无非是又一种自我防卫式的好古癖。一年之后，诺思罗普·弗莱肇始浪漫主义的反攻击，他评论道，艾略特之所以颇反感莎士比亚，实是因为“莎士比亚并非总以成熟的悲观看待人性”。这本文集中余下的文章皆撰于 20 世纪 70 年代和 80 年代早期，没有哪位作者是艾略特追随者，他们没有人是像肯纳，或者诸如利维斯、布莱克默、克林斯·布鲁克斯这样将艾略特置于贤哲与诗人之列的艾略特盟友。我在这里选出其作品重印的批评家，譬如弗莱，与艾略特之间赋有一种我不能企及的无害关系。奥尔尼（Olney）、戈德曼（Goldman）、多诺霍（Donoghue）、艾尔曼、戈登（Gordon）、内沃（Nevo）、杰伊（Jay）都不是将艾略特当作文化先知或俗世的圣徒。他们带着同情和见识研究他，将他看作他那个时代的一大代表诗人，每位批评家都不断加深着我们对于他与诗歌史的真实关系的准确认识。

1948 年，艾略特在《谈谈文化定义的感想》结尾断言，基督教信仰若消失，欧洲的文化便不能存留，因为“我们的艺术是在基督教之下发展起来的，……正是在基督教的背景之下，我们的所有思 230
想才赋有意义”。这似是艾略特的论战核心，每个读者须尽本人所能或所愿理解这句话。弗洛伊德、卡夫卡和普鲁斯特的时代，叶芝、华莱士·史蒂文斯、贝克特的时代：不知为何，这些人的思想和识野所传达的截然迥异于艾略特的文化定义。艾略特在一朝跻升为学院的文化祭司之前，早已是浪漫主义盛期的诗人，这或许是艾略特之幸。

六、《荒原》

1

艾略特的诗集《我请求你》（*Ara Vos Prec*, London: The Ovid Press, 1920）收入一首殊异、甚为乏味的诗歌，奇怪地取题为《颂歌》（"Ode"），他明智地不曾再版过。这首诗似哀悼或纪念他与第一任妻子的失败的性关系，出奇地将这失败与两处惠特曼式的隐涉关联起来（"误解 / 而今已退去的口音 / 喀拉莫斯之职"和"希欧、希默，希默奈俄斯 / 魅魔，剜心切肺"）。这首《颂歌》分明是戏仿惠特曼的性欲告白，但其中的嘲讽意义并不分明。艾略特道明他的先辈是这些显赫的人物：维吉尔、但丁、英国玄学派诗人和詹姆斯一世时代戏剧家、帕斯卡、波德莱尔、法国象征主义诗歌、埃兹拉·庞德。然而他的诗歌的真正源泉是丁尼生和惠特曼，并且惠特曼是更重要，或者可以说是最主要的影响。诚然，在艾略特的诗歌之中，雪莱和勃朗宁的影响痕迹重于多恩和韦伯斯特。英美浪漫主义传统固然不是艾略特自愿选择的传统，然而正如人类的家庭罗曼史，诗歌的家庭罗曼史绝不是意愿所能主宰的舞台。

《荒原》是伪装为神话传奇的美国式自我挽歌，一部佯装为基督教反讽的实践的浪漫主义危机诗歌，一如虚造更融通的父辈和先辈，面具与伪装也都是惯见的诗歌比喻，这样的做法自然无可厚非。它们组成诗人的魔法或个人迷信的一部分，有助于赋就独特的诗歌。艾略特的大成就是《荒原》，而不是《四首四重奏》或韵文戏剧。

《荒原》是一些伟大碎片的华丽集合，无可置疑地是我们这个世纪
英语诗歌之中最具影响力的诗歌。以内在和外在的征迹为据，我以
为这首诗歌本质上是对惠特曼最后写作的伟大诗歌《当丁香花终于
在庭院里盛开之时》的修正，从表面看是挽悼林肯，而实则更是诗
人嗟悼自己的诗歌生涯。因此，《荒原》是挽歌，而非小史诗或冒险 231
传奇，从而进入哀悼和忧郁症的领域，而不是文明及其不满的领域。

很多注释者已指出，艾略特的挽歌与惠特曼那些哀悼诗歌自我的挽歌之间存在诸多联系，自 S. 穆斯格雷夫起，及至约翰·荷兰德和我自己，以及更年轻的批评家，包括格雷高利·S. 杰伊和克利奥·麦克内利·克恩斯。克恩斯的精当之论已收入本文集。在此我不打算重述克恩斯的评论，而是要对《荒原》在浪漫主义传统之中的位置作一番推想，尤其要从它之于其无法躲避的先辈惠特曼的关系来谈谈。

2

在其文章《帕斯卡的沉思》（“The *Pensées* of Pascal”, 1931）中，艾略特论述了帕斯卡与他真正的先辈蒙田的对抗性关系：

> 当然，帕斯卡是不可摧毁的；但是在所有作家当中，蒙田最是不可摧毁。你同样可以往浓雾之中掷一颗手榴弹，以驱散浓雾。因为蒙田是浓雾、液体、阴恶的天气。他不与你讲理，他旁敲侧击、逗人欢喜、熏陶染化。

沃尔特·惠特曼也是“浓雾、液体、阴恶的天气”,作为诗人,也是“旁敲侧击、逗人欢喜、熏陶染化”。并且他是最黑暗的诗人,纵使他有着对自我的堂皇标榜,对祖国的殷切希望。《我自己的歌》纵然有无数吉庆之辞,却也吟咏荒芜之地:

> 而那秋天的森林里躺着的混浊水潭,
> 从萧瑟的黄昏的悬崖上下降的月亮,
> 摆动吧,白天和薄暮时的闪光——
> 在污秽中腐烂的黑茎上摆动吧,
> 伴随着枯枝发出的带着呜咽声的呓语摆动吧。[①]

惠特曼的深度读者不会忘记,《一面手镜》(“A Hand-Mirror”)这首短诗里那个绝然自弃的想象:

> 峻刻地举起——看它返照了是什么(这是谁?是你?)
> 232 在美丽的衣衫之外,在灰烬和污秽之中,
> 再没有熠熠眼神,再没有深沉的嗓音或轻捷的脚步;
> 而今是奴隶的眼睛、声音、双手、脚步,
> 酒鬼的呼气、滥食者的脸、淫乱者的皮肤,
> 肺逐渐烂却,胃酸胀、溃疡,
> 关节风湿,肠肚阻塞不良之物,
> 血管里流的是有毒、黑色的液体,
> 说话聒絮,听觉和触觉迟钝,

① 《我自己的歌》,赵罗蕤译,上海译文出版社,1987年版,第127页。

没有了脑子，没有了心，没有了性的魅力；
你走之前，像这样看一眼这面镜子，
这样快就是这样的结果——而且是从这样开始！

与其连篇累迭惠特曼诗歌之中的绝望意象，我转向他以惊人之笔赋就的《轮渡布鲁克林》，试看其中最峻刻的自责：

黑暗的阴影不单是落到你的身上，
黑暗也将它的阴影投落在我的身上，
我曾经做过的最好的事在我看来还是空虚和可疑的，
我曾经以为这些是我的伟大的理想，实际上它们不是贫乏得很么？
知道什么是恶的人也不单单是你，
我也是深知什么是恶的人，
我也曾接过古老的矛盾之结，
我曾经饶舌、觍颜、怨恨、说谎、偷盗、嫉妒，
我曾有过奸诈、愤怒、色欲、不敢告人的色情的愿望，
我曾经刚愎任性、爱好虚荣、贪婪、浅薄、狡猾、怯懦、恶毒，
豺狼毒蛇和蠢猪的脾气，我心中并不缺少，
欺骗的面容、轻佻的话语、邪淫的欲念，也不缺少，
拒绝、仇恨、拖延、卑鄙、懒怠，这些都不缺少，
我和其余的人一起，跟他们一样地生活着，
当青年人看见我来到或走过的时候，他们以响亮的高声

用最亲切的名字喊着我，
当我站着的时候我感到他们的手臂围绕着我的脖子，或
233 者当我坐着的时候，他们的身体不经意地偎倚着我，
我看见许多我喜爱的人在大街上、在渡船上、在公共的集
会上，但却没有和他们说过一句话，
和其余的人过着同样的生活，和他们有着同样的古老的
欢笑、痛苦、睡眠，
扮演着男演员或女演员都还在追念着的角色，
那同样的古老的角色，我们所造成的角色，正如我们所希
望的那样伟大，
或者如同我们所希望的那么渺小，或者又伟大又渺小。①

这里跃然欲显的对弥尔顿的撒旦的隐涉，对《李尔王》的隐涉，更增强了惠特曼罗列的罪孽和逃避，替诗人及其读者作了心理准备，以承受更深沉的《海上漂流》里的伟大挽歌和《当丁香花终于在庭院里盛开之时》，在艾略特的诗歌之中，处处可见这两首诗的痕迹，尤其是在《圣纳西瑟斯之死》（“The Death of Saint Narcissus”）、《荒原》、《干燥的萨尔维吉斯》（“The Dry Salvages”）。无数批评者图解过这些隐涉，我在这里要据此思考艾略特之于惠特曼的竞争：“为何是惠特曼？”就诗歌而言，跟随惠特曼潜入吃水线之下或者去海岬，两事皆不明智，因为倘若如此行事，以海上漂泊为身份认同比喻的诗人便绝不会输。

这里的一个答案是，这位迟来的诗人并非靠地上或海上风光选

① 《草叶集》，李野光译，译林出版社，2013年版。

择他的考验。他的考验是由先辈选定的。正如在《罗兰公子来到黑暗塔》中，勃朗宁的探险者是雪莱预先决定的，在《荒原》里，艾略特被惠特曼预先决定，而这部诗确是艾略特版的“罗兰公子”，正如这也是丁尼生的《圣杯》之中珀西瓦尔爵士冒险的艾略特版，而后者又不能摆脱济慈的加拉哈德（Galahad）这个形象的影响。《荒原》里处处弥漫着《当丁香花终于在庭院里盛开之时》的气息：甚至于从死地里开出的丁香，松树上画眉鸟的歌声，最显著的是化用了惠特曼走向画眉鸟吟唱的地方这一意象，他身旁有两个同伴——死亡之思和死亡之知。

> 就这样有关死亡的认识在我一旁走着，
> 有关死亡的思想紧紧在我另一旁走着，
> 而我在中间，恰像和同伴们在一起，握住了同伴们的手，
> 我于是急急逃向那不会传话的、隐藏一切又接受一切的
> 　　黑夜， 234
> 直到河畔，那条昏暗的沼泽地的小径那里，
> 直到那布满庄严阴影的杉木和寂静而阴森的松树那里。[①]

“蒙着面纱的女人”彻夜为林肯唱挽歌，简直与艾略特的“母亲哀恸的喁喁之声”无异，惠特曼那“敲钟敲钟永恒的铿锵”，继续在《荒原》和《干燥的萨尔维吉斯》缅然敲响。然而所有这些仅是影响过程的第一层面作用，是几乎作为被压抑者之回归的影响的第一层面作用。更深一层的——几乎超出现有文学批评的分析模式——

① 《草叶集》，李野光译，译林出版社，2013年版。

是艾略特与自己民族中最伟大、最无法规避的挽歌诗人之间充满问题的融合。《丁香花终于在庭院里盛开之时》无关乎林肯之死，而是全然关乎惠特曼根本上的诗歌危机，在此之外，他最强劲的诗歌便会中止。《荒原》也并未涉及新基督徒关于西方文化衰落的论战，而是全然关乎艾略特的诗歌危机。在我看来，这是他无力克服的危机，因为我并不认为时间会印证大多当代批评家关于《四首四重奏》的高度估量。

惠特曼挽歌的决定性时刻或否定异象集中在他对木条的放弃上，丁香枝以举隅法指代他的诗歌声音，他顺从地让渡给死亡和画眉鸟的死亡之歌。艾略特在“雷霆的话”（“What the Thunder Said”）这一章中所作的相对应的顺服是询问“我们给了什么？”而其中隐含的答案是“瞬间的顺服”，在这样一个否定的时刻，诗歌声音的意象仅作为惠特曼“从黑夜之中所挽回的”才得以成立。

在论述帕斯卡的文章里，艾略特微带怨怼而十分确凿地说道，蒙田“成功地表达了**每个**人的怀疑”。想来这其中包括了帕斯卡、莎士比亚，甚至 T. S. 艾略特。那么，惠特曼以同等的普遍性成功地表达了什么？答案定然是“我自己”与“真正的我”之间的区别。沃尔特・惠特曼，一个粗人，一个美国人，根本不能是这样一个“作为我自己的我”：

歪着头，好奇地观看接着会有什么，
235 在游戏内外，观看、诧异。

托马斯・斯特恩斯・艾略特在游戏内外歪着头观看，与沃尔特·惠特曼这个美国粗人鲜有共通之处，却近乎等同于这个美国的“作为我自己的我”。

3

倘若没有《草叶集》的诗人这位美国天才横插进来，自雪莱和济慈，传至勃朗宁和丁尼生，及至庞德和艾略特这一脉传统原不会有起伏。惠特曼在庞德和艾略特身上赋加美国式的差异，而他是继承自爱默生，我们的辩才和实用主义的源泉。最简化地定义之，美国的诗歌差异生发于一种尖锐的孤立感，既是由于自然现实的广阔空间，也是源于一种紧迫的对于迟来感和“事后方才抵达”这种状态的确信。用以抵抗时间的势必是诺斯替信仰，它认为我们不是创造的一部分，认为我们的自由在于原初深渊。用以抵抗迟来感的是对隐涉性的沉迷，这算不得是为其本身考虑，而是要逆转文化的、前美国式的往昔所具有的优先性。自惠特曼和狄金森起始，美国的诗人比弥尔顿更弥尔顿，从而也势必比刻意的济慈或丁尼生更加深刻地具有弥尔顿特色。

荒芜了艾略特的挽歌原野的既不是渔王之疾，也不是基督教的衰落，并且艾略特本人的性心理悲哀与此二者也不甚相关。先辈的影响力才是《荒原》的疾恙；然而艾略特毕竟还能承诺，要向我们展示“对于一抔尘土的畏惧”，仅因为丁尼生《莫德：一出独白诗剧》的独白者早已呼喊过：“死了，早已死了 / 早已死了！ / 我的心，是一抔尘土。”更痛切的是，艾略特竟能将惠特曼这部非凡的《当我与生命的海洋一同退潮》综括为一行诗：“我将这些碎片拢向岸边，抵抗我的废墟。”在这里，这些碎片不只是组成《荒原》文本的诗节，更重要的是它们也是惠特曼的没有方向的海上漂流：

> 我和我的一切，都是散乱的被风吹干的枯紫，小小的尸体，
> 白沫，雪一样白，还有水泡，
> （看呐，渗出物终于从我僵死的嘴唇里流出来了，看呐，那五光十色的闪亮，在滚动，）
> 缕缕稻草，泥沙，碎块，
> 从互相矛盾的不同心怀下在这里浮出，
> 236 来自风暴，长期的沉寂，黑暗，滚滚的浪潮，
> 默想着，沉思着，一口气，一滴带咸味的泪水，一抹液体或泥土，
> 全都一样出自经过酝酿而形成的深不可测的运动规律，
>
> 一朵两朵疲软的花，已破败，还照样漂浮在浪头上，随波逐浪流，
> 传送给我们的也同样是大自然那悲啼着的哀歌，
> 在我们那里也同样传来那云中喇叭的吼叫声，
> 我们是任性的，自己不知道来自何方，现在陈列在你前面，
> 你这在那里走着或坐着的人，
> 不管你是谁，我们也作为漂流物，停留在你脚下。①

① 《草叶集》，李野光译，译林出版社，2013年版。

“缕缕稻草，泥沙，碎块”实实在在地“拢向岸边”，以抵御惠特曼的废墟，而在此之际，他步向“我熟悉的海岸”，美国的海岸——这些海岸，惠特曼说，爱默生已领我们所有人走过，包括艾略特。艾略特曾嚣张地评论道，爱默生的文章“已成累赘”。确实，他的文章曾是，现在是，也永远必是美国作家的累赘，然而无法逃避的累赘也是激刺，正如帕斯卡从凛迫的蒙田那里学会的。 237

哈特·克莱恩

（1899—1932）

哦，你这钢铁的标志，你的跃起，

为归来的云雀的欢腾划出了区域……

一

犹记十岁那年，我在布朗克斯一间图书馆里，伏在克莱恩的诗集上，阅读这些诗句。这些诗句，以及诗集里其他很多诗句，促使我日后将心力贯注于诗歌。在我的很多同代人当中，这样的皈依或投注并不稀罕。我仍保存着第一本克莱恩诗集，说服了家姐送给我作十二岁生日礼物，这是我拥有的第一本书。在我的朋友当中，也有些人的第一本书是克莱恩的诗集。成长于20世纪30年代的我们，通过克莱恩诗歌，体会到了这份初爱的力量，尽管我们之后也阅读其他诗人（我从克莱恩转到布莱克），然而不论何时他们或我重读克莱恩之时，这股力量依然萦绕于心。

马洛的修辞将我们一并席卷，但是对于马洛本人，这种修辞也是一种心理学，一种知（knowing），而不是知识，可被称作诺斯替的知，它超越比喻的认识论。澳大利亚诗人亚历克·霍普（Alec Hope）呼应帖木儿大帝，剔透地称这种修辞为“武器之辩”，这是马洛的知和语言，也是克莱恩的。“你们可知武器之辩？”帖木儿大帝向手下哗然不平的将军吼道，随即刺死自己的儿子，以惩罚他的懦弱。正如霍普的阐述：“武器之辩”是诗歌之战，是崇高模式的不可知论的相互影响：

> 在这样的世界里，没有中间道路，没有妥协。正如力是力的敌手，美是美的敌手，唯有极致而完美者，才得以生存。失败，一如胜利，是彻底的、绝对的、终极的。 238

这的确是马洛的知，人文主义批评家倘若抱怨这种思想识野是人性的——太人性的——便会显得不得要领。权力（power）是马洛诗歌的中心概念，也将是弥尔顿的，爱默生的（他固然是写散文的弥尔顿），以及相当于美国马洛的克莱恩的。霍普允当地指向哈兹里特论《科利奥兰纳斯》的那篇文章，并把他视为将武器之辩与诗歌之辩相结合的正宗理论家。哈兹里特也不能博得人文主义批评家当中自然的超自然主义者的认可：

> 诗歌的原则是极为反平等的原则。它旨在求效果，通过对比而存在。它不容中介。它以过度成就一切。它越过了苦难和罪恶的平常标准。

然而克莱恩是美国俄耳甫斯主义的先知，是我们的民族文学中带有爱默生和惠特曼风格的本土先知。因此，最精辟地捕捉了他关于权力的诗学的是这位正宗的美国理论家：

……命运虽宏大，但权力——这个二元世界的另一事实——也宏大。如果命运追赶、拘系权力，权力则会直面、反抗命运。我们须将命运敬为自然历史。探究这些的这种批评是为了谁以及什么？人不属于自然秩序，整个儿地，肚皮四肢，全被拴在锁链里，他也不是任何可耻的包袱；他是极大的敌意，要将宇宙两极拉拢……

这段话似是梅尔维尔在思索他的亚哈，当然那自然是出自康科德那位离奇的圣哲，梅尔维尔嘲讪他为普罗提诺·普林里蒙（Plotinus Plinlimmon），为自信之人。然而这嘲讽透露着不安。克莱恩也不易被嘲讽，正如与之相契深厚的雪莱，克莱恩起而埋葬他的批评家仵工。惠特曼、狄金森、弗罗斯特、史蒂文斯禀赋足够的才气，而克莱恩的天分可能胜过他们当中的任何一人，他们蹒跚学步或仍不曾起步之时，克莱恩已经终结其诗人生涯。作为宏大的对峙者、俄耳甫斯主义者、普罗米修斯主义者的诺斯替需要时间克服自身，然而时间——受尽诺斯替派的激烈诋谤——彻底地击败克莱恩。与雪莱和济慈的情况一样，我们只拥有克莱恩的半截诗作，然而也如前二位诗人，我们所拥有的便已十分惊人。在众多影响之中，那惊人之处在于一种特权赋予行为，这种行为认为，作为认识论事
239 件的理解，要优先于作为审美和精神价值的灾难创造。

我在这里关注的是克莱恩**作为诗人**的“宗教”（而不是作为人的宗教，因为后者看似简单地融合了基督教科学派背景、邬斯宾斯基的浸染，以及一种近乎天主教的渴望）。至于诗人的“宗教”这个

表达,我是指美国的俄耳甫斯主义,我们的诗歌的爱默生主义或民族宗教,克莱恩从其主要先辈惠特曼那里相当直接地继承了这一信仰。真正的先辈总是杂糅的,又是虚构的——儿子幻想自己被精灵偷换,以自己的诗歌重新创造父亲——并且这里通常有近乎同世的竞争,以及竞争者。最能激刺克莱恩的自然是艾略特,其反浪漫主义的论调,激使克莱恩释放浪漫主义盛期的愤怒以作回应。他的愤怒受到同时代批评家的荒唐菲薄,然而在阅读阿什贝利、梅瑞尔、阿门斯、荷兰德以及其他诸诗人的这一代读者当中,这股愤怒重返主流地位。

主宰美国俄耳甫斯主义的神祇,与古昔的俄耳甫斯主义无异,也是爱神厄洛斯或法涅斯、酒神狄俄尼索斯或巴卡斯、阿南克(Ananke)。阿南克是命运女神,在惠特曼和克莱恩的诗歌里表现为大海母亲的意象,最为明显,但在史蒂文斯的诗歌里,这个意象也是清晰、反复出现。我们可以断言在梅尔维尔那里虽不甚明显,但也是着了魔似的反复出现,海洋的巨大帷幕这一意象是他的俄耳甫斯式阿南克。梅尔维尔说:"人类必须是让不朽的灵魂筛滤而过的东西!"E. R. 多兹在其伟大的著作《希腊人与非理性》中引用这句话,作为阐述希腊巫觋宗教这一重要章节的题铭。多兹将新俄耳甫斯宗教的图式追溯到塞西亚(Scythia)。这一图式赋予人类以一种有着神圣起源的玄秘自我。这一自我不是心灵(psyche),而是恶魔(daemon)。正如多兹所说:"恶魔的功能是负载人类潜在的神性和实在的罪孽。"克莱恩的恶魔或玄秘自我,类似惠特曼的自我,是其诗歌的真正英雄和牺牲者。作为美国俄耳甫斯的克莱恩乃是无法回避的形象,已有背景殊异的作家将其当作题材加以发挥,诸如温特斯（Yvor Winters）致克莱恩的挽歌，田纳西·威廉斯的《夏日痴魂》。约翰·布鲁克斯·维尔莱特（John Brooks Wheelright）那首震动人心的《鱼食》（*Fish Food*），是献给克莱恩的最好的俄耳甫斯式颂歌。不过，克莱恩早已在《亚特兰提斯》（“Atlantis”）——这是他最接近雪莱《阿多尼斯》的诗作——中替自己写下了最好的俄耳甫斯式颂歌。但是在这里，我要将克莱恩的“俄耳甫斯主义”这个话题缩减为其想象的认识论或诺斯替。克莱恩的厄洛斯、狄俄尼索斯，以及最首要的惠特曼式的阿南克，仍有待探讨，但是在这些评述里，我仅关注作为“恶魔”的克莱恩，一个潜在的神，同时知晓着自己的成就和罪孽。

对这恶魔的设想，或者说感性时代诗人所谓的“诗歌个性的化身”，乃是《白色楼群》这部诗集里众多抒情诗的内在情节。恶魔
240 的 kenosis 或倾空是《航海》（*Voyages*）系列的情节，在这里，其他俄耳甫斯神祇将克莱恩贬抑为他自己想象之中的“浪子、瞎眼的客人”，“海洋的河流”冲击翻腾起俄耳甫斯主义的遗物，“献给先知的凋残的花环”。恶魔化身的诗歌之中最具雄心的自然是《献给浮士德与海伦的婚姻》（*For the Marriage of Faustus and Helen*），这是克莱恩将马洛精神发挥到极致的诗作，然而这部诗作极繁复，因此我要转而谈论两首略弱却依然完美的俄耳甫斯化身式的颂歌，《河流的憩息》（*Repose of Rivers*）和《水道》（*Passage*）。

克莱恩是“跨越用典”（transumptive allusion）的大师，通过一个终极的比喻，逆转甚或超越他自己诗歌里的主要修辞以及诗歌传统里前人对于这些形象的运用，从而实现诗歌的终结。《河流的憩息》这样煞尾：

……在那里，堤防尽头，
我听见风剥落蓝宝石，就像今年夏天，
而柳树不能发出更沉稳的声响。

这首诗开篇诗行展示“沉稳的声响”的更复杂版本，因为“那沸腾、沉着的行进”这个看与听的联感，既是反讽，也是矛盾修辞：

柳树负载一种缓慢的声响，
风在草地上刈出一曲萨拉班德。
我永远不能记得
那沸腾、沉着的行进，
直待岁月将我带到海上。

克莱恩是回想他的原初教导场景（Primal Scene of Instruction），在零落的间隙断断续续地自我更新的一个时刻，然而对他来说，这个时刻总是将性取向的必然性与他的诗人身份的担负相关联。沼泽地的风那缓慢沉着的舞蹈成了被压抑的记忆，直待“岁月”作为成熟的意象，将诗人带到大海，大海是他诗里的命运女神的中心形象，并且在这里是一种伤人的提喻法，它喻指的是对作为诗人的殊异命运的接受。那被压抑的东西将自身展现为一种诡怪的崇高性，并在第二节里隐涉了梅尔维尔的中篇小说《迷幻群岛》（*The Encantadas*）之中的意象：

旗帜、杂草。记得陡峭的海嵎，
在那里柏树同有晌午
之独裁；它们几欲把我拉进地狱，
攀爬在硫磺色梦里的大龟
241 屈服了，而同时阳光—淤泥荡漾，将它们
撕散……

这沸腾、沉着地爬开的大龟，它们那地狱一般的爱之死，也似一曲萨拉班德。爬上另一只乌龟的脊背，便是爬上献祭自己的梦境，在那里，“屈服”具有双重意味：屈服于死亡，屈服于彼此。它们缓慢得可怕的交配过程生发这个骇人的比喻：“阳光—淤泥荡漾，将它们 / 撕散……”“撕散”既是交配之后的分离，也是个体乌龟的死亡。作为诗人，克莱恩与 D. H. 劳伦斯的共通之处仅在于二人都倾慕惠特曼，倘若将《河流的憩息》这一节诗，比照劳伦斯在诗集《鸟雀，野兽和花朵》之中的陆龟系列，将会颇有助益。劳伦斯的陆龟以被钉上十字架而**进入**性爱，正如劳伦斯本人。克莱恩的梅尔维尔式的海龟，则**被**性爱钉上十字架。然而克莱恩替自己讲述的是截然不同的故事：被钉上十字架而**进入**诗歌，**被**诗歌钉上十字架。海龟被拉进性爱地狱，克莱恩是**几乎**被拉了进去，他的措辞是“几欲……拉进地狱”，而背后是“陡峭的海嵎”。柏树掩映的陡峭海嵎，使得主宰的正午阳光愈发剧烈，克莱恩几乎屈服于“旗帜、杂草”的性爱幻景，声响回荡的海嵎 / 几乎强化逃脱原初性爱的侥幸，大抵是乱伦的异性爱。非凡的第三节是极迂曲的负担：

我原可易换多少！那阴暗的峡谷，
山冈上所有独特的巢穴，
海狸在那里学会撕咬。
那个池塘，我曾一度进入，旋即逃离——
现在我记起池塘边吟唱的柳树。

他原可易换的——或者确实已经易换的——是以自然交换诗歌。第二节是俄耳甫斯主义自己的一种kenosis，即倾空，这一节是新鲜的注入，而那从压抑之中回归的是诗歌统觉（poetic apperception）："现在我记起池塘边吟唱的柳树。"这行诗句高亮地冲击全诗的起句与末句。在这里，那屈服的崇高是渐进式的三重意象："阴暗峡谷"的诞生所具有的华兹华斯式深渊；"独特的巢穴"，它有益于工作与攻击；最动人的是围着一圈吟唱的柳树的池塘，事实上，池塘这个意象的出现，标志着对俄狄浦斯的僭越（或许对克莱恩而言，应该是"俄耳甫斯的僭越"）的表现中转瞬即逝的胆略。

在此之前，《河流的憩息》当中的一切若皆交换为俄耳甫斯的 242
对立的礼物，那么余下须做的就是表现进入性爱的真实进程，继而随同性恋倾向的自我接纳而来的诗歌成熟。无论这里的景象是一座真实的城市，抑或心灵里的新奥尔良，如同《桥》中"河流"一章结尾的那座城市，愉悦与痛苦之间的平衡犹尚模糊：

最后，在那记忆之中，一切都来哺育；
我最后路过的那座城市之后，
以烫人的药膏和热腾腾的箭矢，

雨季横断过三角洲,
在海湾大门之前……在那边,堤防尽头,
我听见风剥落蓝宝石,就像今年夏天,
而柳树不能发出更沉稳的声响。

这节第三句既指这座城市的哀调,也指克莱恩自己的性启蒙。但是由于"一切都来哺育"这记忆,因而所强调的必定是突破,是雨季与萨拉班德之风那段早已湮灭的记忆之间的对比。"就像今年夏天",这首诗歌创作的虚构时刻,最终企及性爱联合的雨季,赋予一种实现了的诗人地位,以看和听的联觉倾听风声、剥落的蓝宝石,打破雪莱的天空幻影,但也将之发散。在这样的背景里,末句荟蔚地聚集起一种俄耳甫斯式的自信。

然而克莱恩的细心读者学会在风里倾听**肢解**(sparagmos)的痕迹,也即俄耳甫斯式的决裂,正如在雪莱或惠特曼的风里,这样的痕迹也弥漫在克莱恩的风里。我要转而探讨《航程》一诗,这是《白色楼群》中着重于俄耳甫斯式化身剥除的诗歌,在这首诗中,开头四行诗无比生动地歌颂经历人生大事的仪式,洄溯那不可寻觅的、虚构的源泉,远胜于克莱恩的其他任何诗作,尤其是考虑到他无疑是表现"**阈**"(thresholds)的伟大现代诗人,在即将出版的以这个词作为题目的著作里,安格斯·弗莱彻(Angus Fletcher)对它作了精当的阐述。

在杉树叶划分天空的地方,
我听见大海。

在山冈的蓝宝石舞台，
为我许诺一个改善的孩提时代。

弗莱彻的阈是一种魔性穿越，或者借用华兹华斯的重要词汇来说，是文本的“声音之形象”。这样一种交错法，魔祟于比喻诸手法在认识论荒野里的冲撞之处。能否找得出一个比“改善的孩提时 243
代”更恼人地美国化、更爱默生式的概念和词语？克莱恩大抵不曾意识到《航程》一诗直接地构筑在华兹华斯危机诗歌的中心，与《丁登寺》和《不朽颂》直接争竞。不过，惠特曼的诗集《海上漂流》所构造的美国模式便尽够他效仿的。克莱恩虽远在内陆，却听得见大海。内陆的轻柔水声向华兹华斯许诺一个如此改善了的孩提时代，这种水声从而变成胜过诗歌不朽的真实的入门仪式。而对惠特曼而言，他慕想的淙淙水声的奥秘，须得亲耳被聆听，或是位于吃水线。克莱恩寻求着提升过《河流的憩息》的那种象征，但是在这里，在这内陆山冈的舞台之上，风没有剥落蓝宝石。他与恶魔——惠特曼的暗淡的柠檬和兄弟——的竞争在此开展。

在惠特曼的《当我与生命的海洋一同退潮》这首俄耳甫斯式的化身祛除的伟大挽歌里，恶魔赋形为讥嘲的幽灵——“真实的我”——现身在诗人眼前，挑衅惠特曼。而惠特曼大约是手拿自己的著作《草叶集》，因为这幽灵能指着这本书：

在我所有那些盛气凌人的诗歌面前，我从未树立并接触
　　过那个“真我”，从未表白过，完全没有触及要害，
它远远后退到一地，用貌似祝贺的手势，鞠着躬嘲笑

着我，
对我写过的每一个词发出远远传来的阵阵冷笑，
默默指着这些歌，又指指下面的沙土。
我认识到我并未真正懂得什么事情，哪怕只是一件东
西，而且谁都做不到，
在大海面前，大自然捉弄我，向我扑来，并刺痛我，
因为我竟敢张大了嘴唱歌。[①]

在克莱恩的《航程》中，心中郁结的诗人因未来被辜负，将记忆抛在深谷，欲与风融为一体。然而风息止，他折转回来，面对那谐谑的恶魔：

碰触一枝盛开的月桂，我发现
树下有一个贼，手里拿着我那本偷窃的书。

是真实的我偷窃了这本书，还是哈特·克莱恩的书是偷窃来
244 的，这里的意思有意含糊。不同于愧怍的惠特曼，克莱恩极富冲劲，
他的幽灵只剩下惊诧的份：

“你怎么回到这里了——似铁棺一般地微笑？”
“是要跟月桂论辩，”我答道，
“在你双眼的永恒的惊诧之前
我岂不是能够正当地转瞬逝去——”

① 《草叶集》，赵罗蕤译，上海译文出版社，1991年版。

然而在这里，蓦地看见大海，自然确实趁克莱恩不备而暗袭，将他刺伤，因他竟胆敢开口歌唱：

他合上书。从托勒密王朝而来，
沙将我们卷进闪着光的深渊，
一条蟒蛇举头游向太阳
——哦，人迹不至的沙滩学了它的舌，敲起鼓来。
我听见的是什么泉？是什么冰冷的言辞？
记忆，写在纸上之时，便已破碎。

这里不再将托勒密王朝看作王朝，而是比拟为星系，以便构造金字塔的形象，从而使蟒蛇的头冠触及太阳。闪着光的深渊——既属于时间和太阳，也属于蟒蛇，舌头敲击沙滩，惠特曼式的诗人还不曾在这沙滩留下踪迹——诡秘地预示了史蒂文斯《秋日的黎明》中的意象。倒数第二行迂回地隐涉柯勒律治的《忽必烈汗》，诗歌切当地以记忆破碎的迷魅煞尾，并在写作诗歌这一行动中破碎。这便好似《般程》逐点逐点地拆解《河流的憩息》。

二、《桥》

学者认为，《桥》可以被解读为同样的恶魔想象，最终被衰退的诗人地位拆解。而在我看来，这样一种解读虽传统，却也拙劣，拙于传达《桥》对于其先辈的强大误读。尼采和佩特——克莱恩曾反复咀嚼此二人——教授过一种更微妙的askesis，而《桥》在《白色楼群》（除《航海》之外）之上前进，制造了一个强有力的僭越手法，正是尼采所谓的诗歌意志对于时间的报复，尤其是报复时间对于迟来感的宣告："曾是。"克莱恩在1918年精敏地写道："真有些羡慕尼
245 采；想他如此飘渺，如此不定，以致被整个儿吞下，而后被吐出，却依然是个谜团！"然而读到《桥》的最绝妙的壮丽之处，克莱恩的老读者也学会识察类似的迹象，譬如在《诗》末尾的诸诗节：

又见车灯掠过你那敏捷无隙的
习惯用语，星辰的无瑕符号，
点缀你的道路——凝聚永恒：
并且我们见过夜在你的臂间举起。

我在码头旁你的阴影之下等候；
唯在黑暗之中，你的阴影才清晰。
城市热烈的包裹都松解，
雪已经淹没一个钢铁之年……

哦，似你身下的河流一般不眠，
跃过大海，平原的梦幻的草皮，
有时降落到我们最低处，
弧形借给上帝一个神话。

在《白色楼群》里，克莱恩完全是俄耳甫斯主义的，援用诺思

罗普·弗莱继承自罗斯金而开创的一种区分来说，他关切的是作为诗人的自己**跟**自己的想象的关联，而非**与**诗歌想象的内容之间的关系。《桥》的殊异力量，其最强大的时刻便是克莱恩成功地成为佩特和尼采敦促未来诗人应该做的人：精神的苦行者，这也是纯化的诺斯替的确切定义。在《献给布鲁克林桥》（“To Brooklyn Bridge”）这三节之前，克莱恩先向桥致礼，将其看作俄耳甫斯主义的象征，既是竖琴，也是祭坛，但接着又将其看作俄耳甫斯主义的命运的完整三重组合的阈：狄奥尼索斯或先知的誓言，命运女神或被遗弃之人的祈祷，以及厄洛斯，爱人的呼唤。唯在这些跟他自己的想象的关联被认可、接纳之后，克莱恩才变得更强大，企及最后三节之中的诺斯替。诗人活在这些诗节之中，但仅是作为知的深渊，沉思那种知的内容，而那种知是一种他可以呼告却不得同享的完满或在场。他看见“夜在你的臂间升起”，他等待，等待阴影在黑暗清晰起来；他知道，而他所知的是跳跃、席卷、降落，尤其那个弧形，领会一个还不属于他的想象角度。

这种殊异的实际姿态，其先辈是雪莱的想象的怀疑主义，尤其是创作《阿多尼斯》和《生命的凯旋》的最后阶段。克莱恩以这种姿态所取得的成就，是《桥》仍未曾勘探的源头，但是《亚特兰提斯》的文本演化，想象史诗所赋写的第一部分，是应须探索的可能领域。246
鉴于文章的篇幅，我转而讨论《航海》第六章所实现的姿态，作为克莱恩的成熟的俄耳甫斯主义最早的完全范例，接着在结尾部分，再解读《亚特兰提斯》，并略及克莱恩的遗言《破塔》（*The Broken Tower*）。

《航海》组诗的主宰神祇是厄洛斯和命运女神，抑或艾米尔·奥普弗（Emil Oppfer）和加勒比女人，类似惠特曼那个激烈的老妪哀悼被抛弃的孩子。然而已被提坦巨人撕裂的俄耳甫斯主义的狄奥尼索斯，主宰了第六首诗，这首诗如同史蒂文斯的《薄陋的裸体凝视春日旅程》，其大半灵感缘自佩特在《文艺复兴》里所描摹的波提切利的维纳斯。佩特那位施虐受虐狂的母性爱神，眼底的微笑是“不可求索的憩息”，她在克莱恩这里变成了明显具有毁灭性的缪斯，她的先知不再能够自如地对待自己的先见：

> 我的眼睛漆黑里贴着船首，
> ——你这个被弃的、瞎眼的过路客
>
> 等待着燃烧，什么名字，未出口，
> 我不能要求：掀起你的浪涛
>
> 残酷胜似王者之死，
> 凋残的花环给先知。

那未出口的、未呼告的名字，就是《漂浮的歌者》可怖的最后阶段里俄耳甫斯的名字。克莱恩有意呼应莎士比亚的理查二世在最自毁自灭的受虐时刻，将之融入诗歌的对等词汇，那便是月桂花环的凋残。然而最后一节归返克莱恩的诗歌化身的中心意象，《河流的憩息》及其“肃静的杨柳”：

> 想象出来的词，

将肃静的杨柳锚定在它的闪耀里。
这是背叛不了的回答,
那口音,没有哪一种道别能去理解。

这是已实现的,并且平稳得出奇的想象怀疑主义,或者说是《桥》的俄耳甫斯主义的姿态。这一节也可以比照劳伦斯的诗集《鸟雀,野兽和花朵》之中的《山楂和山槐子》之“俄耳甫斯的诀别”。对劳伦斯来说,俄耳甫斯的信念是一种“沉醉于完美的孤寂”的唯
我主义。克莱恩以肃静的杨柳指示将终结孤独的哀悼、复兴诗歌的 247
偏离,并僭越他自己和传统的比喻,从而得以越过那层沉醉。《航海》第六章以其“想象出来的词”抗拒艾略特的新正统的词,或者基督,抗拒惠特曼自海上而出的词,或者死亡,那死亡是俄狄甫斯向母亲的回归。克莱恩以“知”煞尾,因为他的宗教模式不是信仰,而是知识,在《桥》之中更完满地展现的一种诺斯替。

《亚特兰提斯》最后版本的十二节八行诗展现了克莱恩对传统的崇高模式的谙熟,并且完全堪比雪莱《阿多尼斯》的最后十七节。克莱恩的绝对的音乐,如同柏拉图的,“乃是与和谐及体系之内的爱相关之物的知识”,但是克莱恩的爱更近似雪莱的绝望挣扎,怀疑地往外跳,而不似狄奥提玛的思想。在六个诗节里,克莱恩以夸张的弧形——其累赘是不可知论的——长驱直上,以拼搏冲破英语诗歌所企及的所有崇高。这里的竞争属于崇高,而在美国,这可能就是崇高本身。然而这样一场竞争要求殊绝的对手,《亚特兰提斯》将《荒原》看作这样的对手,然而压抑得更深的对手是惠特曼的《轮渡布鲁克林》(1856 年版《草叶集》收入的伟大诗作),那也是最受梭

罗赏爱的作品。

《亚特兰提斯》的最后版本删除了克莱恩反抗艾略特的挣扎，但所削剔的仅是文本的表面痕迹；这场战争的深层本质仍有迹可寻。两种幻影的模式发生了冲突：

> 穿过钢索，曲弧之道，
> 反射光芒，钢索的飞翔，——
> 月亮穿梭距离，应合悄语的匆忙，
> 钢丝的心灵感应的节奏，
> 夜的指数上升，青石和钢铁——
> 透明的网——无瑕的闪烁的音符——
> 西比尔的声音颤动，摇曳地洒落，
> 好似一个神祇是这些绳索的后裔……
>
> 一个女人拉出黑色长发，绷紧，
> 在这些弦上拨出悄然乐音，
> 长着婴儿面孔的蝙蝠在紫罗兰灯光下，
> 吹哨，拍翅，
> 脑袋朝下，爬下一堵发黑的墙，
> 倒挂在空中的是塔，
> 敲响回忆的钟，报着时辰，
> 248 声音传自空荡的蓄水池和枯竭的井，

后者的幻觉大抵可说是《德拉库拉》（*Dracula*）和福音书的混

合，近似丁尼生《国王牧歌》的谙熟风格，它显然绝不可能是克莱恩这超验的开篇八行的来源或原因。饶是如此，再找不到更清楚的对比，因为克莱恩的诗句回答了艾略特的诗句（就“回答”一词的所有含义而言）。“音乐乃是与和谐及体系之内的爱相关之物的知识”，而在诗歌和想象历史的这些相争、美妙的音乐里，一种知识回答另一知识。克莱恩的桥之于《亚特兰提斯》，是实现克莱恩的哥伦布的那桩柏拉图式求索。艾略特的桥之于《地狱篇》，是实现新基督教徒对于浪漫主义者、超验主义者、诺斯替所示的谴责。克莱恩的女预言家西比尔的声音直冲天际；他那被黑夜照亮的桥变成透明的乐谱，直到俄耳甫斯从一排弦之中诞生。艾略特的西比尔意欲死去，她那位相对应的女预言家在自己的头发间弹奏吸血鬼般的音符，直弹到我们获得——并不是俄耳甫斯式的上升的诞生——时间的虚弱无力的胜利。

这个对比以及其他同样尖锐的对比，构成克莱恩在《亚特兰提斯》里的追求的背景。并且这里的追求——所追求的是知识，尤其是诺斯替的知识——必定要给艾略特让渡大半如其所是的世界。《隧道》结尾的诸形象，《桥》里位于《亚特兰提斯》之前的诗句，结合了《荒原》的失落和惠特曼在《轮渡布鲁克林》里对这些失落的更深沉的描绘：

你的这一座海港，哦，我的城市，我曾在下面驶过，
在忙碌的城市大楼的螺旋里颠簸……明天，
还有存在……在这里，在名叫东河的河边——
在这里，在水畔，一只只手扔下记忆；

在那深渊，没有倒影，他们无力地躺下。
星星倒影在大海里，有多远——
或者那些手该被拉开，去死？
哦，火之手，
你聚集我们的苦闷的吻，
聚集——

爱默生是不持诺斯替主义的诺斯替，而克莱恩的宗教信仰，在其最阴暗面，从俄耳甫斯主义渐变到诺斯替主义，甚至浸染惠特曼这样一种否定的超越："黑暗的斑迹不单单落在你的身上，那黑暗也将斑迹落在我的身上。"《亚特兰提斯》的否定超越战胜了世界、历史，甚至战胜了作为知的诸先辈，如艾略特和惠特曼作为对手的方
249 面。克莱恩特意回忆自己的哥伦布以自得却也虚妄的咏叹："我将你带回华夏。"以此来浓缩开头六节的冲腾之势。但是克莱恩的哥伦布呼告造物主之时，使用艾米莉·狄金森所赋予的名字："审讯者！伊甸园的 / 不可认知的词。"在《万福玛利亚》（"Ave Maria"）里，这种失败的美丽哀调吻合惠特曼的《哥伦布的祈祷》，而在后者，落魄、遇难的老水手否认所有知识："连我自己过去或现在的词语，我都不知道。"《亚特兰提斯》后半部分，克莱恩所背负的美国包袱是在狄金森和惠特曼结束的地方重新开始，而艾略特则试图展现在那里已无重新开始的可能性。正是在诺斯替意义上的知识——一种知情的知者的知，并且本身就是救赎的形式——成为克莱恩的凛然颂歌，直接地献给知识本身，献给诗歌和桥，直待它们在转瞬之间化作"一支曲调，一座火焰之桥"！不过，这是否确实迥异于"采

撷苦闷之吻”的“火焰之手”？

诺斯替主义的辩证法是否定、规避和夸张的三重组合。鲁利安的卡巴拉（Lurianic Kabbalah）将这些看作矛盾、容器的打破、复原。命运、自由、力量是爱默生主义或美国的对应物。正如我从《误读图示》（*A Map of Misreading*）以来诸书里所阐述，在审美上，所有这些三重组合转化为限制、替换、表现的辩证法。克莱恩的否定或限制，他收缩回命运的举动，丝毫无异于艾略特，但是转回来说，就其如何表达神性的陈述而言，诸如瓦伦提诺的诺斯替主义和约翰的基督教这类否定神学是极难清楚界别的。正如克莱恩出了名地任意、大范围地使用比喻，诺斯替的遁避显然比基督教钦定的替代模式更具创造性，正如诺斯替的泰甚狂恣，也如同克莱恩的夸张，不难超越权势的正统表达方式。

在《亚特兰提斯》第七节里，克莱恩的精雕细琢的遁避极为重要，在这里，冲举之势已经终结，而代之以朝西而去的横跨意象，桥不再是遭遇和对话的对象，而被看作接合大陆之物：

> 我们任港口悬挂在夜里——
> 龙骨倒撤，光辉的海港灯笼。
> 在这里太平洋在时间的终点，负载玉米——
> 眼睛迟疑看过灰尘和钢铁。
> 天堂沉思的圆环，不容置疑的雕带，
> 依然将波浪束缚于屈膝的波浪，
> 一首歌虔诚捆束——
> 春天的合唱转歌奏自不死的琴弦！ 250

第三行不仅暗示地球的圆圈，也暗示在世界末日所实现的和平，千禧年的丰收。在这一节最后四行桥再现之时，已变作上天自己的沉思，那已知的知的人类知者。并且这样一种知引导克莱恩臻至人生和诗歌生涯之中独绝的中心诗节：

哦，你这钢铁的标志，你的跃起，
为归来的云雀的欢腾划出了区域；
那套索之内冲掠环绕的歌唱，
单单一个蛹内，无数成对——
你理应以光芒和雄健连缀星辰
如管风琴，你以命定的声音——
你从时间王国领出视觉、声音和肉身，
如爱为舵指出清晰的方向。

试比照雪莱一模一样的相应诗行：

"一"存留，万物变化、消逝；
天光永远照耀，地球的阴影飞逝；
生命，如同彩色玻璃屋顶，
沾污永恒那白色的光芒，
直到死亡将它踩碎。——死，
你若愿与你所寻求的同在！
随着去万物皆逃往的地方！——罗马的蓝天、

花、踪迹、雕像、音乐、词语，皆拙于
讲述它们以相宜的真理灌注的荣耀。

表面看来，雪莱在这两节的语气消沉，迥异于克莱恩表面的得意口吻。然而这两节诗实在的或者纯属自然的负担颇有自取灭亡的意味。桥作为“似铁的认知”，将众多分解为“一”，但这统一的音乐是活在时间王国里的一切肉身及其感觉的“劫运的声响”。如同在雪莱的高潮诗节里，爱的“清晰的方向”是朝向死亡。然而雪莱纠葛于作为诗人跟自己的想象之间的关联。克莱恩的角色，一如桥的知者所知的，则是弃绝那种关系，他的酬报是得以自由而骇人地专注对待诗歌想象的内容。“你理应以光芒和雄健连缀星辰。”就连马洛也会嫉妒的，然而鉴于这个比喻的两端 —— 桥和星辰 —— 将人排除在外，克莱恩被驱策直上，企及夸张手法的卓绝的造诣。当桥是“虹一般冲举 / 穿过我们血管鲜艳的湿濡和结构”，那么为了
诺斯替主义而付出的人类代价也开始攀升。克莱恩坚执所有这些 251
都是“为了我们的喜悦”，然而这喜悦如雪莱的消沉一般辩证。克莱恩颖悟无比，他盘算过那种代价，预料到了所有的批评：

那必定需要空虚记忆的迁徙，
那拼凑心灵的虚构——
你这座桥对你不可言说，哦，爱。
你对这历史原宥，最白的花，
哦，所有的答案——银莲花——
现在你的花瓣消耗我们周围的阳光之际，留住——

(哦,你,你的光芒确实继承我的)
亚特兰提斯——迟迟留住你那漂流的歌者!

倘若改写为"华夏——迟迟留住你那漂流的歌手!",大约也不会有所不同。那么被弃之人的祈祷是属于哥伦布,而不属于俄耳甫斯?是的,因为那样的话,最后一节便须令俄耳甫斯的弦跳跃、辐凑,引向一个迥异的问题:

——一首歌,一座火的桥!那是亚特兰提斯么
而今怜悯浸透草地,彩虹将蛇与鹰
在草丛里联接……?

克莱恩对《白色楼群》的俄耳甫斯主义姿态的修改,对其中的《河流的憩息》和《航程》这类诗歌的修改,让他有所不同,也得到了胜利。他的蟒蛇和鹰更可能是雪莱式,而不是尼采式,因为它们的争斗仍在契约界限的彩虹环**之内**。亚特兰提斯被驱策着抓住它的俄耳甫斯,将它作为一个新融合的柏拉图式神话,那是与一个更高的形式世界的和解,诺斯替主义就是这样一个神话的嫡传。"那是华夏?"重复哥伦布那句高贵的妄想,这个问题并不是在暗示挫败而是在预示胜利。然而如克莱恩所深知的,俄耳甫斯主义的胜利是辩证的。知识确是核心,因为克莱恩机敏地展示他知晓伟大的诗人们素知之事,即他们的修辞手法意指着意志的极限,在本体和喻体的深渊的混乱之中。

克莱恩的诗歌与人生的尾声是《破塔》(*The Broken Tower*),

在这首诗里，俄耳甫斯式求索的僭越手法确实带来一次最后的凯旋：

> 于是，是我进入这破碎的世界，
> 勾画爱的想象的同伴，它的声音，
> 是风中的瞬间（我不知道它扑向了何方），
> 然而彼此不曾久久抓住各自绝望的选择。 252

克莱恩曾提到说，他读过佩特的所有著作，但不曾读到未完的《加斯东 · 德拉图尔》（*Gaston de Latour*）。他至少会痴迷这部书的开篇数章的，或许他其实读过开篇数页，在这些篇章之中，年轻的加斯东经历一种连接精神和自然的仪式：

> 唯独加斯东，以其对奥义的癖好，依仗年轻的特权，似乎皆属于两者，把他周围的思想洞见连接到外在景象。

克莱恩逝世之际，依然赋有“年轻的特权”，而《破塔》便是众多此类连接当中的一个。这样的连接，最终不能被视为弗洛伊德所谓“虚假的联系”，或者须被反讽地去认识的另一种反讽，而是被当作一种高贵的举隅法，或许是自残，正如化似铁的认知，但是通过它反抗这个自我，不休地重构着美国诗歌的自我，重构着一个美国诺斯替的**精魂**（pneuma）或火星。 253

延伸阅读

Auty, Robert and A.T. Hatto. *Traditions of Heroic and Epic Poetry*. London: Modern Humanities Research Assocation, 1989.

Bakker, Egbert J., and Ahuvia Kahane, ed. *Written Voices, Spoken Signs: Tradition, Performance, and the Epic Text*. Cambridge, Mass.: Harvard University Press, 1997.

Bernstein, Michael. *The Tale of the Tribe: Ezra Pound and the Modern Verse Epic*. Princeton: Princeton University Press, 1980.

Bowra, C.M. *From Virgil to Milton*. London: Macmillan, 1945.

Burrow, Colin. *Epic Romance: Homer to Milton*. Oxford: Oxford University Press, 1993.

Clark, John. *History of Epic Poetry*. New York: Haskell House, 1973. Cook, Patrick J. *Milton, Spenser and the Epic Tradition*. Brookfield, VT: Scolar Press, 1996.

Downes, Jeremy M. *Recursive Desire: Rereading Epic Tradition*. Tuscaloosa: University of Alabama Press, 1997.

Dubois, Page. *History, Rhetorical Description and the Epic: From Homer to Spenser*. Cambridge: D.S. Brewer, 1983.

Feeney, D.C. *The Gods in Epic: Poets and Critics of the Classical Tradition*. New York: Oxford UP, 1991.

Fichter, Andrew. *Poets Historical: Dynastic Epic in the Renaissance*. New Haven: Yale University Press, 1982.

Foley, John Miles. *Companion to Ancient Epic*. Malden: Blackwell, 2005.

Giamatti, A. Bartlett. *Earthly Paradise and the Renaissance Epic*. New York: W.W. Norton, 1989.

Hainsworth, J.B. *The Idea of Epic*. Berkley: University of California Press, 1991.

Highet, G. *The Classical Tradition*. Oxford: Clarendon Press, 1949.

Kates, Judith A. *Tasso and Milton: The Problem of Christian Epic*. Lewisburg: Bucknell University Press, 1983.

Levy, Gertrude Rachel. *The Sword from the Rock: An Investigation into the Origins of Epic Literature and the Development of the Hero*. Westport: Greenwood Press, 1976.

FURTHER, Albert B., edited by Mitchell and Nagy. *The Singer of Tales* 2nd ed. Cambridge, Mass.: Harvard University Press, 2000.

MacDonald, Ronald R. *The Burial-Places of Memory: Epic Underworlds in Vergil, Dante, and Milton*. Amherst: University of Massachusetts Press, 1987.

Martindale, Charles. *John Milton and the Transformation of Ancient Epic*. Totowa: Barnes & Nobel Books, 1986.

McWilliams, John P., Jr. *The American Epic: Transforming a Genre, 1770—1860*. New York: Cambridge University Press, 1989.

Mori, Masaki. *Epic Grandeur: Toward a Comparative Poetics of the Epic*. Albany: SUNY Press, 1997.

Murrin, Michael. *The Allegorical Epic: Essays in Its Rise and Decline*. Chicago: University of Chicago Press, 1980.

Newman, John Kevin. *The Classical Epic Tradition*. Madison: The University of Wisconsin Press, 2003.

Oberhelman, Steven M., Van Kelly, and Richard J. Golsan, eds. *Epic and Epoch: Essays on the Interpretation and History of a Genre*. Lubbock: Texas Tech University Press, 1994.

Pope, Nancy. *National History in the Heroic Poem: A Comparison of the Aeneid and the Faerie Queene*. Taylor & Francis, 1990.

Quint, David. *Epic and Empire: Politics and Generic Form from Virgil to Milton*. Princeton: Princeton University Press, 1993.

Suzuki, Mihoko. *Metamorphoses of Helen: Authority, Difference, and the Epic*. Ithaca: Cornell University Press, 1989.

Tasso, Torquato. *Discourses on the Heroic Poem*. Oxford: Clarendon Press, 1973.

Treip, Mindele Anne. *Allegorical Poetics & the Epic: The Renaissance Tradition to Paradise Lost*. Lexington, KY: University Press of Kentucky, 1994.

Van Nortwick, Charles. *Somewhere I Have Never Travelled: The Second Self and the Hero's Journey in Ancient Epic*. New York: Oxford University Press, 1992.

Vries, Jan de, B.J. Timmer (trans.) *Heroic Song and Heroic Legend*. New York: Arno Press, 1978.

Walker, Jeffrey. *Bardic Ethos and the American Epic Poem: Whitman, Pound, Crane, Williams, Olson*. Baton Rouge: Louisiana State University Press, 1989.

Webber, Joan. *Milton and His Epic Tradition*. Seattle: University of Washington Press, 1979.

Wilkie, Brian. *Romantic Poets and Epic Tradition.* Madison: The University of Wisconsin Press, 1965.

Wofford, Susanne Lindgren. *The Choice of Achilles: The Ideology og Figure in the Epic*. Stanford: Stanford University Press, 1992.

Wolff, Hope Nash. *A Study in the Narrative Structure of Three Epic Poems: Gilgamesh, the Odyssey, Beowulf.* Taylor & Francis, 1987.

Yu, Anthony C., ed. *Parnassus Revisited: Modern Critical Essays on the Epic Tradition*. Chicago: American Library Association, 1973.

Zlatar, Zdenko. *The Epic Circle: Allegoresis and the Western Epic Tradition from Homer to Tasso*. Lewiston, NY: E. Mellen Press, 1997.

索 引

（条目后的数字为原书页码，见本书边码）

名家文学讲坛书目

《新千年文学备忘录》

▪ [意] 伊塔洛·卡尔维诺 著 黄灿然 译 15.00元

《阅读的至乐：20世纪最令人快乐的书》

▪ [英] 约翰·凯里 著 骆守怡 译 18.00元

《修辞的复兴：韦恩·布斯精选》

▪ [美] 韦恩·布斯 著 穆雷 等译 29.80元

《愉悦与变革：经典的美学》

▪ [英] 弗兰克·克默德 著 张广奎 译 15.00元

《文学体验导引》

▪ [美] 莱昂内尔·特里林 著 余婉卉 张箭飞 译 28.00元

《文学在思考什么？》

▪ [法] 皮埃尔·马舍雷 著 张璐 张新木 译 32.00元

《文学是什么？高雅文化与大众社会》

▪ [美] 莱斯利·菲德勒 著 陆扬 译 30.00元

《政治与文学》

▪ [英] 乔治·奥威尔 著 李存捧 译 38.00元

《以文行事：艾布拉姆斯精选集》

▪ [美] M. H. 艾布拉姆斯 著 赵毅衡 等译 35.00元

《艺术的去人性化》

▪ [西] 何塞·奥尔特加·加塞特 著 莫娅妮 译 26.00元

《现代诗歌的结构》

▪ [德] 胡戈·弗里德里希 著 李双志 译 28.00元

《如何读，为什么读》

▪ [美] 哈罗德·布鲁姆 著 黄灿然 译 30.00元

《知性乃道德职责》

▪ [美] 莱昂内尔·特里林 著 严志军 张沫 译 48.00元

《如何遣词造句》

▪ [美] 斯坦利·费希 著 杨逸 译（即出）

《身体·宇宙》

▪ [法] 米歇尔·高罗 著 朱江月 译（即出）

《快时代的慢阅读》

▪ [美] 戴维·麦奇克斯 著 陈丽 译（即出）

《现代诗》

▪ [德] 迪特尔·兰平 著 黄雪媛 译（即出）